Alleine – Geflohen – Traumatisiert

Unbegleitete minderjährige Flüchtlinge an der Schnittstelle von Pädagogik und Psychotherapie.

Zum Autor:

Jochen Aurbacher, Erziehungswissenschaftler / Pädagoge M.A., Studium der Erziehungswissenschaft (B.A.) an der Universität Augsburg und Studium der Pädagogik (M.A.) an der Friedrich-Alexander-Universität Erlangen-Nürnberg, derzeit in der Ausbildung zum Kinder- und Jugendlichenpsychotherapeuten (tiefenpsychologisch fundierte Psychotherapie) an der Süddeutschen Akademie für Psychotherapie in Bad Grönenbach, (freiberuflicher) Pädagoge in Einrichtungen der stationären Kinder- und Jugendhilfe mit Schwerpunkt *unbegleitete minderjährige Flüchtlinge.*

Jochen Aurbacher

Alleine – Geflohen – Traumatisiert

Unbegleitete minderjährige Flüchtlinge an der Schnittstelle von
Pädagogik und Psychotherapie.

ISBN-13:   978-1-5453-8373-5

ISBN-10:   1-5453-8373-1

© JA Publikationen Nürnberg, 2017
Jochen Aurbacher

Umschlaggestaltung: Createspace & Jochen Aurbacher
Titelbild: Createspace
Druck: Createspace

Bibliografische Information der Deutschen Nationalbibliothek
Die Deutsche Nationalbibliothek verzeichnet diese Publikation in der Deutschen
Nationalbibliografie; detaillierte bibliografische Daten sind im Internet über http://dnb.d-nb.de
abrufbar.

Danksagung und Widmung

Ich möchte all denen meinen Dank aussprechen, die mich im Rahmen dieser Arbeit unterstützt haben.

Dies sind in erster Linie meine Interview-PartnerInnen, ohne deren Engagement ein solches Unternehmen nicht möglich wäre. Ihre Bereitschaft, mir ihr wertvolles Wissen und ihre Erfahrungen mitzuteilen, war für mich von unschätzbarem Wert. Die inspirierenden Gespräche mit ihnen sind für mich ein stetiger Ansporn, meinen Beitrag zur Professionalisierung der psychosozialen Arbeit (insbesondere mit unbegleiteten minderjährigen Flüchtlingen) zu leisten.

Mein Dank gilt des Weiteren Andrea A. und Edith N. für die kritische Lektüre und Korrektur des Manuskripts vor der Veröffentlichung.

Schließlich danke ich Laura G. für die Geduld, Unterstützung und Motivation während der gesamten Zeit.

Mein herzlicher Dank an Euch alle!

Meine Solidarität und mein Respekt gilt letztlich all jenen Menschen, welche sich auf den langen und gefährlichen Weg nach Europa machen, auf der Suche nach einem Leben in Freiheit, Frieden und Selbstbestimmung, ohne dass wir wissen und nachempfinden können, was sie in ihrem jungen Alter schon erleiden müssen. Euer Mut, Eure Lebensfreude, Euer Glaube an eine bessere Zukunft und die geteilten Momente des gemeinsamen Lachens und Trauerns, haben mich so vieles gelehrt. Euch allen widme ich dieses Buch.

Nürnberg, im April 2017

Jochen Aurbacher

Inhaltsverzeichnis

1 Einleitung..1

TEIL 1 – Kontextanalyse des Phänomens „unbegleitete minderjährige Flüchtlinge"..........3

2 Flucht...4
  2.1 Flucht – eine Migrationsform..4
  2.2 Kinder auf der Flucht..8
    2.2.1 Unbegleitete minderjährige Flüchtlinge (UMF)...9
    2.2.2 Fluchtmotive und -gründe...10
    2.2.3 Umstände und Gefahren auf der Flucht..14
    2.2.4 Besondere Schutz- und Hilfebedürftigkeit..16
  2.3 Fluchtphasen nach John Berry...17
  2.4 Rechtliche Aspekte im Kontext unbegleiteter minderjähriger Flüchtlinge...........19
    2.4.1 Internationale Schutzabkommen für UMF...20
    2.4.2 Gesetzliche Rahmenbedingungen in Deutschland.......................................21
    2.4.3 Aufenthaltsrechtliche Aspekte..24
    2.4.4 Flüchtlingsgruppen..25
  2.5 Aktuelle Zahlen und Daten...27
  2.6 Zusammenfassung...28

3 Trauma – im Kontext unbegleiteter minderjähriger Flüchtlinge.................................29
  3.1 Begriffsannäherung - Definition...30
  3.2 Mechanismen und Faktoren der Traumatisierung..32
  3.3 Folgen einer Traumatisierung bei UMF..35
    3.3.1 Posttraumatische Belastungsstörung (PTBS)..35
    3.3.2 Weitere Symptome und Störungsbilder..37
  3.4 Konzept der Sequentiellen Traumatisierung..39
    3.4.1 Der Ursprung: Drei Sequenzen nach Keilson 39
    3.4.2 Die Erweiterung: Sechs Sequenzen nach Becker & Weyermann..................41
    3.4.3 Bedeutung des Konzepts für die psychosoziale Arbeit mit UMF..................43
  3.5 Trauma in der Kindheit und Jugend..44
  3.6 Trauma und Kultur...45
  3.7 Zusammenfassung...46

4 Psychosoziale Situation von UMF in Deutschland..47
  4.1 UMF in der Jugendhilfe..48
  4.2 Herausforderungen und Belastungen...50
    4.2.1 Aufenthaltsrechtliche Aspekte der Belastung..50
    4.2.2 Familiäre Aspekte der Belastung..51
    4.2.3 Diskriminierung – Randständigkeit – Benachteiligung..................................52
    4.2.4 Übergangswelten – Veränderungen...53
  4.3 Psychotherapeutische Versorgung...54
  4.4 Zusammenfassung...55

TEIL 2 – Kontextanalyse pädagogischer und psychotherapeutischer Perspektiven auf das Phänomen UMF..57

5 Pädagogische Perspektive...58
  5.1 Perspektiven pädagogischer Teildisziplinen...58
    5.1.1 Sozialpädagogik – Soziale Arbeit...59
    5.1.2 Interkulturelle Pädagogik..61
    5.1.3 Heilpädagogik...64
    5.1.4 Traumapädagogik...67

5.2 Pädagogische Handlungskonzepte und Modelle für die Arbeit mit traumatisierten UMF in der stationären Kinder- und Jugendhilfe...70
    5.2.1 Handlungskonzept nach Weeber & Gögercin.......................................71
    5.2.2 Prinzipien und Paradigmen nach Zimmermann..................................73
  5.3 Grenzen pädagogischer Konzepte – Grenzen pädagogischen Handelns......75
    5.3.1 Schwierigkeit des pädagogischen Handelns in der Praxis..................75
    5.3.2 Möglichkeiten pädagogischen Handelns...76
  5.4 Kooperationsbedarf mit der Psychotherapie...77
  5.5 Zusammenfassung..78

6 Psychotherapeutische Perspektive...80
  6.1 Psychotherapeutische Grundregeln..80
  6.2 Besonderheiten...81
    6.2.1 Psychodiagnostik..81
    6.2.2 Psychosoziale Situation..82
    6.2.3 Motivation..83
    6.2.4 Kulturelle Besonderheiten...84
  6.3 Ziele: Stabilisierung vs. Konfrontation...86
  6.4 Konzepte und Methoden..87
  6.5 Kooperationsbedarf mit der Pädagogik...89
  6.6 Zusammenfassung..90

TEIL 3 – Empirische Untersuchung...92

7 Untersuchungsdesign..93
  7.1 Erhebungsmethode: Leitfadengestütztes Experteninterview........................93
  7.2 Auswertungsmethode: Zusammenfassende qualitative Inhaltsanalyse nach Mayring.....95
  7.3 Gütekriterien...98
  7.4 Sample und Durchführung...99

8 Schnittstelle pädagogischer und psychotherapeutischer Arbeit mit UMF...........101
  8.1 Die Schnittstelle aus Perspektive der Experten des Bereichs Pädagogik.....101
    8.1.1 Erfahrungen in der Arbeit mit traumatisierten UMF.............................101
    8.1.2 Spezifische pädagogische Möglichkeiten und Grenzen.......................103
    8.1.3 Bisherige Kooperationserfahrungen mit der Psychotherapie................106
    8.1.4 Anknüpfungspunkte für eine kooperative Zusammenarbeit an der Schnittstelle....109
  8.2 Die Schnittstelle aus Perspektive der Experten des Bereichs Psychotherapie.............112
    8.2.1 Erfahrungen in der Arbeit mit traumatisierten UMF.............................112
    8.2.2 Spezifische psychotherapeutische Möglichkeiten und Grenzen............114
    8.2.3 Bisherige Kooperationserfahrungen mit der Pädagogik.......................116
    8.2.4 Anknüpfungspunkte für eine kooperative Zusammenarbeit an der Schnittstelle.....118

9 Fazit...120

Abbildungsverzeichnis..124

Literaturverzeichnis..125

Internetquellen...132

Gesetzestexte und internationale Abkommen..134

„Wer der Folter erlag, kann nicht mehr heimisch werden in dieser Welt."
(Jean Améry)

1 Einleitung

Mit Sorge blickt die Menschheit auf die Krisengebiete dieser Welt. Krieg, Armut, Hunger, Krankheit, Terror, Unterdrückung, Verfolgung, Missbrauch und Folter sind dabei gravierende Aspekte unserer Zeit. Ein großer Teil der Menschen, die dieses Elend erleiden, sind Kinder und Jugendliche. Junge Menschen, die diesen Belastungen in keinster Weise gewachsen sind. Junge Menschen, die aufgrund ihres noch jungen Alters ein leichtes Opfer darstellen. Viele von ihnen durften ein Leben in Freiheit, Frieden und Selbstbestimmung nie kennenlernen. Viele von ihnen haben ihre Eltern oder die gesamte Familie verloren, viele von ihnen auch die Heimat. Sie machen sich auf den Weg ins Ungewisse, mit der Hoffnung auf ein besseres Leben – oder: mit der Hoffnung auf Leben. Diese jungen Menschen erscheinen vermehrt im Bewusstsein unserer Gesellschaft, da eine größere Zahl von ihnen hier in Deutschland Schutz sucht. Sie alle haben Erfahrungen gemacht, welche sie geprägt und welche tiefe Spuren in ihnen hinterlassen haben. Ob nun durch Folter oder andere belastende Erfahrungen, sie wurden gewaltsam aus ihrer Welt gerissen und sind daher in mehrfacher Hinsicht heimatlos. Sie befinden sich in einem fremden Land, einer fremden Kultur, einem fremden sozialen Umfeld. Viele fühlen sich der Menschheit und sich selbst fremd.

Hier in Deutschland sind es zunächst pädagogische Fachkräfte, welche die Schutzsuchenden in den Einrichtungen der Jugendhilfe versorgen und betreuen. In ihren pädagogischen Bemühungen sind sie jedoch aufgrund der spezifischen Herausforderungen der Zielgruppe begrenzt und nicht umfassend handlungsfähig bzw. wirksam. Um den Jugendlichen bei ihren psychischen Belastungen angemessen helfen zu können, greifen viele Pädagogen[1] daher auf die Unterstützung von Spezialisten aus dem Bereich der Psychotherapie zurück. Was sich hierbei in der Praxis ergibt, ist eine Schnittstelle von Pädagogik und Psychotherapie in der Arbeit mit einer spezifischen Zielgruppe: traumatisierte, unbegleitete minderjährige Flüchtlinge.

Ausgehend vom Phänomen der unbegleiteten minderjährigen Flüchtlinge, soll im Rahmen dieser Master-Arbeit eben diese Schnittstelle von Pädagogik und Psychotherapie erforscht werden. Diese erweist sich in der pädagogischen Praxis als aktuell; gleichzeitig besteht ein erhöhter Forschungsbedarf hinsichtlich der Analyse und Strukturierung der Zusammenarbeit der beiden Disziplinen. Im Sinne einer Professionalisierung dieser Zusammenarbeit kann die hier vorliegende Forschungsarbeit somit als erster Schritt in Richtung einer adäquaten Versorgung dieser Zielgruppe durch eine Vernetzung pädagogischer und psychotherapeutischer Maßnahmen verstanden werden.

Die Erforschung der Schnittstelle bedeutet zunächst einen Mehrwert für Pädagogen in der Praxis, da sie in ihrer alltäglichen Arbeit mit den Herausforderungen dieser „neuen" bzw. rasant gewachsenen Zielgruppe konfrontiert sind. Die vorliegende Arbeit soll ihnen – und auch der

---

1 Aus Gründen der besseren Lesbarkeit wird in dieser Arbeit auf die gleichzeitige Verwendung männlicher und weiblicher Sprachformen verzichtet. Männliche Personenbezeichnungen gelten gleichwohl für beiderlei Geschlecht.

psychotherapeutischen Praxis – letztendlich unter anderem eine Darstellung der aktuellen Situation, fachlich-fundierter Perspektiven oder existierender Konflikte der Disziplinen sein. Sie soll des Weiteren Orientierung schaffen und konkrete Anknüpfungspunkte für eine kooperierende Zusammenarbeit der Beteiligten vorstellen. Neben dem Nutzen für die pädagogische und psychotherapeutische Kooperationspraxis soll mithilfe dieser Arbeit eine Weiterentwicklung zielgruppenspezifischer, pädagogischer Theorien und Ansätze ermöglicht und angestoßen werden. Die bislang – von beiden Disziplinen – vernachlässigte Gruppe der traumatisierten, unbegleiteten minderjährigen Flüchtlinge kann hierdurch die Wertschätzung und Betrachtung erfahren, die für eine angemessene Versorgung durch die Pädagogik und Psychotherapie erforderlich sind.

Dazu wird in TEIL 1 eine Kontextanalyse des Phänomens *unbegleitete minderjährige Flüchtlinge* durchgeführt. Diese beleuchtet zielgruppenspezifische Aspekte des Kontextes Flucht (Kapitel 2), die Thematik der Traumatisierung bei der hier betrachteten Zielgruppe (Kapitel 3) sowie psychosoziale Faktoren der Lebenssituation der Jugendlichen im Aufnahmeland (Kapitel 4).

Auf Grundlage dieser spezifischen Rahmenbedingungen, findet in TEIL 2 eine Kontextanalyse pädagogischer (Kapitel 5) sowie psychotherapeutischer (Kapitel 6) Perspektiven auf die Zielgruppe sowie die Schnittstelle zur kooperierenden Disziplin in der Arbeit mit unbegleiteten minderjährigen Flüchtlingen statt. Diese Analyse soll einen zusätzlichen, fachspezifisch fundierten Zugang zur Thematik ermöglichen.

Im Anschluss an den theoretischen Zugang soll in TEIL 3 eine empirische Untersuchung abschließend zur Klärung des Forschungsinteresses beitragen. Nach einer Vorstellung des Forschungsdesigns (Kapitel 7) findet die Interpretation der erhobenen Daten entlang der Forschungsfrage (Kapitel 8) sowie die Zusammenfassung der zentralen Erkenntnisse im Fazit (Kapitel 9) statt.

TEIL 1

Kontextanalyse des Phänomens „unbegleitete minderjährige Flüchtlinge"

2 Flucht

Die Geschichte der Menschheit ist maßgeblich geprägt und beeinflusst von Wanderbewegungen. Insbesondere die Suche nach einem besseren Leben veranlasst den Menschen seit tausenden von Jahren zu Migration. Kern der Migration ist dabei stets die Ortsverlagerung, d.h. das Verlassen der Ursprungskultur und das allmähliche Hineinwachsen in die Aufnahmekultur (vgl. Hargasser 2014, S. 16). Als ein sehr komplexes und vielseitiges Phänomen geht Migration heutzutage untrennbar mit weltweiten Problemen wie Armut, Krieg und Menschenrechtsverletzungen sowie Auswirkungen des Globalisierungsprozesses einher (vgl. Weeber & Gögercin 2014, S. 13). Ein in diesem Zusammenhang häufig genannter Begriff ist der *Flucht*-Begriff. Auch das Phänomen Flucht ist schließlich durch eine Ortsverlagerung, meist über große Entfernungen hinweg, geprägt. Für die Gruppe der unbegleiteten minderjährigen Flüchtlinge sind daher kontextuelle Faktoren im Themenfeld Migration, insbesondere Flucht, zu analysieren. Dies soll in Kapitel 2 entlang der folgenden Leitfragen stattfinden:

- In welchem Zusammenhang stehen Flucht und Migration?
- Welche Rolle spielen Kinder auf der Flucht?
- Wer sind *unbegleitete minderjährige Flüchtlinge*?
- Welche kinder- und jugendspezifischen Fluchtmotive werden beschrieben?
- Welchen Gefahren und Umständen sind unbegleitete Minderjährige auf der Flucht ausgesetzt?
- Inwiefern ergibt sich daraus eine besondere Schutz- und Hilfebedürftigkeit von unbegleiteten minderjährigen Flüchtlingen?
- Gibt es einen schematischen Ablauf von Flucht?
- Welche rechtlichen Rahmenbedingungen gibt es im Themenbereich Flucht?
- Wie sind unbegleitete minderjährige Flüchtlinge rechtlich geschützt und gestellt?
- Wie gestaltet sich die aktuelle Situation in Zahlen und Daten?

2.1 Flucht – eine Migrationsform

Üblicherweise wird der Begriff bzw. das Phänomen *Flucht* als erzwungene Migration aus politischen Gründen definiert und von freiwilliger Migration unterschieden (vgl. Hargasser 2014, S. 17). Die Trennung basiert dabei auf der Annahme, dass Menschen im Rahmen einer Flucht nicht selbst über ihre Zukunft entscheiden können (vgl. ebd.). Die ausschließliche Fixierung auf das Kriterium der (Un-)Freiwilligkeit wird dem vielschichtigen Phänomen jedoch nicht gerecht (vgl. Weeber & Gögercin 2014, S. 16). Insbesondere für die pädagogische und psychotherapeutische Arbeit mit unbegleiteten minderjährigen Flüchtlingen gilt es, diverse weitere Merkmale und Faktoren einer Flucht zu berücksichtigen, welche in der Regel zur Kategorisierung von Migration dienen. Zimmermann nennt als hoch relevante Gegensatzpaare im Themenfeld „Migration und Trauma" Binnen- versus transnationale Migration einerseits, sowie freiwillige versus Zwangsmigration andererseits (vgl. Zimmermann 2015, S. 19 f).

Die *Binnenmigration* erfolgt zumeist innerhalb eines ähnlichen kulturellen und sozialen Kontextes. Trotz des dauerhaften Wechsels des Lebensmittelpunktes, liegt dem Migrationsprozesses dadurch ein gewisses Maß an Kontinuität zugrunde (vgl. Weeber & Gögercin 2014, S. 14). Nach Zimmermann muss in Anlehnung an Winnicott (1992) dadurch „der potentielle Raum zwischen Individuum und Umwelt [...] nicht komplett neu hergestellt werden" (Zimmermann 2015, S. 20). Gerade in unserer postmodernen Gesellschaft, ist die Binnenmigration aufgrund der wachsenden Mobilität von Arbeitnehmern ein häufiges Phänomen (vgl. ebd.). Während diese Wanderungen meist freiwillig entstehen, findet Binnenmigration oftmals auch unter erzwungenen Umständen in Kriegs- und Krisengebieten oder als Folge von Naturkatastrophen statt (vgl. ebd.). Der Versuch, in nahegelegene, friedliche Gebiete zu siedeln, ist dabei häufig mit der Aussicht auf eine baldige Rückkehr in das Herkunftsgebiet verbunden.

Der Binnenmigration steht die *transnationale Migration* gegenüber, welche mit weitaus größeren Veränderungen einhergeht. Neben einem neuen kulturellen und sozialen System, sieht sich der Migrant meist mit einer fremden Sprache konfrontiert (vgl. Weeber & Gögercin 2014, S. 15). In der Auseinandersetzung mit der Sprache sowie den als fremd erlebten Normen und Werten der neuen Umgebung, werden dabei häufig traditionelle Werte und Normen der Herkunftsgesellschaft als vermehrt sinnlos erlebt (vgl. Auernheimer 2007, S. 78). Diese Erfahrung beeinflusst maßgeblich die Internalisierung sprachlicher und kultureller Codices, welche dann lediglich erlernt und nicht affektiv besetzt werden (vgl. Zimmermann 2015, S. 20). Dies muss insbesondere deshalb berücksichtigt werden, da in diesem Fall Sprache und Gesamterleben nur vage miteinander verbunden sind; psychische Zustände sind dann kaum ausdrückbar (vgl. ebd.). Vor allem Kinder und Jugendliche sind von den Folgen des Herausreißens aus den gewohnten kulturellen und sozialen Strukturen betroffen, da ihre kognitive Aufnahmefähigkeit der Umwelt nur eingeschränkt entwickelt ist (vgl. Weeber & Gögercin 2014, S. 15). Die Identitätsentwicklung kann hierdurch nachhaltig negativ beeinflusst werden, wodurch bei vielen Betroffenen ein stabiles und sicheres Selbst schrittweise wiederhergestellt werden muss (vgl. ebd.). Sowohl im psychotherapeutischen Setting, wie auch in der pädagogischen Arbeit mit den jungen Migranten, wird diese Problematik transnationaler Migration sichtbar.

Freiwillige Migration ist dadurch gekennzeichnet, dass im Herkunftsland keine akuten Gründe zur Auswanderung zwingen (vgl. Zimmermann 2015, S. 20). Die Entscheidung zu einer dauerhaft räumlichen Veränderung erfolgt hierbei freiwillig aufgrund persönlicher oder beruflicher Neuorientierungen (vgl. Weeber & Gögercin 2014, S. 15). Ein Verbleib am bisherigen Lebensort würde dabei keine existenzielle Notlage beim Individuum auslösen (vgl. Zimmermann 2015, S. 20). Zudem ist die freiwillige Migration in der Regel geplant, wodurch die Möglichkeit besteht, Abschied vom bisherigen sozialen und natürlichen Umfeld zu nehmen (vgl. ebd. S. 22 f).

> *„Bewusste Abschiednahme vereinfacht die Trauerarbeit im Exil, die als unerlässliche Bedingung für die innerpsychische Integration von Altem und Neuen gesehen werden muss. Freiwillig migrierende Menschen haben somit einen emotionalen und realen Zugang zu dem Zurückgelassenen. Sie können die Erinnerungen als gute, konstante Objekte bewahren und in vielen Fällen die verlassene Heimat besuchen"* (ebd. S. 23).

Bei der *Zwangsmigration* besteht diese Möglichkeit meist nicht. Die Migranten müssen sowohl „ihren materiellen Besitz wie auch ihr soziales Netzwerk ohne Moratorium zurücklassen" (ebd.). Aufgrund wirtschaftlichen, politischen oder sozialen Drucks erscheint den Betroffenen die Migration meist als einziger Ausweg (vgl. Zimmermann 2015, S. 20). Persönliche Zwänge, familiäre Brüche oder die Vertreibung wegen extremer Armut gehören ebenfalls zur Kategorie Zwangsmigration, unabhängig davon, ob es sich dabei um Binnen- oder transnationale Migration handelt (vgl. ebd. S. 21). Der Begriff „Zwangsmigration" unterliegt dabei keiner einheitlichen Definition – im Gegensatz zum Flüchtlingsbegriff in der Genfer Konvention – und unterscheidet sich daher von Letzterem durch die Berücksichtigung eines größeren Bedingungsfeldes (vgl. ebd.). Als drei Aspekte, welche jede Zwangsmigration mit unterschiedlicher Bedeutung charakterisieren, nennt Zimmermann (vgl. ebd. S. 14):

1. unfreiwilliges Verlassen der Heimat aufgrund politischer und ethnischer Verfolgung oder extremer Armut,
2. eine meist illegalisierte und gefährliche Migration, welche häufig durch Situationen extremster Abhängigkeit (z.B. Schlepperbanden) geprägt ist,
3. eine ungesicherte Aufenthaltssituation im Aufnahmeland über eine gewisse Lebensphase.

Im Zusammenhang mit dieser Arbeit liegt die Vermutung nahe, dass Migration bzw. Flucht von Kindern und Jugendlichen generell als erzwungene Migration verstanden werden muss. So verlassen diese nur in den seltensten Fällen ihre Heimat aus eigenem Antrieb (vgl. Weeber & Gögercin 2014, S. 16) und werden nur gering in den Entscheidungsprozess hinsichtlich einer Migration miteinbezogen (vgl. Zimmermann 2015, S. 21).

Eine weitere Möglichkeit der Kategorisierung ist die Trennung in *legale* und *illegale Migration* (vgl. Hargasser 2014, S. 17). Beginn und Verlauf einer Flucht sind sehr häufig durch Illegalität geprägt, beispielsweise durch das Überqueren von Grenzen sowie den Aufenthalt ohne legalen Status. Um der Illegalität zu entkommen, steht Flüchtlingen meist nur der langwierige Weg eines Asylverfahrens offen. Die rechtliche Thematik wird später in dieser Arbeit dargestellt.

Flucht kann des Weiteren als *andauernde* oder *vorübergehende Migration* beabsichtigt sein. Während viele Geflüchtete keine Zukunft in ihrer Heimat sehen, da aufgrund der dortigen Situation die Möglichkeit einer Rückkehr ausgeschlossen ist, wünschen sich andere eine baldige Rückkehr. Oftmals ändern sich diese Hoffnungen und Absichten während der Zeit fern der Heimat.

Schließlich findet eine Differenzierung von Migration hinsichtlich des Aspekts *Einzel-* versus *Gruppenmigration* statt. Jede Fluchtbiographie gilt es diesbezüglich individuell zu bewerten. Gerade für unbegleitete minderjährige Flüchtlinge birgt eine entsprechende Einzelflucht Gefahren und wirkt sich auf die spätere psychosoziale Arbeit mit dieser Zielgruppe aus.

Der Begriff Flucht muss daher im Sinne einer definitorischen Perspektivenerweiterung des gegenwärtigen Verständnisses von Flucht – als ausschließlich erzwungene Migration – einen neuen Platz innerhalb des Kontextes Migration erhalten.

Neben der Gerechtwerdung der Komplexität des Phänomens Flucht in der psychosozialen Arbeit mit unbegleiteten minderjährigen Flüchtlingen, sind auch politische und rechtliche Aspekte durch ein verkürztes Verständnis von Flucht beeinflusst. So folgen internationales Recht und Politik häufig dieser einfachen Unterscheidung. Die Einordnung in die Kategorien „Migrant" oder „Flüchtling" hat dabei weitreichende Konsequenzen für die Betroffenen, insbesondere für deren Ansprüche im Aufnahmeland (vgl. Hargasser 2014, S. 18). Eine Kategorisierung ist im Einzelfall jedoch oft nicht möglich, da die Entscheidung zur Migration bzw. Flucht diverse, teils überschneidende Ursachen haben kann; es handelt sich oftmals um eine Mischform (vgl. ebd.).

Die Schwierigkeit der Zuordnung wird am Beispiel afghanischer Migrationsbewegungen besonders deutlich. Alessandro Monsutti, Migrationsforscher am Graduate Insitute of International and Development Studies in Genf, stellt in der afghanischen Gesellschaft eine Kultur der Migration fest, welche sich als bestimmendes Merkmal herausgebildet habe (vgl. Monsutti 2006, S. 1). Die Grenze zwischen freiwilliger und erzwungener Migration sei hierbei jedoch nicht klar zu ziehen, da sich die Motive und Ziele von afghanischen „Flüchtlingen" und „Migranten" manchmal sehr ähnelten (vgl. ebd.).

> *„Neither the definition of »refugee« in official international texts nor the various typologies of migration offer a satisfactory analytical framework to explain and understand the migratory strategies developed by the population of Afghanistan. While many Afghan refugees fled the direct effects of war, their movements have occured within the context of a longstanding tradition of migration and the pre-existence of transnational connections"* (ebd. S. 4)

Auch bei afghanischen Kindern und Jugendlichen, welche ihre Heimat ohne die Begleitung eines Erwachsenen verlassen, trifft dieses Phänomen zu. Hargasser gibt in diesem Zusammenhang ein typisches Beispiel einer Migrationsbiographie, welches die Überschneidung von Migrationsmotivationen und -gründen verdeutlicht:

„So kann zum Beispiel ein afghanischer Jugendlicher zunächst vor Bedrohungen durch Talibankämpfer, die bereits seinen Vater ermordet haben, und denen er aufgrund von Sippenhaft ebenfalls ausgesetzt ist, aus Afghanistan in den Iran fliehen, um der Verfolgung zu entgehen. Dort schlägt er sich mit Jobs im Bergbau o.ä. durch. Weil er im Iran zwar geduldet, jedoch ohne legalen Aufenthalt ist und somit allgegenwärtiger Erpressung und Diskriminierung ausgesetzt ist, flieht er, um der Perspektivlosigkeit seines Daseins zu entkommen, nach einiger Zeit weiter Richtung Europa, mit dem Ziel, sich ein besseres Leben aufbauen zu können. Um wieder einen legalen Status zu erhalten, überquert er illegal verschiedene europäische Grenzen und stellt in Deutschland einen Antrag auf Asyl" (Hargasser 2014, S. 19).

Das Verlassen von Afghanistan aus Gründen des Schutzes, beispielsweise vor Unterdrückung und Todesgefahr, ist in vielen Fällen der Beginn einer Migration. Im weiteren Verlauf kommt es dann häufig zu einer Veränderung der ursprünglichen Motive und Ziele. Die Verbesserung des persönlichen Lebensstandards, das Erlangen eines legalen Aufenthaltsstatus oder die finanzielle Unterstützung der Familie in der Heimat, durch das Ausüben einer Erwerbstätigkeit in einem wohlhabenderen Land, veranlasst viele Geflüchtete, ihre Migration weiter fortzusetzen.

Es ist daher festzuhalten, dass „die Fluchtmigration nicht nur die Kriterien der Unfreiwilligkeit und der individuellen politischen Verfolgung beinhalten kann, sondern von der Mischung von Motiven und Zielen und deren Veränderung im Laufe des Migrationsprozesses geprägt ist" (ebd. S. 20). Das Beispiel verdeutlicht, dass Flucht häufig ein Bestandteil von Migration ist und kein – eigener – Sonderfall. „Eine strikte Trennung von Flucht und Migration, wie es in internationalen und nationalen Gesetzen versucht wird, wird dem komplexen Phänomen daher nicht gerecht" (ebd.).

2.2 Kinder auf der Flucht

Kinder und Jugendliche unter 18 Jahren stellen weltweit etwa die Hälfte aller Flüchtlinge dar. In vielen Ländern, darunter insbesondere in den Entwicklungsländern, liegt der Anteil an minderjährigen Flüchtlingen häufig bei über 50 % (vgl. Rieger 2010, S. 21 & vgl. Weeber & Gögercin 2014, S. 17). Alleine in Deutschland wurden im Jahr 2016 im Zeitraum von Januar bis Oktober 36 % aller Asylanträge von Menschen unter 18 Jahren gestellt, das entspricht einer absoluten Zahl von 242.641 Asylanträgen (vgl. BAMF 2016a, S. 7). Da beispielsweise in Deutschland nicht alle Kinder und Jugendlichen den Weg ins Asylverfahren wählen, sondern einen Antrag auf eine Aufenthaltserlaubnis oder eine Duldung bei der Ausländerbehörde stellen (vgl. Rieger 2010, S. 21), liegt die tatsächliche Zahl an geflüchteten Minderjährigen in der Bundesrepublik noch um ein deutliches Maß höher. Eine verlässliche Zahl hierzu existiert jedoch nicht (vgl. ebd.). Die Heranwachsenden stammen meist aus den Krisengebieten dieser

Welt, wie Syrien, Irak, Afghanistan, Eritrea, Somalia u.v.m. Ihre Gründe, die Heimat zu verlassen, sind ebenso vielfältig wie besorgniserregend. Zusätzlich rückt dabei ein Phänomen zunehmend ins gesellschaftliche Bewusstsein: Minderjährige befinden sich häufig alleine, d.h. ohne die Begleitung ihrer Eltern oder eines anderen verantwortlichen Erwachsenen, auf der Flucht. Gerade sie stellen eine besonders verwundbare Personengruppe dar, welcher sich die Pädagogik einer gezielten und umfassenden Betrachtung annehmen muss.

In den folgenden Kapiteln sollen daher kinderspezifische Fluchtaspekte dargestellt werden. Dabei wird zunächst die Personengruppe „unbegleitete minderjährige Flüchtlinge" definiert, um im Anschluss deren Fluchtmotive, gegenwärtige Gefahren und Umstände auf der Flucht sowie deren besondere Schutzbedürftigkeit zu erörtern.

2.2.1 Unbegleitete minderjährige Flüchtlinge (UMF)

Sowohl im Fach-, wie auch im öffentlichen Diskurs, finden unterschiedliche Begriffe Verwendung, wenn von der Gruppe alleinreisender Jugendlicher gesprochen wird. Meist mit der selben Bedeutung etablieren sich *unbegleitete Flüchtlingskinder, unbegleitete minderjährige Asylsuchende, unbegleitete Minderjährige, unbegleitete minderjährige Flüchtlinge* oder *Separated Children* als gängige Begriffe in der (inter-)nationalen Literatur, wie auch im Politikfeld von UNHCR, UNICEF, der Europäischen Union oder Nichtregierungsorganisationen (vgl. Cremer 2006, S. 27). Eine einheitliche, rechtlich festgesetzte Definition existiert jedoch nicht (vgl. ebd.), weshalb es notwendig erscheint, eine für diese Arbeit gültige Arbeitsdefinition zu formulieren. Für die im Zentrum dieser Arbeit stehende Zielgruppe soll die Bezeichnung *unbegleitete minderjährige Flüchtlinge* (im Folgenden mit *UMF* abgekürzt) verwendet werden. Diese soll wie folgt beschrieben werden:

Der Begriff **„unbegleitet"** verweist zunächst auf den Tatbestand, dass ein Minderjähriger von Eltern oder ähnlichen Bezugspersonen getrennt ist (vgl. Stauf 2012, S. 15). Er beschreibt weiter einen Heranwachsenden, „der ohne die Begleitung eines für ihn verantwortlichen Erwachsenen in einen Mitgliedstaat der EU einreist oder nach der Einreise dort ohne Begleitung zurückgelassen wird" (BAMF 2015a, o.S.). Schließlich muss davon ausgegangen werden, „dass diese Trennung von längerfristiger Dauer ist und die Eltern nicht in der Lage sind, sich um ihre Kinder zu kümmern" (Schmieglitz 2014, S. 17).

Als **„minderjährig"** wird ein Heranwachsender beschrieben, welcher das 18. Lebensjahr noch nicht vollendet hat bzw. welcher noch nicht 18 Jahre alt ist. Diese Festsetzung ergibt sich sowohl aus nationalem, wie auch aus internationalem Recht (nach der UN-Kinderrechtskonvention Art.1 sowie §7 SGB VIII).

Der Begriff „**Flüchtling**" bedarf einer besonderen Definition. So wird er im Zusammenhang mit der Bezeichnung *unbegleitete minderjährige Flüchtlinge* im öffentlichen Diskurs umfassender verwendet, als er beispielsweise durch die Genfer-Flüchtlingskonvention oder im (inter-)nationalen Recht beschrieben wird. In Bezug auf die Genfer-Flüchtlingskonvention wird eine Person als Flüchtling beschrieben, die

> „*aus der begründeten Furcht vor Verfolgung aus Gründen der Rasse, Religion, Nationalität, Zugehörigkeit zu einer bestimmten sozialen Gruppe oder wegen seiner politischen Überzeugungen sich außerhalb des Landes befindet, dessen Staatsangehörigkeit er besitzt, und den Schutz des Landes nicht in Anspruch nehmen kann oder wegen dieser Befürchtung nicht in Anspruch nehmen will*" (Genfer Flüchtlingskonvention der UNO 1951).

Im Kontext des deutschen Asylrechts wird aus statusrechtlicher Sicht nur als „anerkannter Flüchtling" beschrieben, wer nach § 16a GG Asyl erhalten hat, oder durch § 60 AufenthG vor Abschiebung geschützt ist. Das umfassendere Verständnis des Flüchtlingsbegriffs im Zusammenhang mit UMF wird jedoch auch auf minderjährige Personen angewandt, die nicht unter die Definition der Genfer Flüchtlingskonvention fallen, oder nach erfolgter Prüfung durch das Bundesamt für Migration und Flüchtlinge keinen Flüchtlingsschutz für sich in Anspruch nehmen können (vgl. Stauf 2012, S. 18). Als „Flüchtling" in diesem Kontext, werden daher auch jene minderjährigen Personen angesehen, „die den Status eines anerkannten Flüchtlings oder eine andere Form des humanitären Aufenthalts in Deutschland bisher lediglich anstreben" (Schmieglitz 2014, S. 17 f). Es sind in diesem Kontext in erster Linie unbegleitete minderjährige Schutzsuchende[2], die folglich in dieser Arbeit unter den Begriff „Flüchtling" fallen, unabhängig von ihrem aufenthaltsrechtlichen Status. Dieses Verständnis von UMF spiegelt sich auch in zahlreichen Publikation innerhalb des Fachdiskurses wieder (vgl. Stauf 2012, S. 18; vgl. Efler 2014, S. 11 & vgl. Schmieglitz 2014, S. 17 f).

2.2.2 Fluchtmotive und -gründe

Insbesondere bei *unbegleiteten* minderjährigen Flüchtlingen stellt sich die Frage nach den Fluchtmotiven. Im Gegensatz zu Kindern, die zusammen mit ihren Eltern einreisen, richten sich ihre Aufenthaltsperspektive und damit die Ansprüche im Aufnahmeland nach den eigenen Motiven. Bei *begleiteten* Minderjährigen werden vornehmlich die Beweggründe der Eltern erfragt, welche sich dann auf die mitgereisten Kinder erstrecken (vgl. Angenendt 2000, S. 28). Neben Fluchtgründen, die auch auf Erwachsene zutreffen, existieren dabei diverse kinderspezifische Fluchtursachen (vgl. Schmieglitz 2014, S. 23), welche nun genauer dargestellt werden.

---

2 Die Formulierung *unbegleitete minderjährige **Schutzsuchende*** umschreibt die Personengruppe mit Flucht- bzw. Migrationshintergrund.

Flucht vor Krieg und Bürgerkrieg

Kampfhandlungen in Kriegs- und Bürgerkriegsregionen zielen immer häufiger direkt auf die Zivilbevölkerung ab, meist mit der Absicht, Territorien für die Besiedlung durch die eigene Ethnie oder den eigenen Clan zu erobern (vgl. Cremer 2006, S. 30). Besonders Kinder und Jugendliche sind dabei aufgrund ihrer psychischen und physischen Konstitution den Menschenrechtsverletzungen schutzlos ausgesetzt (vgl. Efler 2014, S. 16). Ihr Leben in den Krisen- und Kriegsgebieten ist meist geprägt von Verfolgung, Vertreibung, Hunger und Gewalt (vgl. Cremer 2006, S. 30). Die alltägliche Gefahr der Bombardierung sowie die Zerstörung ganzer Städte bieten zudem keine Lebensgrundlage in den Herkunftsgebieten.

Ein spezifischer Fluchtgrund für Kinder und Jugendliche in diesen Gebieten ist die Gefahr der Zwangsrekrutierung. Die Rekrutierung sogenannter Kindersoldaten, unter Androhung von Strafe oder Gewalt, ist dabei ein Phänomen, welches in den letzten Jahrzehnten in nahezu allen Bürgerkriegsgebieten zu beobachten ist (vgl. Angenendt 2000, S. 30). Neben jungen Männern werden immer häufiger auch Mädchen zum Waffendienst durch offizielle Armeen, wie auch aufständische, oppositionelle Kampfverbände und Gruppierungen, gezwungen (vgl. Cremer 2006, S. 30). Besonders in sogenannten *failed states,* wie Somalia, stellt diese Vorgehensweise durch Milizen, wie *al-Shabaab,* eine enorme Gefahr für Minderjährige dar. Ähnliches ist nach dem Einsatz der Vereinigten Staaten von Amerika in Afghanistan zu beobachten, wo die *Taliban* unter Einsatz von Erpressung, Folter und Mord, junge Menschen für ihre Milizen instrumentalisieren. Menschenrechtsverletzungen gegen Kinder im Rahmen der Ausbildungscamps sind durch Reintegrationsprogramme in ehemaligen Kampfgebieten hinreichend dokumentiert (vgl. ebd. S. 31). Schlimmste Misshandlungen, in welchen der Wille und die Persönlichkeit der Kinder gebrochen wird, sollen diese zu besonders skrupellosen Soldaten machen. Insbesondere rekrutierte und gefangengenommene Mädchen sind dabei Opfer sexueller Gewalt durch die Kämpfer (vgl. ebd.).

Flucht vor Verfolgung wegen politischer Betätigung

Die Flucht vor Verfolgung wegen politischer Betätigung ist bei Kindern und Jugendlichen ein seltenes Motiv, da sie aufgrund ihres Alters kaum in klassische, politische Untergrundarbeiten verstrickt sind (vgl. Efler 2014, S. 17). Für eine Verfolgung und Inhaftierung genügen in manchen Ländern jedoch bereits die Teilnahme an einer Demonstration (verbotener) oppositioneller Gruppierungen, das Verfassen oder Verteilen von Flugblättern oder die Hilfeleistung für im Untergrund lebende Oppositionelle (vgl. Cremer 2006, S. 29). Die Verfolgung Minderjähriger aufgrund solcher Tätigkeiten zeigt, inwiefern den jungen Menschen in ihren Herkunftsstaaten eine größere politische Bedeutung zugemessen wird, als es beispielsweise in westlichen Industriestaaten der Fall ist (vgl. ebd.). Es gelingt Betroffenen daher nur selten, im Aufnahmeland glaubhaft zu machen, dass sie aufgrund politischer Betätigung in ihrer Heimat verfolgt werden (vgl. Angenendt 2000, S. 30).

Flucht vor Verfolgung als Familienangehöriger

Kinder und Jugendliche befinden sich meist in größter Gefahr, wenn ihre Eltern oder andere Angehörige Opfer (politischer) Verfolgung sind. Tauchen diese unter oder fliehen sie ins Ausland, werden häufig die zurückgelassenen Kinder zur Zielscheibe der verfolgenden Behörden (vgl. ebd.). Die Trennung von den Eltern hat dabei weitreichende Folgen. So müssen die Kinder erstens ohne die Fürsorge der Eltern zurecht kommen und sind zudem ein leichtes Ziel für die Behörden, durch Anwendung von Gewalt und Folter Informationen über den Aufenthaltsort der Gesuchten zu erhalten, oder gar deren Rückkehr ins Herkunftsland zu erzwingen (vgl. Cremer 2006, S. 28 f). Die Verfolgung als Familienangehöriger findet jedoch nicht nur durch staatliche Behörden statt. Wie das Beispiel der afghanischen Migrationskultur bereits zeigte, sind häufig die Kinder von verfolgten Eltern aufgrund von Sippenhaft Zielobjekte terroristischer und unterdrückender Organisationen, beispielsweise der *Taliban*. Hier steht häufig das Motiv der Vergeltung über der erpresserischen Funktion.

Flucht vor Verfolgung wegen Zugehörigkeit zu einer ethnischen bzw. diskriminierten Gruppe

Die Verfolgung eines Menschen muss nicht immer politisch begründet sein. Auch die Flucht vor Verfolgung aufgrund der Zugehörigkeit zu einer ethnischen (diskriminierten) Gruppe kann eine Flucht verursachen (vgl. Efler 2014, S. 17). Als Teil einer von den Machthabern unterdrückten Minderheit erleiden viele Kinder und Jugendliche schwerwiegende Diskriminierungen. Ein historisches Beispiel hierfür sind die Albaner im Kosovo (vgl. Angenendt 2000, S. 31), doch auch heutzutage sehen sich beispielsweise Christen in islamistisch regierten Ländern, wie Eritrea, zur Flucht gezwungen. Neben dem Verbot des Gebrauchs der Sprache einer bestimmten Gruppe, der Zerstörung kultureller und religiöser Einrichtungen oder dem Zwang zur kulturellen Assimilation der Minderjährigen (vgl. ebd.), stellen Verschleppung oder Ermordung keine Seltenheit dar.

Flucht vor geschlechtsspezifischer Verfolgung

Geschlechtsspezifische Fluchtursachen finden zunehmende Beachtung. Die Furcht vor sexueller Gewalt sowie die zielgerichtete, geschlechtsspezifische Verfolgung und Diskriminierung betrifft dabei meist junge Frauen und Mädchen, aber auch männliche Heranwachsende werden Opfer von Vergewaltigungen (vgl. Efler 2014, S. 17). Vorfälle, wie die systematisch eingesetzten Massenvergewaltigungen in Bosnien, erregten dabei erstmals in der neueren Geschichte öffentliches Entsetzen (vgl. Cremer 2006, S. 31). Soziale und kulturelle Praktiken bzw. Traditionen können eine große Gefahr für das Leben und die Gesundheit von jungen Menschen sein. So stellt beispielsweise die Genitalverstümmelung bei jungen Mädchen eine zunehmende Fluchtursache dar, weil immer mehr Frauen diese Art von Menschenrechtsverletzung weder für sich, noch für ihre Töchter akzeptieren und dieser Form der Machtausübung den Rücken kehren (vgl. Angenendt 2000, S. 32). Gleichzeitig steigt die Bereitschaft der internationalen Gemeinschaft, diese Art von Fluchtmotiven anzuerkennen (vgl. ebd.).

Flucht aus mangelnder Versorgung, Bildung und Perspektive

Viele Kinder und Jugendliche fliehen aufgrund der Suche nach einem Leben in Würde, des Wunsches nach einer Zukunftsperspektive durch eine gute Bildung (vgl. Rieger 2010, S. 21) oder aufgrund der Ideologisierung von Erziehung (vgl. Cremer 2006, S. 32). Die Mangelversorgung im Herkunftsland ist meist die Folge von langjähriger Armut, Krieg oder Naturkatastrophen (vgl. Weeber & Gögercin 2014, S. 17). Minderjährige müssen dabei häufig erleben, wie ihre Familien durch wirtschaftliche Not und Armut zerbrechen, da staatliche Versorgungs- und Unterstützungsangebote nur mangelhaft oder gar nicht vorhanden sind (vgl. Cremer 2006, S. 32). Die Aussicht auf Bildung oder eine baldige Erwerbstätigkeit im Ausland geht meist mit der Hoffnung einher, die Familie in der Heimat finanziell unterstützen zu können.

Flüchtlingsbiographien zeigen, dass in der Realität meist mehrere Motive vorliegen, warum sich Minderjährige auf die Flucht begeben. Die oben beschriebenen Fluchtgründe treten daher nicht isoliert von einander auf, sondern stellen eine Mischform dar (vgl. Angenendt 2000, S. 32) und lassen sich zudem vielfältig erweitern. Die Angst vor Kinderhandel, Zwangsprostitution und Zwangsheirat oder die Suche nach Familienangehörigen stellen ebenso häufige Faktoren dar (vgl. Schmieglitz 2014, S. 23).

Nur in wenigen Fällen wird die Entscheidung zur Flucht jedoch von den Heranwachsenden völlig autonom und selbstbestimmt getroffen (vgl. Weeber & Gögercin 2014, S. 17). Kinder werden von ihren Eltern mit auf die Flucht genommen, oder diese leiten die unbegleitete Flucht in die Wege. Es besteht dabei die Möglichkeit, dass den jungen Menschen nicht einmal bewusst ist, warum sie ihre Heimat verlassen müssen (vgl. Cremer 2006, S. 32). Häufig ist zudem zu beobachten, dass soziale Strukturen die treibende Kraft hinter dem gefährlichen Unternehmen sind, beispielsweise wenn der Minderjährige auch schon im Herkunftsland von seinen Eltern getrennt ist (vgl. Weeber & Gögercin 2014, S. 17).

Hinsichtlich einer Einteilung in sogenannte *Schub- und Sog-* bzw. *Push- und Pull-Faktoren,* kann gesagt werden, dass zwar die ausschlaggebenden und auslösenden Gründe für eine Flucht in der Regel im Herkunftsland selbst liegen (*Push-Faktoren*), diese jedoch in gewissem Maße mit der Hoffnung auf eine Verbesserung in einem anderen Land (*Pull-Faktoren*) verbunden sind und sich gegenseitig verstärken (vgl. Efler 2014, S. 15).

Entwicklungspolitische Kreise kritisieren, dass Fluchtursachen zu sehr bzw. ausschließlich in den Herkunftsländern gesucht werden (vgl. Schroeder 2011, S. 246). Sie fordern,

„auch die externe Verursachung gesellschaftlicher Missstände in die Analyse einzubeziehen.

Menschen würden im Kontext internationaler Krisen zur Flucht gezwungen, die sich lokal und regional auswirken. Zu solchen fluchtverursachenden Dimensionen zählen beispielsweise: internationale Waffenlieferungen in Krisengebiete, Unterstützung menschenrechtsverletzender Regimes aus politischem und ökonomischen Kalkül, eine verfehlte Umweltpolitik, die zur Zerstörung natürlicher Lebensgrundlagen führt, eine ungerechte Wirtschaftspolitik, die zur Verstärkung der ökonomischen Kluft zwischen Armuts- und Reichtumsgesellschaften beiträgt" (ebd.).

Im nach wie vor umstrittenen politischen und öffentlichen Diskurs stehen gerade kinderspezifische Fluchtmotive für Vertreter einer restriktiven Flüchtlingspolitik in Frage (vgl. Efler 2014, S. 16). Sie sind der Ansicht, dass spezielle Migrationsgründe von Kindern und Jugendlichen höchstens theoretisch denkbar seien, in der Praxis jedoch keine Relevanz hätten – so z.B. die Furcht vor einer Rekrutierung zum Kindersoldaten oder eine (drohende) Genitalverstümmelung (vgl. ebd.). Je nach gesellschaftlichem Bewusstsein bzw. öffentlichem Verständnis hat dies für UMF entsprechende Folgen hinsichtlich ihrer gesellschaftlichen Anerkennung und Behandlung im Alltag.

2.2.3 Umstände und Gefahren auf der Flucht

Für Kinder und Jugendliche stellt die Flucht eine höchst strapaziöse und gefährliche Herausforderung mit enormen Belastungen und Entbehrungen dar. Verstärkt werden die prekären Umstände der Flucht, wenn sich Minderjährige ohne ihre Eltern auf den Weg machen, oder im Verlauf der Flucht von ihren Eltern getrennt werden und sie den weiteren Weg alleine und unbegleitet fortführen (müssen).

Zu einer Trennung von den Eltern kann es aus verschiedenen Gründen kommen. Bereits im Herkunftsland findet eine Trennung meist dann statt, wenn die Eltern verfolgt werden oder bereits inhaftiert sind (vgl. Cremer 2006, S. 32). Die Verfolgung der Kinder selbst sowie eine drohende oder tatsächliche Zwangsrekrutierung, kann zudem die Familie auseinander reißen (vgl. ebd.). In Krisen- und (Bürger-)Kriegsgebieten werden viele Kinder durch den Tod ihrer Eltern zu Waisen oder Halbwaisen (vgl. Rieger 2010, S. 21), andere werden durch die Kriegswirren und plötzliche Kriegshandlungen von ihren Angehörigen getrennt und zu einer unvorbereiteten Flucht gezwungen (vgl. Cremer 2006, S. 32). Drohende Gefahren veranlassen viele Eltern, ihre Kinder prophylaktisch außer Landes in Sicherheit zu bringen. Die finanziellen Mittel reichen dabei oft nur für die Flucht der Kinder oder eines Kindes aus (vgl. ebd.). Auch wenn die Flucht für manche zunächst im Familienverband gelingt, verlieren viele ihre Angehörigen im weiteren Verlauf, beispielsweise bei längeren Fußmärschen, in Zwischenunterkünften oder in Sammellagern (vgl. ebd. S. 32 f). Auch die Abhängigkeit von Schleppern, ein Aufgriff bei illegalen Grenzübertritten, das Überqueren von Gewässern in überfüllten Booten sowie Krankheit und Tod auf der Flucht, können zur Trennung von Familien führen.

Auf der Flucht sind die Heranwachsenden für die illegale Überquerung von Landesgrenzen fast immer auf Schlepper oder Menschenhändler angewiesen (vgl. Rieger 2010, S. 21). Dieses Abhängigkeitsverhältnis endet nur selten mit der Ankunft in einem Zielland, da die Jugendlichen in finanzieller Schuld stehen und hohe Geldbeträge an die Schleuser zahlen müssen (vgl. ebd.). Neben dieser Verpflichtung werden viele Kinder und Jugendliche auf der Flucht (erneut) Opfer von psychischer und physischer Gewalt durch fremde Erwachsene. Wirtschaftliche Ausbeutung, Misshandlung oder der Zwang zur Prostitution sind kein seltenes Phänomen (vgl. Cremer 2006, S. 33). Auch scheinbar sichere Flüchtlingslager bergen für unbegleitete Minderjährige große Gefahren, so werden insbesondere Mädchen während des Aufenthalts in Lagern „in erschreckendem Ausmaß Opfer sexueller Gewalt" (ebd. S. 35). Die gravierenden Gewalterfahrungen verankern Gefühle der Hilfslosigkeit und einen Vertrauensverlust gegenüber Erwachsenen (vgl. Schmieglitz 2014, S. 24). Dieser Zustand der seelischen Verletzung begleitet die jungen Menschen auch noch Jahre später, selbst wenn sie sich in einem sicheren Aufnahmeland befinden. Neben Erfahrungen der Gewalt am eigenen Leib, werden Kinder und Jugendliche unweigerlich Zeugen von Missbrauch, Gewalt und Tod anderer – oft Angehöriger. Auch diese Erlebnisse haben langfristig negative Auswirkungen auf die emotionale Entwicklung der Heranwachsenden und müssen als einschneidende Momente ihres noch jungen Lebens berücksichtigt werden.

Während des gesamten Fluchtprozesses werden von den Flüchtlingen enorme Strecken zurückgelegt, oft über einen Zeitraum von mehreren Monaten oder sogar Jahren (vgl. ebd.). Die Fluchtmittel sind dabei vielfältig, so fliehen sie beispielsweise als blinde Passagiere auf Schiffen, in Autos, in Zügen, in Flugzeugen, auf in der Regel überfüllten und brüchigen Schiffen bzw. Booten oder zu Fuß auf dem Landweg (vgl. Cremer 2006, S. 33). In dieser Zeit haben die jungen Menschen häufig keinen Kontakt zu Angehörigen und wissen in manchen Fällen nicht einmal genau, wo sie sich befinden. Durch ihre von Armut, Krankheit oder Illegalität gekennzeichnete Situation, driften unbegleitete Minderjährige häufig in kriminelle Strukturen ab (vgl. ebd.), da ihre Existenz in vielen Ländern ihrer Flucht anderweitig kaum zu sichern ist. Grund für die prekäre Situation ist auch die fehlende Aufnahmebereitschaft vieler Staaten, wodurch alleine die Einreise bzw. der Aufenthalt die Minderjährigen zu Kriminellen stilisiert. Verschärfte Kontrollen der Außengrenzen dieser Länder haben für Flüchtlinge, die den Übertritt wagen, häufig Verletzungen durch Schläge oder Bisse von Hunden der Grenzpolizei zur Folge (vgl. ebd. S. 34). Im schlimmsten Fall verlieren Flüchtlinge dabei ihr Leben, dies ist insbesondere beim Versuch der Einreise über die Wassergrenze zu beobachten. Die Betreuung, Unterbringung und Versorgung von Kindern in Aufnahme- oder Durchreisestaaten erweist sich zudem als besonders mangelhaft (vgl. ebd.). Bedingungen, wie mangelnde Möglichkeiten zur Beschäftigung, Armut, Krankheit, mangelhafte Bildung oder fehlende Gesundheitsvorsorge, sind häufige Zustände in Flüchtlingslagern (vgl. ebd.).

2.2.4 Besondere Schutz- und Hilfebedürftigkeit

UMF zählen zu der Gruppe der besonders verletzlichen und daher besonders schutzbedürftigen Flüchtlingen (vgl. Schmieglitz 2014, S. 7). Aufgrund der Erfahrungen auf der Flucht, des Unbegleitetseins und der Minderjährigkeit, bringen sie im Gegensatz zu anderen Schutzsuchenden spezifische physische, psychische und soziale Bedürfnisse mit sich (vgl. ebd.). Ihr Schicksal, die Heimat unfreiwillig und unter großer Gefahr verlassen zu müssen, nehmen sie auf eine andere Weise wahr, als Erwachsene. In den „Richtlinien zum internationalen Schutz: Asylanträge von Kindern" des UNHCR (2009) wird dies in besonderem Maße deutlich:

> *„Kinder können ähnliche oder dieselben Formen von Schaden wie Erwachsene erleiden, doch erleben sie diese anders. Handlungen oder Bedrohungen, die im Fall eines Erwachsenen noch nicht als Verfolgung anzusehen sind, können bei Kindern bereits Verfolgung bedeuten, einfach deshalb, weil sie Kinder sind. Fehlende Reife, Verletzlichkeit, noch unentwickelte Bewältigungsmechanismen und Abhängigkeit sowie unterschiedliche Entwicklungsstadien und beeinträchtigte Fähigkeiten stehen in direktem Zusammenhang mit der Art, wie ein Kind eine Schädigung erlebt oder eine solche befürchtet. [...] Im Fall eines asylsuchenden Kindes ist psychisches Leid als besonders wichtiger Faktor zu berücksichtigen. Kinder neigen mehr als Erwachsene dazu, feindselige Situationen als verstörend zu empfinden, unterschiedlichen Drohungen Glauben zu schenken oder von ungewohnten Umständen emotional beeinträchtigt zu werden. Die Erinnerung an traumatische Ereignisse kann ihre Spuren in einem Kind hinterlassen und sein Risiko erhöhen, weiteren Schaden zu erleiden. [...] Musste ein Kind etwa Gewalt gegen einen Elternteil oder eine andere Person, von der es abhängig ist, mit ansehen oder hat es deren verschwinden oder Tötung erlebt, kann das Kind eine wohlbegründete Furcht vor Verfolgung haben, selbst wenn die Handlung nicht direkt gegen das Kind gerichtet war"* (UNHCR 2009, S. 10).

Erschwerend kommt bei UMF hinzu, dass sie als Kinder und Heranwachsende auf sich alleine gestellt sind und Schutz in einem fremden Land suchen (vgl. Schmieglitz 2014, S. 25). Ihre besondere Verletzlichkeit beruht auf ebendieser Situation, dass sie während der Entwicklungsphase aus ihrem sozialen Umfeld herausgelöst und von ihrer Familie getrennt werden (vgl. ebd.). Das Fehlen von Sorgeberechtigten oder des Schutzes der Eltern zeichnet sich fast ausnahmslos in körperlichem, sozialem und psychischem Leiden ab (vgl. ebd.). Hier zeigt sich die vielfältige Belastung der jungen Menschen.

UMF haben außerhalb der offiziellen Hilfsprogramme verschiedener Organisationen auf nationaler Ebene keine Lobby (vgl. Theilmann 2005, S. 73). Ihre Existenz und ihre spezifischen Belange wurden in den letzten Jahren daher nur wenig in die Öffentlichkeit gerückt und politisch vertreten. „Durch diesen Umstand gewissermaßen unsichtbar, werden sie regelmäßig erst dann wahrgenommen, wenn sie dem Bild schwacher, hilfloser Kinder nicht mehr entsprechen – wenn sich z.B. straffällige Jugendliche als unbegleitete minderjährige Flüchtlinge herausstellen" (ebd. S. 74). Dieses dadurch verzerrte und stark negative Bild prägt entscheidend das Ausmaß ihrer Akzeptanz innerhalb des Aufnahmelandes und verhindert somit eine bedarfsgerechte Unterstützung.

Von existenzieller Bedeutung für unbegleitete Minderjährige ist eine geregelte Gesundheitsversorgung sowie die Sicherstellung der Ernährung (vgl. Rieger 2010, S. 24). Sie müssen zudem vor sexuellen Übergriffen oder der Rekrutierung als Kindersoldaten geschützt werden (vgl. ebd.). Schließlich muss dieser Gruppe Erziehung, Fürsorge sowie der Zugang zu Bildung ermöglicht werden, um eine adäquate Zukunftsperspektive nicht zu verbauen (vgl. ebd.).

UMF benötigen aufgrund ihrer strapaziösen Flucht diesen besonderen Schutz sowie gezielte Unterstützungsmaßnahmen, häufig in Form therapeutischer Hilfe durch staatliche Einrichtungen (vgl. Schmieglitz 2014, S. 25).

2.3 Fluchtphasen nach John Berry

Um die Erfahrungen von Flüchtlingen zu klassifizieren, findet üblicherweise eine Unterteilung des Fluchtprozesses in unterschiedliche Phasen statt (vgl. Hargasser 2014, S. 20). Ein in der Migrationsforschung anerkanntes Modell stammt vom kanadischen Psychologen und Migrationsforscher John Berry. Sein Schema skizziert sowohl Stufen, wie auch Folgen von Zwangsmigration und Flucht und berücksichtigt dabei neben Schlüsselphasen auch jene Ereignisse und Erfahrungen, welche Flüchtlinge und Asylsuchende durchleben (vgl. ebd.). Als sechs typische Phasen für Flüchtlinge beschreibt Berry (vgl. Berry 1991, S. 30):

1. *pre-departure phase* (die Phase vor dem Aufbruch)
2. *flight phase* (die Fluchtphase)
3. *first asylum phase* (die erste Asylphase)
4. *claimant phase* (die Phase der Antragsstellung)
5. *settlement phase* (die Niederlassungsphase)
6. *adaption phase* (die Adaptionsphase)

In der *pre-departure phase* befinden sich die Betroffenen in der Regel in ihrer Heimat und erleben eine mehr oder weniger lange Episode des Krieges, der Zerstörung, wirtschaftlicher Not, körperlicher Gewalt oder politischer Unterdrückung. Insbesondere Kinder und Jugendliche sind in dieser Zeit häufig (erstmals) traumatischen Ereignissen ausgesetzt (vgl. Sam & Berry 2006, S. 207). Die Zeit vor der Flucht kann bereits Auswirkungen auf die Zukunft der Flüchtlinge haben. Individuen entwickeln in dieser Phase unter Umständen bereits Einstellungen zur Kultur des Aufnahmeland, insofern sie bereits ein Zielland festlegen können (vgl. ebd.).

In der *flight phase* – also auf der Flucht selbst – sind die jungen Menschen meist weiterhin diversen traumatischen Erfahrungen ausgesetzt. Häufig zieht sich diese Phase über einen enormen Zeitraum hinweg, indem zahlreiche Landesgrenzen überquert werden. Die Vielzahl an Gefahren wurde bereits in Kapitel 2.2.3 ausführlich dargestellt.

Die *first asylum phase* findet in der Regel in einer Großunterbringung bzw. einem Flüchtlingslager statt. Flüchtlingscamps, die sich in Grenzregionen befinden, bergen ständige Gefahren für die schutzlosen Kinder, häufig sind sie von Inhaftierung bedroht. Es ist den Minderjährigen in dieser Zeit nicht möglich, ein normales Leben zu führen oder gar eine Zukunftsperspektive aufzubauen (vgl. ebd. S. 208).

In der *claimant phase* sind die Betroffenen zwar vor den Bedrohungen im Herkunftsland geschützt, trotzdem wird die Zeit der Antragstellung in einem möglichen Aufnahmeland als sehr belastend empfunden. Insbesondere die Ungewissheit über die Zukunft, eine drohende Abschiebung, Armut, Isolation oder Marginalisierung prägen diese, zum Teil über mehrere Jahre andauernde, Zeit (vgl. ebd.).

In Folge an die Entscheidung des Asylgesuchs kommt es in der *settlement phase* zur Niederlassung, Neuansiedlung oder auch Rückführung der Flüchtlinge. Diese stehen hierbei vor neuen Herausforderungen und Problemen wie Arbeitssuche, Rassismus- und Diskriminierungserfahrungen sowie kulturelle Konflikte (vgl. ebd.).

In der *adaption phase* findet idealerweise eine Wiederherstellung des psychischen Gleichgewichts statt (vgl. ebd. S. 209). Den Flüchtlingen ist es hier erstmals möglich, Lebensroutine zu etablieren und eine solide Zukunftsperspektive aufzubauen.

Nicht alle Flüchtlinge durchlaufen auch all diese Phasen. So erreichen manche von ihnen niemals die Adaptionsphase, ein Großteil der Menschen wird abgelehnt und in ihr Herkunftsland zurückgeschickt oder sie bekommen nie die Möglichkeit einen Asylantrag zu stellen, weil sie bereits auf der Flucht inhaftiert wurden (vgl. ebd.). Viele, die ihre Flucht (gezwungenermaßen) abbrechen oder an einer gewissen Phase nicht mehr weiter kommen, durchlaufen das Schema mehrmals. Diese Heterogenität an Fluchtverläufen zeigt, dass ein solches Schema zwar Anhaltspunkt für das Verstehen einer Fluchtbiografie sein, niemals aber den Anspruch auf universelle Gültigkeit erheben kann. Eine solche Reduktion würde der Komplexität von Flucht nicht gerecht. Trotzdem zeigt gerade das Modell von Berry, wie die jeweiligen Phasen mit den damit einhergehenden Erfahrungen, Gefahren und Herausforderungen zusammenhängen.

psychologische Erfahrungen:

Lebensroutine

Akzeptanz der/durch die Gesellschaft

Sozial- und Gesundheitsdienste

depressive paranoide Verfassung

Konflikt mit der Aufnahmegesellschaft

Verbitterung

Hochstimmung/Erleichterung

Trauma durch Folter; PTBS

Unsicherheit über den Ausgang/Furcht/Angstzustände

| vor dem Aufbruch | Flucht | 1. Asylphase | Phase der Antragsstellung | Niederlassungsphase | Adaptionsphase |

Ereignisse:

Verlust von Eigentum, der Gemeinschaft und der Familie

Lagerleben/Institutionalisierung

Inhaftierung/Verlust von Bürgerrechten

Folter/Verletzung

Krieg/Mangel und Hunger

| vor dem Aufbruch | Flucht | 1. Asylphase | Phase der Antragsstellung | Niederlassungsphase | Adaptionsphase |

Abb. 1: Phasen, Ereignisse und Erfahrungen im Laufe einer Flucht im Sinne J. Berrys (Hargasser 2014, S. 22).

In Abb. 1 wird Berrys Versuch verdeutlicht, den Migrationsprozess von Flüchtlingen aus einer facettenreichen Perspektive zu beleuchten. Das Schaubild zeigt sowohl die zeitliche Dimension, wie auch relevante soziale und psychische Aspekte der jeweiligen Phasen. Hinsichtlich der in dieser Arbeit relevanten Thematik der pädagogischen und psychotherapeutischen Arbeit mit UMF wird besonders deutlich, dass beide Professionen in Form von Psychotherapie und Maßnahmen bzw. Unterbringung durch die Kinder- und Jugendhilfe erst relativ spät innerhalb des Gesamtprozesses Flucht auftreten (vgl. Hargasser 2014, S. 23). Die jeweilige Unterstützung und Hilfestellung muss daher auf Erlebnisse und Zustände der Kinder und Jugendlichen eingehen, welche über einen langen Zeitraum tief verinnerlicht und verfestigt wurden.

2.4 Rechtliche Aspekte im Kontext unbegleiteter minderjähriger Flüchtlinge

Als eine gravierende Veränderung der Flüchtlingspolitik in Europa innerhalb der letzten Jahrzehnte kann die Verlagerung von nationaler auf europäische Ebene bezeichnet werden (vgl. Löhlein 2010, S. 27). So findet die Festlegung der wichtigsten Rahmenbedingungen heute fast ausschließlich auf europäischer Ebene statt, ebenso wird die nationale Rechtsprechung zunehmend durch europäisches Recht geprägt (vgl. ebd.). Dieser Prozess wird gemeinhin als *Europäische Harmonisierung der Flüchtlingspolitik* bezeichnet. Eine isolierte Betrachtung der Bundesrepublik Deutschland hinsichtlich rechtlicher Aspekte im Kontext Flucht, scheint daher nur bedingt sinnvoll. Vielmehr müssen Entwicklungen und Rahmenbedingungen international, europäisch eingeordnet werden. Eine umfassende Betrachtung und Analyse der gesamten europäischen Flüchtlingspolitik ist jedoch im Rahmen dieser Arbeit nicht möglich, auch scheint dies hinsichtlich der verfolgten Thematik nur wenig zielführend. Ebenso verhält es sich bei den nationalen Gesetzgebungen. Stattdessen soll an dieser Stelle ein kurzer Überblick über die wichtigsten rechtlichen Rahmenbedingungen für UMF geschaffen werden, was eine entsprechende Kontextualisierung pädagogischer sowie psychologischer bzw. psychotherapeutischer Themen zu einem späteren Zeitpunkt in dieser Arbeit ermöglichen soll.

2.4.1 Internationale Schutzabkommen für UMF

UMF sind in Deutschland durch verschiedene internationale Rechtsnormen bzw. Abkommen geschützt.

Als erstes Schutzabkommen ist die *Genfer Flüchtlingskonvention* (GFK) von 1951 zu nennen, welche das internationale Flüchtlingsrecht begründet. Zwar enthält diese keine spezifischen Regelungen für Kinder und Jugendliche, jedoch erstreckt sich der von ihr ausgehende rechtliche Schutz auf alle Flüchtlinge, da die Konvention keine Einschränkungen hinsichtlich des Alters trifft und schließt somit auch Minderjährige mit ein (vgl. Angenendt 2000, S. 35). Das *Abkommen über die Rechtsstellung der Flüchtlinge* – wie der eigentliche Titel der Konvention lautet – ist bis heute das wichtigste internationale Dokument für den Flüchtlingsschutz und wurde von insgesamt 147 Staaten unterzeichnet (vgl. UNHCR 2016, o.S.).

Das *Übereinkommen über die Rechte des Kindes* – oder kurz UN-Kinderrechtskonvention – von 1989 ist das wichtigste internationale Menschenrechtsinstrumentarium für Kinder und Jugendliche und wurde mit Ausnahme von den USA von allen Mitgliedsstaaten der Vereinten Nationen ratifiziert. Die Unterzeichnerstaaten sind dabei verpflichtet, ihr nationales Recht an den Gedanken des Kindeswohl anzupassen (vgl. Angenendt 2000, S. 35). Neben allgemeinen, für alle Minderjährigen geltenden Bestimmungen, enthält die UN-Kinderrechtskonvention auch konkrete Bestimmungen für minderjährige Flüchtlinge (vgl. ebd. S. 37). Nach Art. 22 verpflichten sich die Vertragsstaaten dazu, geeignete Maßnahmen zu treffen,

> *„um sicherzustellen, daß ein Kind, das die Rechtsstellung eines Flüchtlings begehrt oder nach Maßgabe der anzuwendenden Regeln und Verfahren des Völkerrechts oder des innerstaatlichen Rechts als Flüchtling angesehen wird, angemessenen Schutz und humanitäre Hilfe [...] erhält [...] unabhängig davon, ob es sich in Begleitung seiner Eltern oder einer anderen Person befindet oder nicht"* (UN-Kinderrechtskonvention Art. 22 Abs. 1).

Insbesondere für UMF ist dies von großer Bedeutung, da die behördliche Verantwortung zur Erbringung angemessener Hilfeleistungen hierdurch verankert wurde. Die Konvention stellt dabei eine besonders wichtige Grundlage zur pädagogischen und psychotherapeutischen Versorgung dar. So legt Art. 18 Abs. 2 fest, dass die Vertragsstaaten einerseits die Eltern und den Vormund in angemessener Weise dabei unterstützen, das Kind zu erziehen und andererseits für den Ausbau von Institutionen, Einrichtungen und Diensten für die Betreuung von Kindern sorgen. Zwar sind diese Verpflichtungen sehr allgemein verfasst, trotzdem hat sich nicht zuletzt hierdurch in Deutschland eine Vielzahl an Einrichtungen erschlossen, im Rahmen welcher unbegleitete Minderjährige pädagogische Betreuung erfahren. Art. 39 ist in Bezug auf die psychotherapeutische Versorgung von großer Bedeutung. So heißt es hier:

> *„Die Vertragsstaaten treffen alle geeigneten Maßnahmen, um die physische und psychische Genesung und die soziale Wiedereingliederung eines Kindes zu fördern, das Opfer in irgendeiner Form von Vernachlässigung, Ausbeutung oder Mißhandlung, der Folter oder einer anderen Form grausamer, unmenschlicher oder erniedrigender Behandlung oder Strafe oder aber bewaffneter Konflikte geworden ist. Die Genesung und Wiedereingliederung müssen in einer Umgebung stattfinden, die der Gesundheit, der Selbstachtung und der Würde des Kindes förderlich ist"* (UN-Kinderrechtskonvention Art. 39).

Als weiteres wichtiges Abkommen ist das *Haager Übereinkommen über den Schutz von Kindern (KSÜ)* zu nennen. Das am 1. Januar 2001 in Deutschland in Kraft getretene internationale Abkommen berücksichtigt die Bestimmungen der UN-Kinderrechtskonvention. Die Vertragsstaaten – und damit auch die Bundesrepublik Deutschland – verpflichten sich, jedem Kind von seiner Geburt bis zur Vollendung des 18. Lebensjahres den Schutz zukommen zu lassen, welcher nach innerstaatlichem Recht einem Minderjährigen zusteht, weshalb auch UMF unter den Schutz des *KSÜ* fallen. Im konkreten Fall bedeutet dies, dass minderjährige Flüchtlinge, die sich unbegleitet in einem Vertragsstaat aufhalten, Anspruch auf die Unterbringung in einem Heim oder einer Pflegefamilie (Art. 3 Abs. e), auf eine Vormundschaft (Art. 3 Abs. c) sowie auf die Sorge um ihr Vermögen (Art. 3 Abs. g) haben.

2.4.2 Gesetzliche Rahmenbedingungen in Deutschland

Neben internationalen Abkommen ergeben sich vor allem aus geltendem deutschen Recht entsprechende schützende Rahmenbedingungen für UMF.

Zunächst ergeben sich aus den Grundrechten des *Grundgesetzes* (GG), welche als allgemeine Menschenrechte formuliert sind, Schutzwirkungen für minderjährige Flüchtlinge (vgl. Angenendt 2000, S. 39). Zu nennen sind hierbei die Unantastbarkeit der Menschenwürde, das Recht auf Freiheit, Leben und körperliche Unversehrtheit, das Verbot von Diskriminierung sowie das Wächteramt des Staates bezüglich Erziehung und Pflege (siehe GG Art. 1 bis Art. 6). Insbesondere politisch Verfolgte werden durch Artikel 16a Abs. 1 GG geschützt, indem ihnen das Recht auf Asyl zugesprochen wird, sofern sie nicht durch einen sogenannten sicheren

Drittstaat nach Deutschland eingereist sind.

Mit dem Inkrafttreten des Zuwanderungsgesetzes am 1. Januar 2005 wurde das bis dato existierende Ausländergesetz durch das *Aufenthaltsgesetz* (AufenthG) ersetzt, welches Menschen ohne deutsche Staatsbürgerschaft durch das Zusprechen eines von drei Aufenthaltstiteln, den Aufenthalt in der Bundesrepublik ermöglichen kann (vgl. Weeber & Gögercin 2014, S. 20). Als wesentliche Veränderung durch das Aufenthaltsgesetz im Flüchtlingsrecht ist das Gewähren von Schutz bei nichtstaatlicher Verfolgung zu nennen. So kann nach § 60 Abs. 1 AufenthG eine relevante Verfolgung auch dann zur Anerkennung des Flüchtlingsstatus führen, wenn diese von Parteien, Organisationen oder nichtstaatlichen Akteuren ausgeht und der Herkunftsstaat nicht in der Lage ist, dem Betroffenen entsprechenden Schutz zu bieten. Die Aufnahme geschlechtsspezifischer Verfolgung als Grund für Schutzgewährung ist ebenfalls als besonders bedeutsam für die Personengruppe der UMF zu betrachten.

Neben dem Aufenthaltsgesetz, stellt das *Asylgesetz* (AsylG) den zweiten elementaren Bestandteil im deutschen Flüchtlingsrecht dar und setzt das Grundrecht auf Asyl in konkrete Asylverfahrensregelungen um. Hier ist insbesondere die Anhebung der Altersgrenze zur Verfahrensfähigkeit unbegleiteter Flüchtlinge durch das Asylverfahrensbeschleunigungsgesetz auf 18 Jahre zu erwähnen. Zuvor mussten unbegleitete Minderjährige, die mindestens 16 Jahre alt sind, ohne die Unterstützung eines Vormunds ihre Verfahrenshandlungen vornehmen (vgl. BAMF 2015b, S. 1). Seit dem 24.10.2015 müssen alle UMF ihren Asylantrag von einen bestellten Vormund stellen lassen.

Das *Asylbewerberleistungsgesetz* (AsylbLG) sichert den Grundbedarf von Asylbewerbern und stellt dabei eine Sonderform der Sozialhilfe dar (vgl. Hargasser 2014, S. 76). Neben Sachleistungen und der Höhe finanzieller Leistungen sind im AsylbLG medizinische Leistungen festgelegt (letztere in § 4 AsylbLG). Medizinische Leistungen sind gegenüber denjenigen der gesetzlichen Krankenversicherungen deutlich reduziert und beschränken sich auf akute Erkrankungen und Schmerzen der Betroffenen. Für UMF hat dies zur Folge, dass notwendige therapeutische Hilfe aufgrund einer Traumatisierung in der Regel nicht gewährt wird (vgl. Hargasser 2014, S. 78).

Schließlich fallen UMF unter die Vorgaben des *8. Sozialgesetzbuchs Kinder- und Jugendhilfe* (SGB VIII), auch *Kinder- und Jugendhilfegesetz* (KJHG) genannt. Dieses schreibt jedem jungen Menschen das Recht „auf Förderung seiner Entwicklung und auf Erziehung zu einer eigenverantwortlichen und gemeinschaftsfähigen Persönlichkeit" (§ 1 Abs. 1 SGB VIII) zu. Die Kinder- und Jugendhilfe soll dabei insbesondere:

1. *junge Menschen in ihrer individuellen und sozialen Entwicklung fördern und dazu beitragen, Benachteiligungen zu vermeiden oder abzubauen,*
2. *Eltern und andere Erziehungsberechtigte bei der Erziehung beraten und unterstützen,*

3. *Kinder und Jugendliche vor Gefahren für ihr Wohl schützen,*

4. *dazu beitragen, positive Lebensbedingungen für junge Menschen und ihre Familien sowie eine kinder- und familienfreundliche Umwelt zu erhalten oder zu schaffen (§ 1 Art. 3 SGB VIII).*

Weiterhin sind für UMF besonders die Regelungen nach § 2 SGB VIII zu nennen, welcher die Leistungen zur Förderung, der Erziehungshilfe, der Inobhutnahme, der Vormundschaftsbestellung und -übernahme als notwendige Schutzmaßnahmen auflistet (vgl. Hargasser 2014, S. 79). Zwei wesentliche Verbesserungen für UMF kamen durch das *Gesetz zur Weiterentwicklung der Kinder- und Jugendhilfe* (KICK) im Jahr 2005 auf: die Einführung des § 8a SGB VIII und die Überarbeitung des § 42 SGB VIII (vgl. ebd. S. 80). In § 8a SGB VIII wird der explizite Schutzauftrag der Kinder- und Jugendhilfe formuliert, wodurch die (strafrechtliche) Verantwortung des Jugendamtes bei Kindeswohlgefährdung herausgehoben wird (vgl. ebd). In Kombination mit der Inobhutnahmeverpflichtung kommt hierdurch dem SGB VIII die stärkere Gewichtung gegenüber den – teils konfligierenden – Bestimmungen der Asylgesetzgebung zu (vgl. ebd.), was eine entsprechende Verbesserung der Schutzregelungen für UMF bedeutet. Erstmals werden durch das KICK unbegleitete Minderjährige im SGB VIII eigens namentlich genannt und es wird die Verpflichtung des Jugendamtes zur Inobhutnahme ausländischer unbegleiteter Minderjähriger formuliert:

> „Das Jugendamt ist berechtigt und verpflichtet, ein Kind oder einen Jugendlichen in seine Obhut zu nehmen, wenn [...]
> 3. ein ausländisches Kind oder ein ausländischer Jugendlicher unbegleitet nach Deutschland kommt und sich weder Personensorge- noch Erziehungsberechtigte im Inland aufhalten" (§ 42 Abs. 1 S. 1 Nr. 3 SGB VIII).

Bis ins Jahr 2005 nahm man unbegleitete Minderjährige nur bei Vorliegen einer individuellen Gefährdung in Obhut. Mit der Veränderung des SGB VIII wurde der unbegleitete Aufenthalt von Minderjährigen als eigenständiges Gefährdungskriterium für das Kindeswohl festgelegt (vgl. Parusel 2009, S. 30).

UMF genießen zwar durch die oben dargestellten Abkommen und Gesetzgebungen spezifischen Schutz, doch in der Praxis konfligieren diese häufig miteinander oder sie werden nicht entsprechend umgesetzt. Insbesondere das Spannungsverhältnis von Aufenthalts- und Asylrecht mit dem KJHG bei der Gruppe minderjähriger Flüchtlinge stellt ein weitgehendes Problem für die Minderjährigen selbst sowie die pädagogischen Fachkräfte dar (vgl. Weeber & Gögercin 2014, S. 29). Zudem gibt es gravierende Unterschiede hinsichtlich des Umgangs mit unbegleiteten Minderjährigen in den EU Staaten, trotz diverser verbindlicher Abkommen zum Schutz der Flüchtlinge. Ein großes Problem hierbei ist, dass die EU-Staaten – und damit auch die Bundesrepublik Deutschland – nur eingeschränkt zu ihren Verpflichtungen aus den Konventionen und Abkommen stehen (vgl. Löhlein 2010, S. 28). Da die europäische Harmonisierung der Flüchtlingspolitik nicht nur von gemeinsamen Regelungen zum Schutz der Flüchtlinge, sondern in großem Maße auch von Restriktionen und Verschärfungen hinsichtlich einer legalen Einreise in die EU geprägt ist, sind die Gefahren auf der Flucht durch die aktuellen rechtlichen Grundlagen weiterhin gewachsen. Verschärfte Außenkontrollen durch das Schengen-Abkommen, die temporäre und lokale Wiedereinführung von Kontrollen an Innengrenzen oder das Errichten von Grenzzäunen im Jahr 2015, zwingen Menschen auf der Flucht zu immer gefährlicheren und waghalsigeren Wegen in eine sichere Zukunft. Entsprechende körperliche und seelische Folgen dieser rechtlichen Erschwernisse bleiben dabei nicht aus.

2.4.3 Aufenthaltsrechtliche Aspekte

Für die Arbeit mit UMF spielen neben den eben dargestellten rechtlichen Rahmenbedingungen die konkreten aufenthaltsrechtlichen Aspekte eine wichtige Rolle. Es soll daher nun ein kurzer Überblick gegeben werden.

Generell sieht das Aufenthaltsgesetz für Menschen ohne deutsche Staatsbürgerschaft drei Aufenthaltstitel vor: Visum, (befristete) Aufenthaltserlaubnis und (unbefristete) Niederlassungserlaubnis.

Grundsätzlich ist zur legalen Einreise in die Bundesrepublik ein *Visum* erforderlich, welches in der Regel auf drei Monate beschränkt ist (§ 6 AufenthG). Dieses ist noch im jeweiligen Herkunftsland in einer Auslandsvertretung zu beantragen. Für Minderjährige ist dies jedoch häufig aufgrund der politischen sowie rechtlichen Bedingungen in Krisengebieten nicht möglich, weshalb sie meist ohne ein solches Dokument nach Deutschland einreisen (vgl. Weeber & Gögercin 2014, S. 20).

Die *Aufenthaltserlaubnis* (§ 7 AufenthG) sieht einen zeitlich befristeten Aufenthalt von sechs Monaten bis maximal drei Jahren vor und wird beim Vorliegen eines spezifischen Aufenthaltszwecks zugewiesen (vgl. Weeber & Gögercin 2014, S. 21). Neben Studium, Erwerbstätigkeit oder Familiennachzug sind in diesem Zusammenhang vor allem dringende humanitäre Gründe als entsprechende Aufenthaltszwecke unbegleiteter minderjähriger Flüchtlinge zu nennen (vgl. ebd.).

Die *Niederlassungserlaubnis* (§ 9 AufenthG) ist der einzige Aufenthaltstitel, welcher zeitlich und räumlich unbefristet ist. Dieser national gesicherte Aufenthaltsstatus wird insbesondere im Rahmen der Aufenthaltsverfestigung erteilt und kann in Ausnahmefällen hochqualifizierten Wissenschaftlern oder Lehrpersonen zugesprochen werden (vgl. Weeber & Gögercin 2014, S. 21).

UMF wird generell aufgrund ihrer Fluchtmotive, -biographie und sozialen Stellung keiner dieser drei regulären Aufenthaltstiteln zugewiesen. Stattdessen müssen sie über einen Asylantrag einen alternativen Weg suchen, um nicht in der Illegalität leben zu müssen. Für die Zeit während des laufenden Asylverfahrens erhalten die Betroffenen die sogenannte *Aufenthaltsgestattung* (§ 55 AsylG), welche bis dato mit einer zeitweisen Residenzpflicht verbunden ist. Wird der Asylantrag abgelehnt, erhalten die Flüchtlinge eine Ausreiseaufforderung und eine Abschiebeandrohung. Die Abschiebung kann jedoch unter gewissen Umständen durch die sogenannte *Duldung* ausgesetzt werden (§ 60a Abs. 2 AufenthG). Zu den rechtlichen Abschiebehindernissen zählen beispielsweise fehlende Reisedokumente, fehlende staatliche Rückführungsabkommen oder die Unzumutbarkeit der Abschiebung aus personenbezogenen Gründen, wie Schwangerschaft oder schwere Krankheit (vgl. Weeber & Gögercin 2014, S. 22). Nach 18 Monaten Duldung soll nach § 25 Abs. 5 AufenthG überprüft werden, ob dem Betroffenen die Aufenthaltserlaubnis zugesprochen werden kann. Da es sich hier jedoch lediglich um eine „Soll"-Bestimmung handelt (vgl. ebd.), findet in der Praxis anstelle einer solchen Zuweisung vielfach das Phänomen der sogenannten „Kettenduldung" statt (vgl. ebd.). Da die Duldung kein Aufenthaltstitel ist, sondern vielmehr den Zustand des Wartens beschreibt, bis alle offenen Fragen beantwortet sind, welche einer Abschiebung entgegenstehen, ergibt sich hieraus eine in vielen Fällen jahrelange Zeit des unerträglichen Dasein in Ungewissheit und Restriktion – beispielsweise durch Arbeitsverbote, Residenzpflicht oder eingeschränkte Gesundheitsversorgung. Besonders Kinder und Jugendliche leiden unter einer solchen Kettenduldung (vgl. Theilmann 2005, S. 68).

2.4.4 Flüchtlingsgruppen

Der jeweilige Rechtsstatus eines UMF hat erhebliche Auswirkungen auf dessen Rechte und damit auch Lebensbedingungen im Aufnahmeland. Es sollen daher kurz die verschiedenen Flüchtlingsgruppen und ihr jeweiliger Aufenthaltsstatus dargestellt werden.

Die Bezeichnung *de jure-Flüchtlinge* bezieht sich auf die Bestimmungen der Genfer Flüchtlingskonvention, welche bereits in Kapitel 2.4.1 vorgestellt wurde. Der hier definierte Flüchtlingsbegriff beschreibt fünf Verfolgungsgründe – Furcht vor Verfolgung wegen Rasse, Religion, Nationalität, Zugehörigkeit zu einer bestimmten sozialen Gruppe oder der politischen Überzeugung – welche zur Anerkennung als de jure-Flüchtling bzw. Konventionsflüchtling führen und dem Betroffenen einen Anspruch auf Schutz und Aufnahme gewähren (vgl. Weeber & Gögercin 2014, S. 23). Durch die Verankerung des Rechts auf Asyl politisch Verfolgter in Art. 16a des Grundgesetzes ist es Flüchtlingen in der Bundesrepublik möglich, ihren Anspruch auch rechtlich einzuklagen (vgl. ebd.).

Die daraus resultierende Anerkennung als *Asylberechtigter* erfolgt somit entweder durch das Bundesamt für Migration und Flüchtlinge oder durch ein Gericht. Asylberechtigte erhalten eine auf maximal drei Jahre begrenzte Aufenthaltserlaubnis, welche in eine Niederlassungserlaubnis übergehen kann, wenn im Anschluss mit einer weiteren politischen Verfolgung im Herkunftsland gerechnet werden muss (vgl. ebd. S. 24 f). Da Asylberechtigte dann wirtschaftlich und sozial Deutschen gleichgestellt sind, steht ihnen der gleiche Zugang zu Bildung, Erwerbstätigkeit und medizinischer Versorgung zu (vgl. Angenendt 2000, S. 55).

Als *Asylbewerber* werden jene Personen bezeichnet, die einen Asylantrag in Deutschland gestellt haben und deren Verfahren noch schwebend ist (vgl. Weeber & Gögercin 2014, S. 25). Sie gelten im juristischen Sinne nicht als Flüchtlinge und erhalten für diese Zeit eine Aufenthaltsgestattung. Restriktionen auf dem Arbeitsmarkt und bei der Gesundheitsversorgung verhindern die Handlungsfähigkeit und Selbstbestimmung dieser Menschen und stehen einer förderlichen Entwicklung über einen langen Zeitraum entgegen.

Die größte Flüchtlingsgruppe stellen sogenannte *de facto-Flüchtlinge* dar (vgl. ebd.). Zwar drückt diese Bezeichnung keinen rechtlichen Status aus, trotzdem findet sie in Flüchtlingsstatistiken Anwendung. Als de facto-Flüchtlinge werden dabei diejenigen Personen bezeichnet, welche keinen Asylantrag gestellt haben oder deren Asylantrag abgelehnt wurde, denen aber aus humanitären oder tatsächlichen Gründen eine Rückkehr in die Heimat nicht möglich ist (vgl. ebd. S. 26). Da bei ihnen die Abschiebung nur ausgesetzt ist, kommt ihnen der „Aufenthaltsstatus" der Duldung zu.

Als *Kontingentflüchtlinge* werden Personen bezeichnet, welche aus Krisenregionen im Rahmen internationaler, humanitärer Hilfsaktionen aufgenommen werden. Ihnen wird ohne ein vorheriges Anerkennungsverfahren eine unbefristete Aufenthaltserlaubnis erteilt (vgl. BAMF 2016b o.S.).

Kriegs- und Bürgerkriegsflüchtlinge erhalten eine Duldung, wenn die Bundesrepublik das jeweilige Herkunftsland als Kriegs- oder Bürgerkriegsgebiet erklärt. Voraussetzung für die Duldung ist jedoch, dass der Betroffene keinen Asylantrag gestellt hat, oder einen bereits gestellten Antrag widerruft (vgl. Weeber & Gögercin 2014, S. 26). Zudem besteht ein allgemeiner Rückzugzwang, wodurch keine längerfristige Bleibeperspektive existiert (vgl. ebd.).

Politisch Verfolgten nach § 60 AufenthG wird zwar durch das Bundesamt für Migration und Flüchtlinge das Vorliegen einer politischen Verfolgung zugesprochen, trotzdem bleibt ihnen die Rechtsstellung als Asylberechtigter verwehrt (vgl. ebd. S. 27). Sie erhalten stattdessen das sogenannte „kleine Asyl", d.h. einen Flüchtlingspass gemäß der GFK und eine befristete Aufenthaltserlaubnis (vgl. ebd.).

Da UMF, welche durch das Jugendamt in Obhut genommen wurden, durch einen Vormund in ihren rechtlichen Angelegenheit vertreten werden, fallen sie in der Regel unter eine dieser Gruppen. Ein Dasein in gänzlicher Illegalität ist daher nur möglich, wenn die Kinder und Jugendlichen seit ihrer Einreise versteckt oder auf der Straße leben, oder nach Ablehnung des Asylantrags untergetaucht sind. Für die pädagogische und psychotherapeutische Arbeit mit unbegleiteten Minderjährigen in der Kinder- und Jugendhilfe kann daher generell davon ausgegangen werden, dass zumindest ein gewisser aufenthaltsrechtlicher Status der

Betroffenen vorliegt. Dieser ist sowohl für den rechtlichen Rahmen der Hilfemöglichkeiten, wie auch für den seelischen Zustand der Jugendlichen von entsprechender Bedeutung. Später in dieser Arbeit soll dieser Zusammenhang näher erörtert werden.

2.5 Aktuelle Zahlen und Daten

Eine exakte Übersicht der aktuellen Migrationszahlen sowie deren Entwicklung in den letzten Jahren ist nicht möglich. Auf internationaler sowie nationaler Ebene weichen Erhebungen stark voneinander ab, nicht zuletzt aufgrund eines unklar definierten Verständnisses von Begrifflichkeiten wie „Migration" oder „Flucht" (vgl. Hargasser 2014, S. 36). Im Kontext dieser Arbeit kommt hinzu, dass Kinder und Jugendliche selten gesondert erfasst werden und die Zahl der in Deutschland lebenden unbegleiteten Minderjährigen somit schwer zu quantifizieren ist (vgl. ebd.). Trotz dieser Problematik, sollen die aktuell veröffentlichten Daten des Bundesamt für Migration und Flüchtlinge an dieser Stelle einen Eindruck über die Bedeutsamkeit des Phänomens der UMF – hier für Deutschland im Speziellen – geben. Da keine genaue Zahl über die sich in Deutschland aufhaltenden Flüchtlinge existiert, soll anhand der vom BAMF regelmäßig veröffentlichten Zahlen zu den Asylanträgen ein ungefährer Überblick der Situation in der Bundesrepublik gegeben werden. Die Zahl der Asylanträge ist deshalb nur eine ungefähre Einordnung, da erstens die Dunkelziffer der nicht registrierten Schutzsuchenden in Deutschland schwer zu ermitteln ist und zweitens nicht jeder der Einreisenden im Kontext Flucht einen Asylantrag stellt.

Im Jahr 2008 stellten insgesamt 28.018 Personen einen Asylantrag in Deutschland. Bis ins Jahr 2015 ist die Zahl der Asylanträge auf 476.649 gestiegen (vgl. BAMF 2016a, S. 4). Die aktuellsten Zahlen nennen alleine im Zeitraum Januar bis Oktober 2016 676.320 Asylanträge, wobei 242.641 Anträge von Minderjährigen gestellt wurden – dies entspricht 36 % aller Anträge (vgl. ebd. S. 7). Zahlen speziell für unbegleitete Minderjährige existieren in den Statistiken des BAMF lediglich bis ins Jahr 2015. Hiernach wurden im Jahr 2015 von insgesamt 441.899 Erstanträgen 14.439 von unbegleiteten Minderjährigen gestellt – dies entspricht 3 % aller Erstanträge – im Vergleich dazu waren es im Jahr 2009 noch 1.304 Anträge (vgl. BAMF 2015b, S. 1). Hier ist somit in den Jahren 2009 bis 2015 ein deutlich quantitativer Anstieg bei den UMF um über 800 % zu erkennen. Auch hier handelt es sich jedoch nur um die Zahl der Asylanträge, weshalb von einer bedeutend höheren Zahl ausgegangen werden muss, wenn es um die tatsächliche Zahl von UMF geht. Der Bundesfachverband unbegleitete minderjährige Flüchtlinge (BumF) ging im Januar 2016 von insgesamt 60.000 in Deutschland lebenden UMF aus (vgl. BumF 2016a, S. 1). Hinsichtlich der Geschlechterverteilung lässt sich feststellen, dass in der Altersgruppe unter 11 Jahren 53 % der Asylanträge im Zeitraum Januar bis Oktober 2016 für männliche und 47 % für weibliche Minderjährige gestellt wurden (vgl. BAMF 2016a, S. 7). Dieses Gleichgewicht ändert sich bei den älteren minderjährigen Antragstellern. In der Gruppe der 11 bis 16 Jährigen sind 62,1% der Antragsteller männlich, bei den Jugendlichen bis 18 Jahren sind es sogar 80,2% (vgl. ebd.). Es muss daher in der Jugendhilfe davon ausgegangen werden, dass der Großteil der Klienten männlich ist.

Die Herkunftsländer der UMF haben sich in den letzten Jahren stark geändert. So kamen in den 1990er Jahren insbesondere Jugendliche aus dem ehemaligen Jugoslawien, der Türkei, Sri Lanka, Pakistan oder Indien nach Deutschland (vgl. Angenendt 2000, S. 33). Zunehmend wuchs auch die Zahl afghanischer und afrikanischer (Algerien, Äthiopien, Eritrea, Somalia, Kongo/Zaire oder Sierra Leone) Minderjähriger (vgl. ebd.). Heute sind es insbesondere Syrien bzw. die Arabische Republik, Irak und Afghanistan, die ca. 75% der Herkunftsländer aller Asylantragsteller darstellen (vgl. BAMF 2016a, S. 8). Neben diesen Ländern stellen Eritrea und Somalia häufige Herkunftsländer von UMF dar (vgl. BumF 2016a, S. 1). Betrachtet man diese Länder, so muss davon ausgegangen werden, dass es sich bei den UMF zum Großteil um muslimische Kinder und Jugendliche handelt. Als Zielgruppe pädagogischer und psychotherapeutischer Arbeit muss daher ihr arabisch und afrikanisch geprägter kultureller Kontext berücksichtigt werden. Eine Ausnahme hinsichtlich des religiösen Kontextes stellen hier viele Schutzsuchenden aus Eritrea dar, da hier nach Aussagen der Organisation *Human Rights Watch* (HRW) die christliche Minderheit in besonders starkem Ausmaß durch das diktatorische Regime unterdrückt und verfolgt wird (vgl. HRW 2016, o.S.).

2.6 Zusammenfassung

Zunächst wurde verdeutlicht, dass das Phänomen Flucht nicht als separate, von Migration zu trennende Bewegung verstanden werden kann, sondern in der Regel ein Bestandteil von Migration ist.

Die Rolle von Kindern und Jugendlichen auf der Flucht ist ebenso prekär wie besorgniserregend. Sie stellen einen Anteil von ca. 50 % aller Flüchtlinge weltweit dar und sind zum Teil dauerhaft von ihren Eltern und sonstigen Angehörigen getrennt. Die Gründe, weshalb Jungen und Mädchen ihre Heimat verlassen, sind vielfältig, wobei sie nur in den seltensten Fällen ein Mitspracherecht haben. Durch Verwandte oder sonstige äußere Umstände zur Flucht gezwungen, verlassen sie ihre Heimat meist unvorbereitet auf das, was ihnen bevorsteht. Ohne den Schutz erwachsener Bezugspersonen sind sie vielfältigen physischen und psychischen Gefahren ausgesetzt, welchen sie aufgrund ihres Entwicklungsstands alleine nichts entgegensetzen können. Die einschneidenden Erfahrungen sind für die Mehrheit der Minderjährigen traumatisch, weswegen sowohl Staaten, die Gesellschaft, wie auch Pädagogik und Psychotherapie im Speziellen, auf die besondere Schutzbedürftigkeit der UMF reagieren müssen.

Um die Erfahrungen von (unbegleiteten minderjährigen) Flüchtlingen zu klassifizieren, kann der Fluchtprozess in der Migrationsforschung und der Arbeit mit Flüchtlingen in bestimmte Phasen unterteilt werden. Entsprechend dieser Phasen ist eine Zuordnung typischer Erfahrungen, Belastungen und psychischer Faktoren zu den jeweiligen Abschnitten der Fluchtbiografie möglich.

Seit Mitte des 20. Jahrhunderts wurden diverse internationale Abkommen ratifiziert sowie nationale rechtliche Grundlagen geschaffen, welche die Rechte und Anerkennung von Flüchtlingen, die Verfahrensweise und aufenthaltsrechtliche Aspekte in den einzelnen Staaten festlegen. Neben dem Gedanken des Schutzes haben sich hierdurch aber auch starke Restriktionen und Hürden für Menschen auf der Flucht herausgebildet, weshalb bei Flüchtlingen hinsichtlich des individuellen rechtlichen Status sowie der Lebensbedingungen große Diskrepanzen vorherrschen. Gerade Minderjährige befinden sich beispielsweise in Deutschland in einem Spannungsfeld von Fürsorge durch das KJHG einerseits und Restriktion durch die internationale wie auch nationale Asylpolitik andererseits.

Aktuelle Zahlen und Daten hinsichtlich UMF in Deutschland zeigen außerdem, dass die Thematik von besonderer aktueller Brisanz ist. Insbesondere muslimisch geprägte Kinder und Jugendliche aus Krisengebieten des arabischen und afrikanischen Raums sind dabei betroffen.

Der Kontext Flucht bei Minderjährigen, die sich ohne die Begleitung erwachsener Sorgeberechtigter in Deutschland befinden, ist hinsichtlich der dargestellten Aspekte eine wichtige Grundlage pädagogischer und psychotherapeutischer Arbeit. Aus dieser Grundlage ergeben sich zielgruppenspezifische Anforderungen, welche für die enge und aufeinander abgestimmte Kooperation beider Professionen bedacht und in der Entwicklung professioneller Theorien und Handlungsansätze berücksichtigt werden müssen.

3 Trauma – im Kontext unbegleiteter minderjähriger Flüchtlinge

Für UMF stellen die oben beschriebenen Faktoren einer Flucht nicht nur eine große Herausforderung und Belastung dar, sondern haben bei einem Großteil der Betroffenen einschneidende und nachhaltige Beeinträchtigungen ihres psychischen und physischen Zustandes zur Folge. Ein mit Flucht häufig in Zusammenhang gebrachter Begriff ist daher das *Trauma* (vgl. Hargasser 2014, S. 23). So kam eine wissenschaftliche Untersuchung der *Psychologischen Forschungs- und Modellambulanz für Flüchtlinge* der Universität Konstanz 2005 zu dem Ergebnis, dass etwa 40 % der Asylbewerber unter Posttraumatischen Belastungsstörungen (PTBS) leiden (vgl. Zito 2010, S. 125). Als ein wichtiger Aspekt des Phänomens UMF scheint es folglich sinnvoll, den Themenkomplex Trauma innerhalb der Kontextanalyse zielgerichtet auf die Forschungsfrage hin zu erörtern. Dies soll auch hierbei wieder entlang der folgenden Leitfragen stattfinden:

- Wie kann *Trauma* generell definiert und beschrieben werden?

- Wie entsteht ein Trauma und welche Faktoren wirken schützend bzw. begünstigend?
- Welche Symptome treten als Traumafolgen im Kontext unbegleiteter minderjähriger Flüchtlinge auf?
- Inwiefern bereichert das Konzept der *Sequentiellen Traumatisierung* das Traumaverständnis im Kontext dieser Arbeit?
- Welche Bedeutung hat ein Trauma in den Lebensphasen Kindheit und Jugend?
- Welche Rolle spielt Kultur für das Traumaverständnis?

3.1 Begriffsannäherung - Definition

Ursprünglich stammt der Begriff *Trauma* aus der somatischen Medizin, wo er aus dem Griechischen abgeleitet „Wunde" oder „Verletzung" bedeutet (vgl. Maier & Schnyder 2007, S. 40). Im psychologischen Kontext findet der Begriff erstmals bei Sigmund Freud Erwähnung, welcher in seinen frühen Schriften zur Hysterie (Freud 1893) mit einem Trauma schädigende psychologische Erlebnisse charakterisiert (vgl. ebd.). Bis heute hat sich der Zugang zum psychischen Trauma vielfach verändert, zumal diverse Ansätze zur Erklärung und Beschreibung von Traumata entstanden sind. Neben neurobiologischen Ansätzen, welche von morphologischen Veränderungen der Gehirnstruktur durch traumatische Erlebnisse ausgehen (vgl. ebd. S. 41), basieren medizinisch-psychiatrische Ansätze auf einem stark symptomorientierten Traumaverständnis, während psychoanalytische Traumakonzepte innere Prozesse fokussieren (vgl. Zimmermann 2015, S. 30).

Zur Beurteilung der psychischen Situation von Flüchtlingen werden heute in aller Regel psychiatrisch fundierte Klassifikationssysteme herangezogen (vgl. ebd. S. 31). Als zwei anerkannte Systeme können das ICD-10 (International Classification of Diseases) der Weltgesundheitsorganisation sowie das DSM-V (Diagnostisches und statistisches Manual psychischer Störungen) der American Psychiatric Association genannt werden.

Im ICD-10 wird ein Trauma verstanden als

> *„ein belastendes Ereignis oder eine Situation kürzerer oder längerer Dauer, mit außergewöhnlicher Bedrohung oder katastrophenartigem Ausmaß, die bei fast jedem eine tiefe Verzweiflung hervorrufen würde"* (ICD-10 F43.1).

Das DSM-V beschreibt als traumatisches Erlebnis, wenn folgende Kriterien erfüllt sind:

> *„Die Person war mit einem der folgenden Ereignissen konfrontiert: Tod, tödlicher Bedrohung, schwerer Verletzung, angedrohter schwerer Verletzung, sexueller Gewalt, angedrohter sexueller Gewalt, und zwar in einer der nachfolgenden Weisen (mindestens eine):*
> *- Direkt ausgesetzt*
> *- Als Augenzeuge*

- Indirekt, erfahren, dass ein naher Verwandter oder eine Freund einem traumatischen Ereignis ausgesetzt war. Wenn dieses Ereignis ein Todesfall oder eine tödliche Bedrohung war, dann musste dieser bzw. diese die Folge von Gewalt oder eines Unfalls gewesen sein" (DSM-V).

Generell berücksichtigen die Systeme ICD-10 und DSM-V weder psychosoziale Zusammenhänge, noch fragen sie nach der Bedeutung von Symptomen und der inneren Realität eines Menschen sowie deren Dynamik (vgl. Teckentrupp 2010, S. 98). Ebenso wird der sozialpolitische wie psychologische Kontext des traumatisierenden Geschehens ausgeblendet, weshalb die soziale Realität, wie auch die kulturspezifisch geprägte psychische Struktur des Betroffenen, ausgelassen werden (vgl. ebd.). Des Weiteren wird durch die Definitionen deutlich, dass ein Trauma ein abgeschlossenes Ereignis ist, welches sich darauffolgend in individuumszentrierten, leicht zugänglichen Symptomen manifestiert. Traumatisierungen äußerlich angepasster Menschen bleiben dadurch unerkannt. Für die Arbeit mit Flüchtlingen wäre jedoch die Berücksichtigung dieser Personengruppe eine wichtige Erweiterung (vgl. Zimmermann 2015, S. 32).

Neben den etablierten zur Klassifikation von Traumata herangezogenen Systemen ist zudem innerhalb der Psychotraumatologie ein mehr auf innerpsychische Prozesse gerichtetes Verständnis aufgekommen. Fischer und Riedesser beschreiben Trauma als ein

„vitales Diskrepanzerlebnis zwischen bedrohlichen Situationsfaktoren und der individuellen Bewältigungsmöglichkeiten, das mit Gefühlen von Hilflosigkeit und schutzloser Preisgabe einhergeht und so eine dauerhafte Erschütterung von Selbst- und Weltverständnis bewirkt" (Fischer & Riedesser 2009, S. 84).

Im Verständnis dieser Definition zeichnen sich traumatische Situationen dadurch aus, dass sie eine zum Teil überlebensnotwendige Handlung erfordern, eine subjektiv angemessene Reaktion jedoch nicht zulassen (vgl. Fischer & Riedesser 2009, S. 65). Ein Trauma ist dabei hinsichtlich einer möglichen posttraumatischen Belastungsstörung kein vergangenes Ereignis, vielmehr stehen Ereignis und Erlebnis in ständiger Relation und sind durch einen dynamischen Prozesscharakter geprägt (vgl. ebd.).

Im Kontext traumatisierter Flüchtlinge bleibt anzumerken, dass es aktuell kein theoretisches Konzept gibt, welches alle Aspekte eines Traumatisierungsprozesses berücksichtigt (vgl. Teckentrupp 2010, S. 98). Es scheint daher sinnvoll, zunächst durch eine Erschließung von Traumamechanismen, häufigen Symptomen der Flüchtlingsgruppe sowie dem Konzept der Sequenziellen Traumatisierung, welches Traumatisierung speziell unter dem Gesichtspunkt der Fluchtbiographie erklärt, dem Phänomen Trauma im Kontext Flucht näher zu kommen.

3.2 Mechanismen und Faktoren der Traumatisierung

Belastende Situationen sind nicht für jeden Menschen gleich traumatisch (vgl. Zito 2010, S. 126). Vielmehr hängt es von einem komplexen Wechselspiel mehrerer Komponenten ab, d.h. welche Mechanismen zur Bewältigung der entsprechenden Situation ausgelöst werden und welche Schutz- oder Risikofaktoren vorhanden sind. Ein als bedrohlich empfundenes Ereignis überfordert in der Regel die gewohnten Abwehr- und Verarbeitungsmechanismen des Betroffenen und damit dessen Fähigkeit, angemessen auf die Situation zu reagieren (vgl. Weeber & Gögercin 2014, S. 33).

Ein psychisches Trauma lässt sich daher durch „ein erhebliches Missverhältnis zwischen den vorhandenen individuellen Bewältigungsressourcen einerseits und den situativen Anforderungen der Belastungssituation andererseits" (ebd.) beschreiben. Um diesem Missverhältnis zu entgehen, kann der Mensch der Situation nach Canon (1914) entweder durch *Fight* (*Kampf*) begegnen oder sich dieser durch *Flight* (*Flucht*) entziehen (vgl. ebd. S. 34). Diese Reaktionen sind jedoch nicht willentlich gesteuert, sondern werden evolutionär bedingt automatisch ausgelöst (vgl. ebd.). Hierbei sind geschlechtsspezifische Unterschiede festzustellen: „Frauen neigen eher zum Fluchtreflex, wohingegen Männer eher mit dem Kampfreflex reagieren" (ebd.). Gelingt dem Individuum durch Fight oder Flight eine adäquate Bewältigung der Extremsituation, besteht eine größere Wahrscheinlichkeit, dass sich kaum oder keine posttraumatischen Symptome ausprägen (vgl. Leuzinger-Bohleber et al. 2008, S. 71).

Aufgrund ihres physischen und psychischen Entwicklungsstandes sind insbesondere Kinder und Jugendliche oftmals nicht dazu in der Lage, einer Situation mit traumatisierendem Potenzial unmittelbar durch Fight- oder Flight-Reaktionen zu begegnen (vgl. Weinberg 2014, S, 40 f). Stattdessen kommt es bei ihnen zu einem sogenannten Erstarrungsreflex (*Freeze*).

Zum Mechanismus *Freeze* kommt es dann, wenn die beiden Mechanismen Kampf und Flucht versagen. Diese instinktive Lähmungsreaktion kann als Beginn einer Traumatisierung verstanden werden (vgl. Weeber & Gögercin 2014, S. 34). Sie stellt aufgrund der Umstände in den Herkunftsgebieten bzw. auf der Flucht in Kombination mit dem jeweiligen Entwicklungsstand keine seltene Reaktion bei UMF dar. Die Freeze-Reaktion versetzt den menschlichen Körper in einen inneren Erregungszustand, der mit einer Panikattacke vergleichbar ist und eine Art „innere Kapitulation" darstellt (vgl. Sachsse 2004, S. 344 ff). Über diesen Erstarrungsreflex hinaus verfügt der Mensch über eine weitere Reaktionsoption: die Dissoziation. Hierbei erfolgt eine schützende Entfremdung des Menschen von einer Extremsituation, in welcher die tatsächlichen Geschehnisse ausgeblendet werden, um sich der extremen Reizüberflutung zu entziehen (vgl. Weeber & Gögercin 2014, S. 34). Teilbereiche der Sinneswahrnehmung und des Realitätserlebens werden hierbei durch Hormonausschüttung abgekapselt bzw. *fragmentiert* (vgl. ebd.). Dem Individuum sind die dissoziierten Inhalte im Alltagsbewusstsein nicht unmittelbar zugänglich, d.h sie können weder gesteuert noch abgerufen werden. Stattdessen werden diese Informationen unbewusst abgespeichert und durch sogenannte Trigger plötzlich und unerwartet abgerufen (vgl. Künzler et al. 2010, S. 207). Trigger können als „innere oder reaktivierende Reize" (Weiß 2008, S. 56) der Gegenwart verstanden werden, „die durch ihre Verbindung zu traumatischen Inhalten bzw. ihrer strukturellen Ähnlichkeit mit den damaligen Reizeinwirkungen eine Reinszenierung (Flashback) bewirken können" (Weeber & Gögercin 2014, S. 35). In Form bestimmter Gerüche, Farben, Geräusche etc. bleiben Trigger oft über viele Jahre hinweg bei den Betroffenen bestehen (vgl. Künzler et al. 2010, S. 207).

Neben dem Einsetzen der eben beschriebenen Mechanismen beeinflussen vorhandene *Risiko-*, *Schutz-* und *Ereignisfaktoren* die Wahrscheinlichkeit eines Traumas. Zunächst können Vorbelastungen durch frühere traumatische Erfahrungen oder bereits vorhandene psychische Störungen als *Risikofaktoren* für eine Traumatisierung genannt werden (vgl. Zito 2010, S. 127). Diese können die individuellen Reaktionsmuster beeinflussen und ähnlich der oben beschriebenen Trigger alte Erfahrungen hervorrufen. Oftmals werden die Folgen traumatischer Erlebnisse durch spätere Lebensbedingungen verstärkt und eine Traumatisierung begünstigt. So sind im Kontext UMF oftmals die Bedingungen nach der Flucht hinsichtlich des psychischen Zustands ungünstig (vgl. ebd.). Mehrbettzimmer, Unruhe und Konflikte in den Einrichtungen der Jugendhilfe, Diskriminierung oder die Ungewissheit bezüglich des Aufenthalts vermitteln gerade den jungen Menschen ein Gefühl mangelhaften Schutzes (vgl. ebd.). Durch den Zustand von Hilfs- und Schutzlosigkeit steigt die Wahrscheinlichkeit, „jene erheblichen Traumafolgestörungen und -symptome zu bilden, die fortdauern und die Gefahr der Chronifizierung in sich bergen" (Weeber & Gögercin 2014, S. 35). Armut ist ein zusätzlicher Risikofaktor für eine Traumatisierung durch Extremsituationen, da der hierdurch eingeschränkte Handlungsspielraum zusätzliche Hilflosigkeit, das Gefühl der Abhängigkeit und der Perspektivlosigkeit hervorruft. Kinder und Jugendliche haben generell ein größeres Traumatisierungsrisiko, da ihnen aufgrund ihres noch jungen Alters nur eingeschränkt Bewältigungsstrategien zur Verfügung stehen (vgl. Zito 2010, S. 127). Verstärkt wird dieses Risiko dann, wenn Minderjährige von ihren Eltern und anderen (erwachsenen) Bezugspersonen getrennt sind und nicht auf deren Schutz vertrauen können. UMF stellen daher per se eine besonders gefährdete Gruppe hinsichtlich einer Traumatisierung dar.

Als zentralen *Schutzfaktor* nennt Zito die soziale Unterstützung, die ein Mensch nach einem traumatischen Erlebnis erfährt (vgl. ebd.). Ein guter sozialer Rückhalt kann dabei zur Symptomreduktion beitragen (vgl. Leuzinger-Bohleber et al. 2008, S. 71). Da UMF nicht auf ihr vertrautes familiäres Umfeld zurückgreifen können, kommt den Mitarbeitern in Jugendhilfeeinrichtungen sowie Therapeuten eine bedeutende Rolle zu (vgl. Zito 2010, S. 127). Sie können diese Schutzfunktion weitgehend kompensieren (vgl. ebd.). Neben diesen äußeren Faktoren sind Kompetenzen, Ressourcen und positive Erfahrungen, die ein Betroffener bisher erworben und gemacht hat, als innere Schutzfaktoren zu nennen (vgl. ebd.). Nach Zito haben hier junge Flüchtlinge im Vergleich zu einheimischen Jugendlichen, die aufgrund einer

Traumatisierung in Behandlung sind, einen entscheidenden Vorteil bzw. bessere Ausgangsbedingungen. So haben unbegleitete Minderjährige „Gewalt und Missbrauch nicht durch die engsten Bezugspersonen erlebt, sondern die Bedrohung und Übergriffe kamen 'von außen'" (ebd.). Eine sichere Bindung und verlässliche Bezugspersonen in ihren ersten Lebensjahren stellen eine wichtige Ressource dar, welche einer möglichen Traumatisierung entgegenwirken bzw. an die in einer späteren Therapie angeknüpft werden kann (vgl. ebd.). Die australischen Psychologen Aroche und Coello beschreiben des Weiteren Attribute wie ein gut regulierter Verstand, eine positive Grundeinstellung, eine ausgeprägte Selbstachtung, ein Sicherheits- und Identitätsgefühl und eine sichere Bindung als innere Faktoren, welche das Individuum nach einem Erlebnis mit traumatischem Potenzial vor etwaigen Folgen schützen können (vgl. Aroche & Coello 2016, S. 134 f).

Inwiefern die jeweiligen Schutz- oder Risikofaktoren greifen, hängt nicht zuletzt von den sogenannten *Ereignisfaktoren* ab, welche sich auf die Schwere bzw. das Ausmaß des erlebten Traumas beziehen (vgl. Zito 2010, S. 126). Hinsichtlich der in dieser Arbeit betrachteten Gruppe der UMF stellen in diesem Zusammenhang Maier und Schnyder fest, dass sich die Erfahrungen von Folter- und Kriegsopfern wesentlich von „normalen Traumata" (Maier & Schnyder 2007, S. 40) unterscheiden. Gravierende Unterschiede sehen sie

> *„in der Qualität, d.h. in der Intensität, der Schwere und Brutalität, sowie in der Quantität, d.h. in der Wiederholung, der Häufung und der langen Dauer der Bedrohung. Diese beiden Faktoren sind entscheidend für das entstehen posttraumatischer Beschwerden und weiterer anhaltender Symptome. Bei Kriegserlebnissen und bei Folter geht es um eine elementare Bedrohung des Lebens, der physischen und psychischen Integrität, aber auch um eine Zerstörung der materiellen, sozialen und kulturellen Lebensgrundlagen"* (ebd.).

Insbesondere die Folgen gezielter Gewalt von Menschen gegen Menschen reichen tiefer, als es beispielsweise bei gefährlichen Extremsituationen in Form von Naturkatastrophen der Fall ist. Die durch Mitmenschen erlebte Gewalt kann als „unumkehrbare Desillusionierung über die Welt und die Menschen" (ebd.) verstanden werden. Bezeichnend hierfür kann der eingangs zitierte Satz von Jean Améry genannt werden: „Wer der Folter erlag, kann nicht mehr heimisch werden in der Welt" (Améry 2000, S. 73, zit. n. Maier & Schnyder 2007, S. 40). Grund dafür ist die gezielte Zerstörung wichtiger Elemente der Persönlichkeit, beispielsweise die Fähigkeit zu vertrauen, Glaube, Empathie, Mitleid oder Gelassenheit (vgl. Maier & Schnyder 2007, S. 40). Mayer und Schnyder bezeichnen dies als eine „Entmenschlichung des Opfers" (ebd.). Ein weiterer Ereignisfaktor ist die Erwartbarkeit sowie die Kontrollierbarkeit des traumatischen Ereignisses (vgl. Zito 2010, S. 127). Inhaftierung und Folter kann beispielsweise besser verarbeitet werden, wenn sich der Betroffene über die Gefahren und Risiken eines Engagements in einer oppositionellen Gruppierung im Klaren ist (vgl. ebd.). Im Grunde unbeteiligte Familienmitglieder – etwa Kinder – die den gleichen Maßnahmen unterworfen werden, können diese Erlebnisse hingegen nicht entsprechend bewerten oder sinnvoll in ihre eigene Biographie einordnen (vgl. ebd.). Gerade für sie als Unbeteiligte bzw. Nichtverantwortliche beinhalten extreme Erlebnisse daher ein erhöhtes traumatisches Potenzial.

3.3 Folgen einer Traumatisierung bei UMF

Ein Trauma bewirkt grundsätzlich eine dauerhafte Veränderung der psychischen Organisation des Betroffenen (vgl. Teckentrupp 2010, S. 99). Im Kontext der UMF werden dabei diverse Traumafolgestörungen beschrieben. Zwar sind die empirischen Daten über die Häufigkeit bestimmter Symptome – beispielsweise bei Folter- und Kriegsopfern – uneinheitlich (vgl. Maier & Schnyder 2007, S. 58), trotzdem zeigt sich durch Studien der letzten Jahre, dass Flüchtlinge generell eine deutliche Prävalenz für die Entstehung, u.a. der im Folgenden beschriebenen Symptome aufweisen (vgl. Mogk 2016, S. 49).

3.3.1 Posttraumatische Belastungsstörung (PTBS)

Das Konzept der *Posttraumatischen Belastungsstörung* (PTBS) – englisch: Posttraumatic Stress Disorder (PTSD) – wurde 1980 als offizielle Diagnose einer psychischen Störung durch die American Academy of Child and Adolescend Psychiatry (AACAP) angenommen (vgl. Möhlen 2005, S. 22). Mit Hilfe der PTBS wird versucht, die Vielfalt an psychischen Symptomen von Menschen, die traumatischen Ereignissen ausgesetzt waren, in einer Diagnose zusammenzufassen (vgl. ebd.). Eine Beschreibung der PTBS findet sich sowohl im ICD-10 sowie im DSM-V, wobei die Symptome in beiden Werken in etwa übereinstimmend formuliert sind. Im Kontext Flucht wurde die PTBS in den letzten Jahren zunehmend als spezifische und häufige psychische Störung beschrieben. Aufgrund dieser zentralen Stellung der PTBS soll diese im Folgenden genauer dargestellt werden.

Ursache einer PTBS ist in der Regel ein traumatischer Erlebnis, wie es in Kapitel 3.1 bereits definiert wurde. Typischerweise treten dabei nach ICD-10 F43.1 folgende Symptomgruppen auf: *Wiedererleben*, *Vermeidung* und *Hyperarousal*. Traumatische Erlebnisse können nicht als normale Erinnerungen im Gedächtnis gespeichert werden (vgl. Zito 2010, S. 128). Stattdessen kreisen sie „unverarbeitet im Bewusstsein der Betroffenen und kommen immer wieder in Form von Albträumen oder wiederholten, sich aufdrängenden Erinnerungsbildern zum Vorschein" (ebd.). Dieses *Wiedererleben* findet beispielsweise tagsüber in Form von Erinnerungen an das Trauma, Tagträumen, Flashbacks oder nachts in Angstträumen statt (vgl. Maier & Schnyder 2007, S. 60). Zwar tritt dabei beim Individuum ein andauerndes Gefühl des Betäubtseins sowie der emotionalen Stumpfheit auf, trotzdem bedeutet dies eine intensive psychische Belastung, meist in Kombination mit körperlichen Reaktionen wie Herzrasen, Zittern, Atemnot usw. (vgl.

Zito 2010, S. 129). Auslöser für das Wiedererleben sind häufig die oben beschriebenen Trigger, welche als auslösende Reize den Betroffenen das Gefühl geben, sie befänden sich erneut in der traumatischen Situation (vgl. ebd.). Ein weiteres typisches Symptom ist das bewusste *Vermeiden* gewisser Reize und Situationen, welche die Individuen an traumatische Erlebnisse erinnern – z.B. das Anschauen von Kriegsfilmen, Menschenansammlungen, Kontakt zu Polizisten etc. Problematisch für die Arbeit mit den Betroffenen ist hier insbesondere, wenn Gespräche über die entsprechenden Erlebnisse gemieden werden (vgl. ebd.). Ebenso können generelle Teilnahmslosigkeit, Freudlosigkeit und Gleichgültigkeit anderer Menschen gegenüber als wesentliche Merkmale beschrieben werden. Das Symptom *Hyperarousal* kann als Zustand vegetativer Übererregtheit beschrieben werden, welcher sich in Form von Schlafstörungen, Reizbarkeit, Konzentrationsschwierigkeiten, Vigilanzsteigerung oder einer erhöhten Schreckhaftigkeit manifestieren kann (vgl. Maier & Schnyder 2007, S. 60). All diese Symptome können vom Individuum zusätzlich mit Angst, Depression und Suizidgedanken assoziiert werden.

Die Symptome einer PTBS treten mit einer Latenz von wenigen Wochen bis Monaten nach dem traumatischen Erlebnis auf und müssen für eine entsprechende Diagnose mindestens einen Monat anhalten. Zwar ist der Verlauf wechselhaft, trotzdem kann in der Regel von einer Heilung ausgegangen werden. Nimmt die Störung hingegen über viele Jahre hinweg einen chronischen Verlauf, so wird in der Regel eine andauernde Persönlichkeitsänderung diagnostiziert (vgl. ICD-10 F43.1).

Weitgehend ungeklärt ist bis heute der natürliche Verlauf einer PTBS bei Kindern und Jugendlichen – im Speziellen bei UMF. Insbesondere durch die Dauer einer Flucht und die Wahrscheinlichkeit, während dieser mehreren traumatischen Erlebnissen ausgesetzt zu sein, tritt in machen Fällen die sogenannte *Late-Onset-PTSD* ein, welche eine Latenz von mehreren Monaten bis Jahren aufweist (vgl. Möhlen 2005, S. 23). Auch können Kinder und Jugendliche spontan gesunden, in anderen Fällen persistiert die Störung jedoch für viele Jahre (vgl. ebd.).

Zwar kann das Konzept der PTBS zu einer sinnvollen Unterscheidung zwischen einer hohen, aber unspezifischen Stressbelastung sowie einem traumatischen Erleben dienen, auch erlaubt die Symptomorientierung eine zügige Diagnosestellung, trotzdem ist sie – auch hinsichtlich der hier betrachteten Personengruppe – nicht frei von Kritik (vgl. Zimmermann 2015, S. 32). Zimmermann betont zunächst, dass die PTBS das dem Erleben zugrunde liegende Geschehen gänzlich vernachlässigt (vgl. ebd.).

„Das bedeutet, die individuellen Leiden stehen in keiner ernsthaften Beziehung zum Kontext ihrer Entstehung. Allein die Benennung einer schweren Belastungssituation als Ausgangspunkt stellt keine auf die betroffenen Person bezogene Relation her. Missbrauchte Kinder einerseits und Soldaten im Kriegseinsatz andererseits unterliegen demnach dem gleichen Problemverständnis, mit entsprechenden Auswirkungen auf die Behandlungsstrategien" (ebd.).

Ein weiterer Kritikpunkt an der PTBS ist, dass sequentielle[3] und kumulative Traumatisierungen nicht erfasst werden können, insofern die einzelnen Ereignisse an sich nicht „lebensbedrohlich" (DSM-V) oder „von katastrophenartigem Ausmaß" (ICD-10) sind (vgl. Zimmermann 2015, S. 32). Fraglich ist weiterhin, ob das Konzept der PTBS ohne Weiteres auf Kinder und Jugendlich anwendbar ist. Als militärisch-psychiatrische Kategorie diente die PTBS ursprünglich zur Diagnose psychischer Störungen ehemaliger Soldaten (vgl. ebd.). Ein offizieller Einbezug des Entwicklungsalters des Minderjährigen, d.h. eine entwicklungspsychologische Erweiterung der psychiatrischen Perspektive, muss deshalb ein wesentlicher Bestandteil der Diagnose sein (vgl. ebd.).

Schließlich kann festgehalten werden, dass die PTBS zwar als zentrale psychische Störung im Kontext UMF betrachtet werden kann, sie aber nicht die gesamte Vielfalt an Symptomen und Störungsbildern widerspiegelt. Studien haben gezeigt, dass bei einem Großteil der minderjährigen Flüchtlinge – neben einer PTBS – auch andere schwerwiegende psychische Störungen diagnostiziert werden (vgl. Mogk 2016, S. 49). Ein Überblick über die häufigsten Störungsbilder soll daher nun folgen.

3.3.2 Weitere Symptome und Störungsbilder

Für eine professionelle und fundierte pädagogische und psychotherapeutische Arbeit ist es notwendig, Kenntnis über die Vielfalt an Symptomen und Störungsbildern, die im Zusammenhang mit unbegleiteten Kindern und Jugendlichen auf der Flucht auftreten können, zu haben. An dieser Stelle sollen deshalb wesentliche Störungen aufgeführt und ergänzt werden.

Bei besonders schweren und lang andauernden Traumatisierungen, bei der sich entsprechende Symptome über mindestens zwei Jahre hinweg manifestieren, kann eine sogenannte *andauernde Persönlichkeitsveränderung* diagnostiziert werden. Diese ist zunächst differenzialdiagnostisch von einer chronischen PTBS abzugrenzen und wird dann als irreversible Folge einer Extrembelastung angesehen (vgl. Maier & Schnyder 2007, S. 68). Typische Merkmale sind nach ICD-10 F62.0 eine feindliche und misstrauische Haltung gegenüber der Welt, sozialer Rückzug, Gefühle der Leere oder Hoffnungslosigkeit, ein chronisches Gefühl der Anspannung und Entfremdung. Eine entsprechende Diagnose ist in der unmittelbaren Arbeit mit UMF aufgrund des Zeitraums, indem mit den Betroffenen gearbeitet wird, zwar selten, trotzdem muss die andauernde Persönlichkeitsveränderung als Langzeitfolge berücksichtigt werden. Insbesondere wenn die Jugendlichen keine zeitnahe und adäquate Unterstützung erhalten, steigt das Risiko, dass durch den langen Verlauf einer chronischen PTBS eine Persönlichkeitsveränderung resultiert (vgl. ebd.).

Zu den häufigsten Trauma-Folgestörungen zählen *Dissoziationen* (*dissoziative Störung*) (vgl.

---

3   Eine genauere Darstellung des Konzepts der Sequentiellen Traumatisierung folgt in Kapitel 3.4.

Zito 2010, S. 130). Nach ICD-10 zeichnen sich diese durch den teilweisen oder völligen „Verlust der normalen Integration der Erinnerungen an die Vergangenheit, des Identitätsbewusstseins, der Wahrnehmung unmittelbarer Empfindungen sowie der Kontrolle von Körperbewegungen" (ICD-10 F44) aus. Somatische Erscheinungsbilder sind dabei Lähmungen, Krampfanfälle, Schmerzen, Sensibilitätsausfälle oder Sehstörungen. Dissoziationen beruhen auf der sogenannten peritraumatischen Dissoziation – dem dissoziativen Erleben während eines traumatischen Ereignisses – welche „eine Art Selbstschutz der Psyche" (Zito 2010, S. 120) darstellt. Dabei kommt es zu einem veränderten Zeiterleben (Zeitraffer- und Zeitlupenphänomen) oder Schmerzempfinden, sowie zu Derealisation, Depersonalisation oder Amnesie für die traumatische Situation (vgl. ebd.). Bei den sogenannten *out of body-experiences* „verlässt" der Betroffene automatisch seinen Körper, steht daneben bzw. schwebt über der Szene und kann diese scheinbar teilnahmslos beobachten (vgl. Maier & Schnyder 2007, S. 63). In ein ebensolches Muster kann die traumatisierte Person erneut zu einem späteren Zeitpunkt fallen.

Depressionen (depressive Störung) sind eine häufige Erscheinung bei Traumaopfern (vgl. ebd. S. 64). Sie zeigen sich zum einen als eigenständige „posttraumatische Depressionen", können aber auch im Sinne der Komorbidität auftreten (vgl. ebd.). Typische Symptome einer Depression sind Freudlosigkeit, Entscheidungsunfähigkeit oder Ängstlichkeit. Auch das Selbstwertgefühl und Selbstvertrauen der Betroffenen ist in der Regel vermindert und sie werden von Selbstvorwürfen oder Schuldgefühlen begleitet (vgl. ebd.). Traumatisierte Menschen, die an Depressionen leiden, haben zudem ein erhöhtes Suizidrisiko (vgl. Zito 2010, S. 131). Eine entsprechende Diagnose muss daher einen entscheidenden Einfluss auf die pädagogische Betreuung und schließlich eine adäquate psychotherapeutische Behandlung haben.

Substanzabhängigkeit und -missbrauch gehört zu den häufigsten Erkrankungen bei Traumaopfern (vgl. Maier & Schnyder 2007, S. 67). Meist handelt es sich dabei um dämpfende Substanzen wie Alkohol oder Opiate (vgl. ebd.). Auch übermäßiger und exzessiver Nikotinkonsum ist insbesondere bei jugendlichen Flüchtlingen zu beobachten, wobei dieser „nur selten als vordringliches Problem gesehen" (ebd.) wird. Verschärft wird das Problem der Substanzabhängigkeit im Kontext von UMF durch eine noch striktere, kulturelle und religiöse Tabuisierung des Konsums in den jeweiligen Herkunftsgesellschaften (vgl. ebd.). Häufig wird die Abhängigkeit von den Betroffenen daher versteckt oder geleugnet.

Konversion kann als ein Mechanismus der somatischen Symptombildung aufgrund der Überforderung der individuellen Anpassungs- und Abwehrleistungen verstanden werden (vgl. Teckentrupp 2010, S. 101). Dabei verschieben sich innere psychische Konflikte, z.B. aufgrund traumatischer Erfahrungen, auf die körperliche Ebene. Gerade im Zusammenhang mit einer PTBS leiden viele Betroffene unter chronisch somatischen Schmerzen (Maier & Schnyder 2007, S. 65). Das somatische Symptom „entlastet im Sinne eines primären Krankheitsgewinns zunächst von dem unmittelbaren seelischen Leidensdruck" (Teckentrupp 2010, S. 102) und kann in manchen Fällen einen sekundären Krankheitsgewinn zur Folge haben, beispielsweise durch den Anspruch auf Fürsorge. Gerade UMF geraten leicht in eine solche Dynamik (vgl. ebd.). Insbesondere, wenn sie einen ungewissen Aufenthaltsstatus haben, scheint ein körperliches Leiden Schutz vor einer möglichen Abschiebung zu gewähren. Der Preis für diese Dynamik ist jedoch hoch, da die gesamte Persönlichkeitsentwicklung eingeschränkt und blockiert bleibt (vgl. ebd.). Somatische Symptome sollten daher genau betrachtet, medizinisch begutachtet und von tatsächlichen organischen Schäden abgegrenzt werden. So beinhalten sie immer einen kommunikativen Aspekt, „weil der Patient sozusagen durch seinen Körper spricht" (ebd.).

Es kann festgehalten werden, dass das psychopathologische Symptomspektrum sehr breit ist. Neben der PTBS, Persönlichkeitsveränderung, dissoziativen Störungen, Depressionen, Suizidalität, Substanzabhängigkeit und somatischen Schmerzstörungen könnten hier des Weiteren unter anderem auch Anpassungsstörung, pathologische Trauer, Impulskontrollstörungen und Aggression oder körperliche Schäden aufgrund direkter Gewalteinwirkungen in den traumatischen Erlebnissen aufgeführt werden. Die Pädagogik, wie auch die Psychotherapie, sehen sich daher vor einer Vielzahl an Traumafolgen und damit vor einer heterogenen und sensiblen Zielgruppe.

3.4 Konzept der Sequentiellen Traumatisierung

Traumatisierungen bei Flüchtlingen können nur in begrenzter Weise auf die bisher beschriebenen Aspekte zurückgeführt werden. Die individuumszentrierte Symptomorientierung muss folglich nach David Becker um gesellschaftliche und sozialpolitische Bedingungen hinsichtlich traumatischer Ereignisse ergänzt werden (vgl. Becker 2006 S. 10). Als ein im Zusammenhang mit dem Phänomen UMF zentrales Traumaverständnis, kann nun das Konzept der Sequentiellen Traumatisierung betrachtet werden (vgl. Hargasser 2014, S. 27). Begründet durch den Mediziner, Psychoanalytiker und Pädagogen Hans Keilson, beschreibt dieses Konzept das Trauma nicht mehr als ein rein singuläres Ereignis bzw. Erlebnis, sondern als Aufeinanderfolge verschiedener traumatischer Sequenzen, unter Berücksichtigung des sozialen und politischen Kontextes (vgl. ebd.).

3.4.1 Der Ursprung: Drei Sequenzen nach Keilson

Im Rahmen einer therapeutischen Tätigkeit führte Hans Keilson eine Längsschnittstudie zum Schicksal jüdischer Waisenkinder, die ihre Eltern durch die NS-Verfolgung verloren hatten, in den Niederlanden durch (vgl. Keilson 2005). Das Ergebnis war sein 1979 veröffentlichtes

Konzept der *Sequentiellen Traumatisierung*, welches die Traumatisierung in drei Phasen bzw. Sequenzen unterteilt:

Erste Sequenz – Beginnphase mit den präludierenden Momenten der Verfolgung

In der Anfangsphase der Verfolgung steht die feindliche Besetzung durch die Wehrmacht sowie die beginnende Terrorisierung der jüdischen Bevölkerung in den Niederlanden im Mittelpunkt (vgl. Keilson 2005, S. 56). Zentrale Aspekte sind hier unter anderem Ängste über den Verlust des Rechtsschutzes, Razzien und Deportationen, Angriffe auf die Integrität und Würde der Familie, die Ungewissheit über kommende Untaten sowie das plötzliche Verschwinden von Angehörigen und Freunden (vgl. ebd.). Keilson spricht hier von der „panischen Auflösung der eigenen Umgebung" (ebd, S. 57).

Zweite Sequenz – Aufenthalt im Konzentrationslager oder im Versteck

Sie umfasst den Zeitraum der direkten Verfolgung, des Versteckens und Untertauchens sowie der Trennung von den Familien und die damit einhergehende Unterbringung in nichtjüdischen Pflegefamilien. Als besonders belastende Faktoren sind hier wiederum die Rechtlosigkeit, das Ausgeliefertsein an eine feindliche Umgebung, die Dauerbelastungen wie Hunger und Krankheit sowie die Konfrontation mit Brutalität, Grauen und Tod zu nennen (vgl. ebd.). Die Kinder und Jugendlichen erleben diese Belastungssituation im Vergleich zu Erwachsenen nicht als gereifte Persönlichkeiten, weshalb diese Sequenz als integraler Bestandteil ihrer Entwicklung zu betrachten ist (vgl. Keilson 2002, S. 49). Als hochgradig traumatische Erfahrung wird auch das Annehmen einer neuen, nichtjüdischen Identität, zum Schutz vor der Verfolgung, betrachtet (vgl. Keilson 2005, S. 57).

Dritte Sequenz – Nachkriegszeit mit allen Schwierigkeiten der Wiedereingliederung

Die dritte Sequenz kennzeichnet die Rückkehr der Kinder aus den Konzentrationslagern, die Bestellung eines Vormundes oder in seltenen Fällen die Zusammenführung mit den Familien. Für die Minderjährigen bedeutet dies einen erneuten Eingriff in ihr Leben und stellt eine weitere belastende Situation dar (vgl. ebd. S. 58). Insbesondere die Konfrontation mit der Art und Weise, wie ihre Eltern zu Tode gekommen sind, ist hier als erneutes traumatisches Erlebnis zu bewerten (vgl. ebd.).

> *„Das 'Auftauchen' oder 'Zurückkehren' geschah in eine andere Welt, als die, die man verlassen hatte. Das Ende der Lebensbedrohung, der Beginn der Rehabilitationsmaßnahmen, der Versuch der Aufarbeitung der entstandenen Schäden und Lücken führte nur zu oft zu einer Verstärkung der Konfrontation mit den erlittenen Traumata, und dadurch zu neuen Schädigungen"* (ebd.).

Keilson kam in seiner Studie zu dem Ergebnis, dass insbesondere die dritte Sequenz von entscheidender Bedeutung ist. So ist bei Kindern mit einer ungünstig verlaufenden dritten traumatischen Sequenz, bei einer gleichzeitig günstigeren Verfolgungsphase, eine schlechtere Entwicklung festzustellen, als bei jenen mit einer schweren Verfolgungsphase, aber einer günstigen dritten Sequenz (vgl. ebd. S. 430).

Mit Hilfe dieses Konzepts rückt Keilson die soziale, politische und zeitliche Dimension des Traumatisierungsprozesses in den Mittelpunkt, was eine entscheidende Neuorientierung gegenüber einem Verständnis von Trauma als ein medizinisches, symptomorientiertes Konzept oder als komplexer innerpsychischer Prozess, welcher neurobiologische Gedächtnisveränderungen hervorruft, bedeutet (vgl. Hargasser 2014, S. 27). Zudem wird im Verständnis der Sequentiellen Traumatisierung nicht mehr von einem einmalig und plötzlich auftretenden traumatischen Ereignis ausgegangen. Stattdessen steht die traumatische Gesamtsituation mit lange anhaltenden extremen Belastungsaspekten im Fokus, welche „sowohl das 'davor' als auch das 'danach'" (Keilson 2005, S. 2) beinhaltet. Entscheidend ist somit die Abfolge von Ereignissen und deren Zusammenwirken im jeweiligen Kontext (vgl. Hargasser 2014, S. 28). Die Besonderheit bei Keilsons Konzept ist daher, dass die sich kumulierenden Einzeltraumata stets in Bezug zum Ursprungstrauma stehen (vgl. Fischer & Riedesser 2009, S. 124). Keilson führt mit diesem Konzept den Begriff *basic needs* ein (vgl. Teckentrupp 2010, S. 100). Diese elementaren Grundbedürfnisse unterliegen je nach Alter bzw. Entwicklungsstufe des Betroffenen zum Zeitpunkt eines traumatischen Ereignisses einem bestimmten Ausmaß an traumatischem Potential. Die Trennung von der Mutter bzw. gar deren Verlust in der Kindheit hat dementsprechend eine andere Bedeutung, als wenn dies in der Adoleszenz geschieht (vgl. ebd.).

Für die psychosoziale Arbeit mit UMF kann dieses Konzept als Grundlagenmodell verstanden werden, da der Beginn der dritten Sequenz mit der Ankunft und Aufnahme der Minderjährigen in Deutschland festgesetzt werden kann. Hieraus ergibt sich die entsprechend große Verantwortung und Chance für Mitarbeiter pädagogischer und psychotherapeutischer Maßnahmen (vgl. Zito 2010, S. 128). Insbesondere die Erkenntnis, dass der Traumatisierungsprozess nicht mit Ende der Verfolgung bzw. Flucht (zweite Sequenz) endet, sondern mit der dritten Sequenz in eine weitere – in besonderem Maße – traumatische Phase eintritt (vgl. Brandmaier 2013, S. 22), begründet die verantwortungsvolle Aufgabe der beiden Professionen. So ist „der Verlauf der letztgenannten Sequenz für die Gesundheitsperspektive der Opfer bedeutsamer [...] als der Schweregrad der Traumatisierung in der vorangegangenen" (Teckentrupp 2010, S. 100).

3.4.2 Die Erweiterung: Sechs Sequenzen nach Becker & Weyermann

Das Modell der Sequentiellen Traumatisierung erfuhr durch David Becker und Barbara

Weyermann (2006) eine Weiterentwicklung, indem es auf nun sechs Sequenzen erweitert wurde. Grundlegend für diese Weiterentwicklung sind die Verfolgungen unter der Pinochet-Diktatur in Chile (vgl. Zimmermann 2015, S. 44). Später modifizierten Becker und Weyermann diese sechs Sequenzen zu einem Ablaufmodell, welches weniger die Zeit der Verfolgung, sondern verstärkt den Gesamtprozess einer Flucht beschreibt. Für die in dieser Arbeit betrachtete Zielgruppe der UMF ist dieses daher bedeutsam (vgl. Becker 2006, S. 192):

Erste Sequenz
Verfolgungsbeginn bis Flucht
|
Zweite Sequenz
Auf der Flucht
|
Dritte Sequenz
Anfangszeit am Ankunftsort (Übergang 1)
|
Vierte Sequenz
Chronifizierung der Vorläufigkeit
|
Fünfte Sequenz   ←   alternativ   →   **Fünfte Sequenz**
Die Rückkehr (Übergang 2)   Vom Flüchtling zum Migranten
|
Sechste Sequenz
Vom Flüchtling zum Remigranten

Abb. 2: Traumatische Sequenzen im Kontext von Zwangsmigration und Flucht (vgl. Becker 2006, S. 192).

Die *erste Sequenz* beinhaltet den Wunsch, sich (und die Familie) zu retten und die anschließende, meist unfreiwillige, Entscheidung zur Flucht. Diese Phase ist bei UMF von dem Bewusstsein der Trennung von den wichtigen Bezugspersonen und dem Verlust des Halts durch die Familie geprägt (vgl. ebd.). Für die minderjährigen Flüchtlinge ist die *zweite Sequenz* mit diversen, traumatischen Erlebnissen verbunden. Die Abhängigkeit und Unterwerfung gegenüber Schleppern, die erhöhte Lebensgefahr sowie eine ständige Angst sind dabei charakteristische Merkmale (vgl. ebd. S. 193). *Sequenz drei* kennzeichnet die Anfangszeit am Ankunftsort. In dieser (ersten) Zeit des Übergangs werden die Erwartungen und Hoffnungen der Opfer meist enttäuscht, auch garantiert sie in der Regel noch keine wirkliche Sicherheit. Die existentielle Überforderung durch grundlegende Probleme des Überlebens tritt parallel zur ersten Auseinandersetzung mit dem Erlebten und den erlittenen Verletzungen auf (vgl. ebd.). Die *vierte Sequenz* provoziert durch die Chronifizierung der Vorläufigkeit zwei Verhaltenstendenzen seitens der Flüchtlinge: Entweder die besonders starke Aufrechterhaltung der Bindung an das Heimatland bzw. die Herkunftsgesellschaft; dies ist insbesondere dann der Fall, wenn durch eine Ablehnung des Asylantrags oder die ausgestellte Duldung mit einer Rückkehr gerechnet werden muss. Die Integration wird hierdurch erschwert, da die Betroffenen innerpsychisch und sozial nur schwer im Aufnahmeland ankommen. Oder es wird die

Unmöglichkeit einer Rückkehr realisiert, was vielen Flüchtlingen einem Bruch mit der Heimat und der Identität gleicht (vgl. ebd.). In der *fünften Sequenz* kann es schließlich zur Rückkehr in die Heimat kommen. Dieser zweite Übergang birgt in der Regel die Gefahr der Retraumatisierung. Die erzwungene Rückkehr aufgrund einer Abschiebung ist, ebenso wie die freiwillige Rückkehr, mit persönlichen und familiären Krisen und Widersprüchen verbunden (vgl. ebd. S. 194). Die *sechste Sequenz* kann als Remigration verstanden werden, wobei die Episode des Exils als ein fester Bestandteil der Lebenserfahrung bei den Betroffenen bestehen bleibt. Gefühle der Fremdheit sind meist unvermeidlich, da sich sowohl die Heimat, wie auch die Remigranten selbst, stark verändert haben. Letztlich kann als *alternative* – und damit abschließende – *fünfte Sequenz* der Verbleib im Aufnahmeland beschrieben werden. Der Übergang von Flüchtlingen zu Migranten ist hierbei mit der Integration in die Mehrheitsgesellschaft verbunden und ist maßgeblich vom Zusammenwirken gesellschaftlicher, politischer und innerpsychischer Prozesse abhängig (vgl. ebd.).

Becker betont, dass dieses Konzept eine Rahmenorientierung bzw. ein Instrument sei,

> *„das es erlaubt, trotz aller kontextspezifischen Unterschiede, auch international einen bedeutungsvollen Dialog zu führen. Spezielle, eher psychologische Traumadefinitionen werden durch diesen Rahmen nicht überflüssig. Im Gegenteil, wenn sie auf diese Art sequentiell und kontextspezifisch eingeordnet werden, könnten sie sogar wieder bedeutsamer werden"* (Becker 2006, S. 194 f).

Schließlich kann festgehalten werden, dass Beckers und Weyermanns Erweiterung des Konzepts der Sequentiellen Traumatisierung durch den Einbezug psychischer, sozialer sowie politischer Dimensionen charakterisiert ist. Zentrale Grundannahmen dieser Traumakonzeption sind außerdem, dass Trauma erstens eine Vorstellung von Reißen, Bruch oder von strukturellem Zusammenbruch impliziert, zweitens nur in Bezug auf einen spezifischen Kontext definiert und verstanden werden kann und drittens als ein sich sequentiell entwickelnder Prozess zu verstehen ist (vgl. Becker & Weyermann 2006, S. 6). Inwiefern dieses Traumaverständnis für die psychosoziale Arbeit mit UMF bedeutsam ist, soll nun dargestellt werden.

3.4.3 Bedeutung des Konzepts für die psychosoziale Arbeit mit UMF

Die eben dargestellten Ausführungen zeigen zunächst, dass das Traumaverständnis im Kontext von Flucht, die Dimension des *Sequentiellen* berücksichtigen muss. Zwar unterscheiden sich die einzelnen Sequenzen inhaltlich je nach Fall, trotzdem ergibt sich ein generell anzunehmender Schluss: Die Entstehung erlittener Traumata ist nicht ausschließlich in der fernen Welt des Terrors, des Krieges und der Flucht zu ermitteln. Einen ebenso großen Anteil am Ausmaß einer Traumatisierung haben die alltäglichen Lebensbedingungen im Aufnahmeland selbst. Es ist die dritte Sequenz nach Keilson bzw. die dritte, vierte und fünfte Sequenz nach Becker und Weyermann, welche in der psychosozialen Arbeit vermehrt in den Blick genommen werden muss. So ergeben sich aus diesem Traumakonzept entscheidende Implikationen: Die Probleme der minderjährigen Flüchtlinge bei der individuellen Verarbeitung der traumatischen Erlebnisse, sind nicht alleine dem Individuum und seiner persönlichen Vulnerabilität bzw. Resilienz zuzuschreiben, sondern der soziale und politische Kontext muss mit in die Verantwortung genommen werden (vgl. Hargasser 2014, S. 34). Diese Kontextbezogenheit erfordert somit „ein umfassendes Wissen über den gesellschaftlichen, kulturellen, politischen und rechtlichen Kontext des *jeweiligen* UMF" (ebd.; Hervorhebung durch J.A.). Dieses ist immer wieder neu zu erarbeiten, da nur so angemessene Hilfeleistungen und unterstützende Maßnahmen geleistet werden können (vgl. ebd.). Die subjektiven Realitäten der geflüchteten Jugendlichen können so verstanden und in die Arbeit mit ihnen integriert werden, ohne die große Bedeutung vorheriger belastender Erfahrungen zu verleugnen oder vereinfachende Schlüsse zu ziehen (vgl. Zimmermann 2015, S. 47). Die Tendenz in der Sozialpädagogik und Psychologie, „der ersten und zweiten Sequenz das volle Gewicht der extremen Belastungssituation zuzuweisen und darüber hinaus die dritte Sequenz in ihrem außergewöhnlichen Schweregrad zu unterschätzen" (Hargasser 2014, S. 34), darf daher durch die eben beschriebenen Erkenntnisse nicht länger aufrecht erhalten werden. Es liegt in der Verantwortung des pädagogischen und psychotherapeutischen Fachpersonals – sowie deren grundlegenden Perspektiven und Theorien – ein solches Verständnis umzusetzen.

3.5 Trauma in der Kindheit und Jugend

Hinsichtlich der Gruppe der UMF stellt sich an dieser Stelle die Frage, wie sich eine Traumatisierung speziell auf Kinder und Jugendliche auswirkt.

Ein Trauma wird zunächst häufig als eine Art Bruchstelle oder Wendepunkt des bisherigen Lebens erlebt (vgl. Weeber & Gögercin 2014, S. 35). Dies gilt in besonderer Weise für Kinder und Jugendliche, wobei gerade die Adoleszenz als sensible Entwicklungsphase angesehen werden muss (vgl. Teckentrupp 2010, S. 102). Traumatisierungen in dieser Zeit können die gesamte weitere Entwicklung in grundlegender Weise beeinträchtigen (vgl. ebd.). Da Vertrautes und Gewohntes sowie bisherige, verlässliche Strukturen wegbrechen, erscheint die Welt als unsicher und bedrohlich. Jugendliche erleben, wie sich alles, worauf ihr bisheriges Leben gründet, schlagartig verändert und an Bedeutung verliert (vgl. Weeber & Gögercin 2014, S. 36). Die Lebensphase der Jugend ist durch eine erhebliche psychosoziale Unübersichtlichkeit gekennzeichnet (vgl. Böhnisch 2008, S. 143), insbesondere dadurch, dass unter dem Druck pubertärer Entwicklung diverse Entwicklungslinien zusammenlaufen, sich konflikthaft verdichten und gleichzeitig neue Lösungen im Bereich der Selbstentwicklung gefunden werden müssen (vgl. Teckentrupp 2010, S. 102 f). Für die Bewältigung dieser Lebensphase sind identitätsstiftende Elemente wie Sicherheit, Geborgenheit und Vertrauen wichtig und notwendig (vgl. Lackner 2004, S. 9), doch gerade diese scheinen durch die traumatischen Erlebnisse der UMF ausgelöscht. Die Lebenslinie der Betroffenen erhält dadurch eine markante Zäsur (vgl. Weeber & Gögercin 2014, S. 36). Lebensentwürfe sowie Zukunftserwartungen müssen neu überdacht und ausgerichtet werden, zudem zerbrechen durch die tiefe Erschütterung von Grundüberzeugungen, Glaubensansätzen und Werten basale Bestandteile der Identität (vgl. ebd.). Das Vertrauen in die eigene Person, in die eigenen Kompetenzen sowie der Glaube, die eigene Zukunft selbstverantwortlich gestalten zu können, werden bei vielen Opfern tiefgreifend verletzt (vgl. Lackner 2004, S. 10). Die Zukunftsperspektive wird aufgrund dessen häufig nicht mehr als verheißungsvoll und beeinflussbar angesehen, sondern zu einer unberechenbaren und unkalkulierbaren Größe hochstilisiert (vgl. ebd.). Als einen weiteren Folgeaspekt von Traumatisierungen in der Kindheit und Jugend nennt Keilson die erhöhte Tendenz zur späteren Familienflüchtigkeit (vgl. Keilson 2005, S. 222). Generell muss bei zwangsmigrierten Kindern und Jugendlichen mit starken Auswirkungen auf das Bindungsverhalten durch Traumatisierungen gerechnet werden (vgl. Brisch 2016), insbesondere dann, wenn die erlebte Gewalt durch Mitmenschen ausgeübt wurde.

3.6 Trauma und Kultur

Im Kontext UMF ist es des Weiteren notwendig, die oben dargestellten Konzeptionen abschließend hinsichtlich ihrer Kulturgebundenheit zu betrachtet. So werden insbesondere die Klassifikationssysteme ICD-10 und DSM-V bezüglich ihrer traumaspezifischen Diagnose PTBS bei Flüchtlingen in Fachkreisen kontrovers diskutiert (vgl. Weeber & Gögercin 2014, S. 38). Kritiker bemängeln die zu verkürzte und zu klinische Darstellung von komplexen Traumafolgestörungen, insbesondere infolge eines *man-made-trauma* (vgl. Brandmaier 2011, S. 44). Generell müsse bei der Konzeption PTBS die Fokussierung auf das Individuum sowie die Annahme der inter- und transkulturellen Gültigkeit von psychischen Vorgängen kritisch hinterfragt werden (vgl. Zimmermann 2015, S. 40). So bleibt die kulturelle, soziale und situative Perspektive gänzlich aus (vgl. Brandmaier 2011, S. 44 f). Durch ein stark am westlichen Gesellschaftsbild und Kulturkreis orientiertes Traumaverständnis wird die kulturelle Diversität von Bedeutungssystemen nicht berücksichtigt, weshalb die Konzeption PTBS in der psychiatrischen Diagnosestellung bei Flüchtlingen von Becker als „gänzlich unbrauchbar" (Becker 2006, S. 68) bezeichnet wird. Wichtig scheint es daher, ein für kulturelle Vielfalt offenes Traumaverständnis zu formulieren, welches kulturell unterschiedliche Interpretationen von äußerem und innerem Erleben sowie kulturell differierende Verarbeitungsmodi zulässt und berücksichtigt (vgl. Zimmermann 2015, S. 40). Ein wichtiges Instrument hierfür scheint die Konzeption der Sequentiellen Traumatisierung zu sein. Aufgrund der Loslösung von der rein symptom- und individuumszentrierten Perspektive und der Erweiterung um die soziale, gesellschaftliche, politische und nicht zuletzt sequentielle Dimensionen, scheint die Konzeption von Keilson und Becker/Weyermann das Verständnis von Traumatisierungen unbegleiteter minderjähriger Flüchtlinge aus einem anderen kulturellen Kontext entscheidend zu bereichern. So werden hier traumatische Rahmenbedingungen in der Herkunfts- wie auch in der Aufnahmekultur berücksichtigt.

In der Praxis kann trotz dieser Kritikpunkte nicht auf eine Klassifikation mittels ICD-10 oder DSM-V verzichtet werden, da dies die Grundlage unter anderem für die Genehmigung einer Psychotherapie oder der Erstellung gerichtsverwertbarer Gutachten darstellt (vgl. Brandmaier 2013, S. 23). Für ein umfassendes, (inter-)kulturelles Traumaverständnis dürfen sich Professionen der psychosozialen Arbeit mit UMF jedoch nicht auf einzig diese Perspektive begrenzen.

3.7 Zusammenfassung

Es konnte gezeigt werden, dass der Aspekt der Traumatisierung im Kontext UMF von großer Bedeutung ist. Nicht nur die Tatsache, dass bei einem Großteil der in Deutschland aufgenommenen Jugendlichen von einer Traumatisierung ausgegangen werden muss, verdeutlicht die zentrale Stellung der Traumatisierung. Auch die Notwendigkeit, den Blick auf dieses Phänomen stets zu hinterfragen und zielgruppenspezifische Konzepte bei der psychosozialen Arbeit heranzuziehen, wurde deutlich.

Ausgehend von den Leitfragen dieses Kapitels kann daher hinsichtlich der Forschungsfrage Folgendes festgehalten werden:

Als Trauma kann das über einen kürzeren oder längeren Zeitraum dauernde Gesamtgeschehen um eine Person beschrieben werden, welches aufgrund seines bedrohlichen und gefährdenden Charakters tiefgreifende Veränderungen in der psychischen Organisation des Individuums hervorruft. Gerade im Kontext UMF wurde deutlich, dass es nicht einzelne, extreme Belastungssituationen sind, welche ein Trauma hervorrufen. Meist handelt es sich um eine Aneinanderreihung von Erlebnissen und Episoden mit traumatischem Potential, welche den psychischen Zustand der Jugendlichen prägen. Dabei stehen die Mechanismen und Faktoren der Traumatisierung stets in einer Wechselwirkung mit dem Ausmaß bzw. subjektiven Erleben des Traumas und bedingen sich über den gesamten Prozess der Fluchtbiographie hinweg gegenseitig. Betrachtet man die Symptome einer Traumatisierung, so kann als zentrale Diagnose zwar die PTBS herangezogen werden, diese spiegelt jedoch nicht das gesamte Spektrum an möglichen und beobachteten Symptomen bei den betroffenen Kindern und Jugendlichen wider. Durch das Konzept der Sequentiellen Traumatisierung wurde zudem deutlich, dass im Sinne der dritten Sequenz[4] nur schwer von *post*traumatischen Störungen

---

4   Dritte Sequenz nach Keilson; dies schließt nach der Konzeption von Becker auch die vierte und fünfte

gesprochen werden kann, da sich die Minderjährigen nach wie vor in einer traumatischen Sequenz befinden (können). Hieraus erwächst die besondere Verantwortung und Aufgabe der psychosozialen Arbeit. Hilfemaßnahmen müssen gezielt und adäquat angeboten werden, um die Lebensbedingungen der Jugendlichen in der dritten Sequenz so zu gestalten, dass das weitere Leben nicht durch eine Traumatisierung in der sensiblen Lebensphase der Kindheit und Jugend bzw. Adoleszenz nachhaltig geprägt bleibt. Da sowohl pädagogische Maßnahmen, wie auch psychotherapeutische Behandlungen, in der Regel frühestens in dieser dritten Sequenz beginnen, muss eine Kooperation dieser beiden Professionen entsprechend auf das hier betrachtete Phänomen vorbereitet sein.

Es wurde deutlich, dass ein „objektives", an einem „Symptomkatalog" angelehntes Verständnis von Trauma – insbesondere – für die Pädagogik nur begrenzt sinnvoll ist. Ein Traumaverständnis muss vielmehr im Rahmen einer pädagogischen Diagnostik die Erfassung der gesamten Lebensumstände sowie den Einbezug der aktuellen Beziehungssituation des Kindes berücksichtigen (vgl. Zimmermann 2015, S. 33).

4 Psychosoziale Situation von UMF in Deutschland

Die psychosoziale Arbeit mit traumatisierten UMF muss, so konnte in Kapitel 3 dargestellt werden, in besonderem Maße die aktuelle Lebenssituation dieser Minderjährigen in Deutschland berücksichtigen. Die – im Sinne der Sequentiellen Traumatisierung – dritte Sequenz hat auf das Ausmaß der Traumatisierung schließlich einen zentralen und bedeutenden Einfluss.[5] Auch wurde in den vorangegangenen Kapiteln bereits angedeutet, dass die Lebensphase im Aufnahmeland in der Regel von Bedingungen geprägt ist, welche das Wohlbefinden durch massive psychische und soziale Belastungsfaktoren gefährden. Aufgrund dieser Bedingung scheint es notwendig, die psychosoziale Situation von UMF in Deutschland gezielt zu betrachten. Dabei stellen sich folgende Leitfragen:

- Wie gestaltet sich die Situation der Unterbringung durch die Jugendhilfe?
- Welchen Herausforderungen und Belastungen sind unbegleitete minderjährige Flüchtlinge vor dem Hintergrund der Traumatisierung ausgesetzt?
- In welchem Zusammenhang stehen dabei aufenthaltsrechtliche Aspekte der dritten Sequenz mit der Traumatisierung?
- Welche Belastungen ergeben sich aus dem familiären Kontext?

Sequenz mit ein. Im Folgenden wird unter der dritten Sequenz – soweit nicht anders angegeben – die gesamte Phase nach der Migrationsbewegung, d.h. die Zeit des Aufenthalts in Deutschland, verstanden.

5 Die Bedeutung der dritten Sequenz bzw. der Postmigrationsphase hinsichtlich der Auswirkungen auf die Traumatisierung, konnte in den folgenden Jahren nach Keilsons Veröffentlichung des Konzepts der Sequentiellen Traumatisierung (1979) durch zahlreiche weitere Studien belegt werden. Ein Überblick findet sich in Hargasser 2014, S. 105 ff.

- Welche Belastungen ergeben sich aus der sozialen Stellung unbegleiteter minderjähriger Flüchtlinge?
- Welche Rolle spielen Veränderungen und Übergänge in der dritten Sequenz?
- Wie werden unbegleitete minderjährige Flüchtlinge in Deutschland psychotherapeutisch versorgt?

4.1 UMF in der Jugendhilfe

Im Rahmen der Inobhutnahme durch das zuständige Jugendamt, kommen UMF in der Regel in Kontakt mit Einrichtungen der Jugendhilfe. Ein adäquates Hilfeangebot im weiteren Verlauf stellt die stationäre Unterbringung (§ 34 SGB VIII) der Minderjährigen im Rahmen der Hilfen zur Erziehung (§§ 27-35 SGB VIII) dar, meist in Form einer Heimunterbringung in einer Wohngruppe. Da die Jugendlichen von ihren Eltern getrennt in Deutschland sind, kommen ambulante und teilstationäre Hilfen nur selten zum Einsatz (vgl. Weeber & Gögercin 2014, S. 54). Die Gewährung einer entsprechenden, pädagogischen Versorgung hängt von der Einschätzung des Erziehungsbedarfs im Rahmen des Hilfeplangesprächs (§ 36 Abs. 2 SGB VIII) ab. Als gesetzliche Grundlage wird in § 34 SGB VIII formuliert:

> *„Hilfe zur Erziehung in einer Einrichtung über Tag und Nacht (Heimerziehung) oder in einer sonstigen betreuten Wohnform soll Kinder und Jugendliche durch eine Verbindung von Alltagserleben mit pädagogischen und therapeutischen Angeboten in ihrer Entwicklung fördern. Sie soll entsprechend dem Alter und Entwicklungsstand des Kindes oder des Jugendlichen sowie den Möglichkeiten der Verbesserung der Erziehungsbedingungen in der Herkunftsfamilie*
> 1. *eine Rückkehr in die Familie zu erreichen versuchen oder*
> 2. *die Erziehung in einer anderen Familie vorbereiten oder*
> 3. *eine auf längere Zeit angelegte Lebensform bieten und auf ein selbstständiges Leben vorbereiten."*

In der Regel kann im Falle der hier betrachteten Zielgruppe davon ausgegangen werden, dass sich die Gestaltung der pädagogischen Hilfen am dritten oben aufgeführten Ziel nach § 34 SGB VIII orientiert.

Zu den familienbedingten Problemlagen, die üblicherweise zu einer Heimunterbringung führen, zählen beispielsweise Störungen in der Eltern-Kind-Beziehung, Gewalt- oder Missbrauchserfahrungen in der Familie oder Vernachlässigung des Kindes (vgl. Weeber & Gögercin 2014, S. 55). Da diese Gründe jedoch meist nicht jenen der geflüchteten Jugendlichen entsprechen (vgl. ebd. S. 56) – die Unterbringungsgründe lassen sich aus den in Kapitel 2 dargestellten Fluchtmotiven und der damit einhergehenden Trennung von den Eltern ableiten – muss die Heimunterbringung von UMF auf entsprechend differierende

Anforderungen ausgerichtet sein. Neben dieser Differenz zeigt sich auch ein Konflikt hinsichtlich der verfolgten Ziele der Beteiligten. So steht für die unbegleiteten Minderjährigen weniger die intensive, pädagogische Betreuung oder das Verfolgen einer langwierigen Schullaufbahn im Mittelpunkt des Interesses, sondern der Erhalt eines sicheren Aufenthaltsstatus oder die Aufnahme einer Erwerbstätigkeit (vgl. Mehari & Schenk 2004, S. 167). In Ungewissheit über ihre Bleibeperspektive und der damit zusammenhängenden Vernachlässigung der schulischen Ausbildung „verlieren" viele von ihnen deshalb wichtige Jahre ihrer Jugend (vgl. ebd. S. 168).

Generell wird die Zeit in den Einrichtungen der Jugendhilfe als ambivalent beschrieben (vgl. Hargasser 2014, S. 120). So fühlen sich die Jugendlichen einerseits gut betreut und gut aufgehoben, andererseits jedoch ausgebremst. Des Weiteren erleben sie ein Dilemma zwischen der Wahrung ihrer Herkunftskultur und der Integration in die Aufnahmegesellschaft, was weitreichende Folgen auf ihr Identitätsbewusstsein hat. Pädagogische Bemühungen können bei der Bearbeitung dieses Prozesses nur bedingt wirken, da die Herangehensweise zur Erfüllung dieser Ziele fachintern umstritten ist (vgl. Angenendt 2000, S. 67). Diese Unsicherheit überträgt sich unweigerlich auf die Jugendlichen selbst.

Ein weiterer belastender Faktor innerhalb der Heimunterbringung ist die hohe Personalfluktuation (vgl. Weeber & Gögercin 2014, S. 57), welche es den Jugendlichen erschwert, „Beziehungen einzugehen und Vertrauen aufzubauen. Durch häufig wechselnde Mitarbeiter und Bezugsbetreuer ist dieser Prozess noch schwieriger und kann zur Folge haben, dass sich die Kinder und Jugendlichen noch mehr zurückziehen und lieber für sich sind" (ebd.). Die sich wiederholenden Verlusterfahrungen scheinen einem heilenden Verlauf entsprechender Traumatisierungen somit entgegenzuwirken. Als konstante „Bezugsperson" könnte der Vormund des Minderjährigen zählen – in Folge des Asylverfahrensbeschleunigungsgesetz vom 24.10.2015 hat nun *jeder* UMF unter 18 Jahren den Anspruch auf eine Vertretung durch einen Vormund – doch in der Praxis beschränkt sich die Bereitschaft und Tätigkeit eines Privat- oder Amtsvormunds meist auf die Beratung und Vertretung in rechtlichen Belangen (vgl. Theilmann 2005, S. 69).

Die Größe der Wohngruppe stellt für viele Jugendliche einen weiteren Belastungsfaktor dar (vgl. Hargasser 2014, S. 186). Konflikte im Zusammenleben stören dabei in besonderem Maße das „Zur-Ruhe-kommen". Positive Auswirkungen hinsichtlich eines förderlichen Zusammenlebens hat die Unterbringung Jugendlicher gleicher Nationalität zu Beginn der Maßnahme, später empfinden die Heranwachsenden eine gemischte Wohngruppe hinsichtlich der Integration und des Spracherwerbs als vorteilhaft (vgl. ebd. S. 187).

Im Vergleich zu Flüchtlingsunterkünften erfahren UMF in Einrichtungen der Jugendhilfe eine deutlich bessere Versorgung und Betreuung (vgl. Weeber & Gögercin 2014, S. 57). Es muss jedoch auch betont werden, dass „ihre Selbstständigkeit, das Bedürfnis nach Freiraum und ihre durch Traumaerlebnisse bedingte besondere Situation in Wohngruppen [...] nicht in dem Maß berücksichtigt werden, wie das vielleicht nötig wäre" (ebd.).

Anknüpfungspunkte aus pädagogischer Perspektive hinsichtlich adäquater Handlungskonzepte in der stationären Jugendhilfe sollen daher später in dieser Arbeit beleuchtet werden.

4.2 Herausforderungen und Belastungen

Im Folgenden sollen spezifische Belastungen und Herausforderungen dargestellt werden, welche die psychosoziale Situation von UMF in Deutschland charakterisieren. Dabei werden die unmittelbaren Belastungsfaktoren infolge einer Traumatisierung, welche bereits in Kapitel 3 beschrieben wurden, nicht nochmals konkret ausgeführt. Stattdessen sollen die nun aufgeführten Aspekte stets vor dem Hintergrund der Traumathematik gedacht und kontextualisiert werden.

4.2.1 Aufenthaltsrechtliche Aspekte der Belastung

Die Komplexität der aufenthaltsrechtlichen Rahmenbedingungen für geflohene Menschen, welche in Deutschland Schutz suchen, wurde bereits zu Beginn dieser Arbeit annäherungsweise skizziert. Im Zusammenhang mit Traumatisierungen wird das belastende Potential des (deutschen) Aufenthaltsrechts vielfach diskutiert. Mehari und Schenk (2004) stellen fest, dass es für Kinder und Jugendliche in erster Linie schwierig ist, „das für sie komplizierte Asylverfahren sowie die Gesetze und deren Bedeutungen zu verstehen" (Mehari & Schenk 2004, S. 166). Minderjährige sind mit den Anhörungssituationen zum Teil erheblich überfordert. Die intensiven Befragungen durch Entscheidungspersonen, welche nicht im Umgang mit UMF geschult sind, werden dabei nicht nur aus Fachkreisen kritisiert, sondern insbesondere von den Jugendlichen selbst als belastend empfunden (vgl. ebd.; vgl. Hargasser 2014, S. 192 f). In Folge einer Asylantragstellung entsteht der Druck, sensible Details der Lebensgeschichte gegenüber Personen preiszugeben (vgl. Haversiek-Vogelsang & Laue 2010, S. 143), zu denen die Betroffenen weder Vertrauen aufbauen konnten, noch verfügen diese über entsprechende Qualifikationen. Nach Zimmermann entsteht eine „extreme Abhängigkeit von den Entscheidungsträgern" (Zimmermann 2015, S. 57), welche im subjektiven Empfinden häufig in einer Kontinuität mit Abhängigkeits- und Ohnmachtserfahrungen gegenüber Machthabern und Schleppern in den ersten beiden Sequenzen steht (vgl. ebd.). Zimmermann zieht dabei den Schluss, dass die realen Diskriminierungen „Teil einer Wiederholung und Aktivierung verinnerlichter Erfahrungen (sind), die sich in der Selbstrepräsentanz des 'Außenseiters und Exilanten' [...], der von den etablierten Ordnungen abgewiesen wird, verdichten" (ebd.).

Neben dieser unmittelbar erlebten Praxis ist die Phase des Aufenthalts in Deutschland durch einen erheblich größeren Belastungsfaktor geprägt. Es handelt sich dabei um den pathogenen Einfluss der Aufenthaltsunsicherheit auf das Ausmaß der Traumatisierung bzw. des psychischen

Zustandes. Gerlach und Pietrowsky belegen in ihrer Studie, dass ein unsicherer Aufenthaltsstatus die Symptomschwere der PTBS traumatisierter Flüchtlinge negativ beeinflusst (vgl. Gerlach & Pietrowsky 2012, S. 5). Der derzeitige Stand der Forschung weist darauf hin, „dass psychosozialer Stress, dem Flüchtlinge nach ihrer Flucht ausgesetzt sind, maßgeblich zur Entwicklung einer PTBS bzw. deren Aufrechterhaltung und Chronifizierung beiträgt" (ebd. S. 8). Im Umkehrschluss betonen die Autoren zudem, dass frühere Studien zeigen, dass der Erhalt eines sicheren Aufenthaltsstatus einen signifikant positiven Einfluss auf traumaassoziierte Symptome hat (vgl. ebd.).

4.2.2 Familiäre Aspekte der Belastung

Auch wenn UMF von ihren Familien – insbesondere von ihren Eltern – getrennt sind, spielen familiäre Faktoren für die psychosoziale Situation der Jugendlichen eine bedeutende Rolle. Diese Trennung muss sogar als einer der größten Belastungsfaktoren bezeichnet werden. So beinhalten erzwungene Migrationsprozesse immer eine große Anzahl an Belastungen für die Familien und die für sie grundlegenden Beziehungen (vgl. Zimmermann 2015, S. 59).

Im Falle der UMF kann der Verlust der primären Bezugspersonen als Aufspaltung der Familie verstanden werden (vgl. ebd. S. 60). Dabei findet häufig kein angemessener Abschied statt (vgl. Cremer 2006, S. 38), auch geht dem plötzlichen Verlust keine Veränderung der Beziehungen voraus (vgl. Zimmermann 2015, S. 61). Die Heranwachsenden werden somit zu einem „lethal flight from infancy to adulthood" (Rabanal 1995 zit. n. Zimmermann 2015, S. 61) gezwungen und sind fortan auf sich alleine gestellt. Sie erhalten dementsprechend in ihrer neuen Umgebung keine Unterstützung durch ihre primären Bezugspersonen, beispielsweise bei der Ausgestaltung des Prozesses von Nähe und Distanz, bei der Verarbeitung ihrer traumatischen Erlebnisse oder bei der Bewältigung neuer Herausforderungen (vgl. ebd. S. 63). Unbegleitete Minderjährige fühlen sich aufgrund dessen oft von ihren Familien im Stich gelassen, gleichzeitig aber belastet sie schweres Heimweh (vgl. Cremer 2006, S. 39). Die Tatsache, dass ihre Familienangehörigen noch immer im Krisengebiet leben, verursacht in vielen Jugendlichen tiefe Schuldgefühle, eine sogenannte „Überlebensschuld" (Hargasser 2014, S. 112). Sie sehen sich nicht selten in der Pflicht, ihre Familien durch finanzielle Mittel zu unterstützen (vgl. Mehari & Schenk 2004, S. 166). Sie befinden sich dadurch im Zwiespalt der Verfolgung einer langfristig ausgerichteten Schul- und Berufsausbildung und einer schnellen Erwerbstätigkeit in kurzfristigen Aushilfsjobs. Schließlich ist durch die erzwungene Trennung von der Familie die Bindungsfähigkeit der Jugendlichen beeinträchtigt (vgl. Zimmermann 2015, S. 61). Sie haben die Kompetenz verloren, nachhaltige Beziehungen einzugehen, da jede enge Beziehung fortan als bedrohlich empfunden wird (vgl. ebd. S. 62). Der angstbesetzte Bindungswunsch muss deshalb radikal abgewehrt werden (vgl. ebd.). Eine Trauerarbeit ist somit nur bedingt möglich, da die Beziehungen zu den verbleibenden Bezugspersonen nicht ausreichend stabil sind;

unsichere Beziehungsmodi, d.h. lose Bindungsmuster im Exil, können als Reinszenierung verinnerlichter Bindungserfahrungen in der Familie verstanden werden (vgl. ebd. S. 72).

4.2.3 Diskriminierung – Randständigkeit – Benachteiligung

In Folge eines oder mehrerer traumatischer Erlebnisse kommt der Unterstützung und der Anerkennung des Opfers durch die soziale Umwelt hinsichtlich des Verlaufs der Traumafolgen eine wichtige Bedeutung zu (siehe Kapitel 3.2.4). UMF erleben in der Zeit des Aufenthalts in Deutschland jedoch häufig Diskriminierung, Benachteiligung und sehen sich am Rande der Gesellschaft. Hieraus ergibt sich eine negative Wirkung der sozialen Umwelt auf die Betroffenen, weshalb davon ausgegangen werden muss, dass der Aufenthalt in Deutschland als dritte, vierte und möglicherweise fünfte Sequenz eine Entwicklung bzw. Chronifizierung einer PTBS sowie anderer Traumafolgestörungen begünstigt. Diskriminierende Momente finden sich dabei auf allen gesellschaftlichen Ebenen. Auf institutioneller und staatlicher Ebene weist Schroeder auf diverse rechtliche Benachteiligungen hin, welche sich beispielsweise im Anspruch auf Sozialleistungen und Gesundheitsversorgung oder im Recht auf Bildung oder auf eine Erwerbstätigkeit widerspiegeln (vgl. Schroeder 2011, S. 247). Ausschlaggebend hierfür sind die, in den Kapiteln 2.4.3 und 2.4.4 dargestellten, aufenthaltsrechtlichen Grundlagen sowie die Zuordnung zu den einzelnen Flüchtlingsgruppen. Nicht nur im Vergleich zu deutschen Staatsbürgern, sondern zusätzlich unter den Geflohenen selbst, zeigen sich hierdurch unterschiedliche und somit benachteiligende Ansprüche und tragen zur Diskriminierung und Marginalisierung vieler Betroffener bei.

Auch im alltäglichen, direkten Kontakt mit der einheimischen Bevölkerung erleben UMF gefährdende und diskriminierende Momente – oder gar Zustände. Jugendliche berichten, dass alleine ihr Aussehen sowie ihr ausländischer Akzent bzw. gebrochene Sprachkompetenzen zu unmittelbarer Ausgrenzung und diskriminierenden Erfahrungen führen (vgl. Freise 2007, S. 129). Zudem werden sie mit rassistischen Einstellungen gegenüber ihrer Kultur konfrontiert (vgl. Möhlen 2005, S. 19). In der gesellschaftlichen Wahrnehmung zeigt sich häufig ein pauschalierendes Bild über Flüchtlinge. Unabhängig ihrer Fluchtgründe, ihrer Lebensgeschichte oder ihrer familiären Situation, werden die Betroffenen stigmatisiert als „Wirtschaftsflüchtlinge" oder ungewollte „Asylanten" – nicht selten assoziieren Teile der Bevölkerung in jüngster Zeit mit Flüchtlingen Begriffe wie „Schnorrer", „Kriminelle" oder „Terroristen". Rechtsradikale Übergriffe in Form von Aufmärschen, Überfällen, Körperverletzungen oder brennenden Unterkünften verschärfen die Angst und Unsicherheit traumatisierter Jugendlicher (vgl. Freise 2007, S. 129) und wirken einem positiven Genesungsverlauf massiv entgegen.

Es wird auch hier wieder deutlich, inwiefern die Trennung von den Eltern belastet. Schutz und Fürsorge durch die primären Bezugspersonen in diskriminierenden und bedrohlichen Situationen, wären für das psychische Befinden der Jugendlichen von großem Wert (vgl.

Hargasser 2014, S. 112). Stattdessen müssen UMF diese Herausforderungen zusätzlich unter dem Aspekt der Traumatisierung alleine meistern.

4.2.4 Übergangswelten – Veränderungen

Der Aufenthalt der Minderjährigen in der Jugendhilfe gestaltet sich in vielerlei Hinsicht als Zeit des Übergangs. So befinden sich UMF zum einen in der Lebensphase der Adoleszenz, in welcher sie aufgrund ihrer noch nicht gefestigten Persönlichkeit der Hilfe und Orientierung durch Erwachsene bedürfen (vgl. Weeber & Gögercin 2014, S. 49). Das Fehlen der primären Bezugspersonen als Orientierungshilfen wurde bereits in den vorherigen Kapiteln dieser Arbeit als höchst belastendes Moment hinsichtlich der psychischen Verfassung der jungen Menschen thematisiert. Meist kommen UMF mit klaren Vorstellungen und Zielen in Deutschland an (vgl. Theilmann 2005, S. 75). Das eigene Überleben sowie die Sicherung des Überlebens der zurückgelassenen Familie durch finanzielle Unterstützung führen meist zu Lebensentwürfen, welche auf eine schnelle Erwerbstätigkeit und einen sicheren Aufenthaltsstatus abzielen. In Deutschland angekommen, müssen sie sich jedoch – bedingt durch das pädagogische Bemühen der Jugendhilfe – zumindest vom Wunsch der schnellen Erwerbstätigkeit unverhofft verabschieden. Stattdessen steht nun eine schulische Ausbildung, das Absolvieren von (unbezahlten) Praktika oder der Eintritt in eine gering vergütete Berufsausbildung im Mittelpunkt. Flüchtlinge, die möglicherweise in ihrem Heimatland bereits einer Erwerbstätigkeit nachgegangen sind und zum Einkommen der Familie beigetragen haben, bewerten dies häufig als Unterforderung oder Negierung ihrer vorhandenen Fähigkeiten (vgl. ebd. 75 f). Für andere ergibt sich hieraus eine neue, vielversprechende Lebensperspektive in Deutschland. Dieser Übergang von den ursprünglichen zu den neuen Lebensentwürfen – zumindest für die Zeit im Aufnahmeland – wird von vielen der Betroffenen als ein Bruch und ein „Im-Stich-lassen" der Angehörigen erlebt, was wiederum schwere Selbstvorwürfe hervorrufen kann.

Ein weiterer Übergang zeigt sich hinsichtlich der kulturellen Veränderung aufgrund der erzwungenen *transnationalen* Migration (vgl. Kapitel 2.1). Die Jugendlichen sehen sich im Aufnahmeland dabei mehreren Herausforderungen – oder gar Belastungen – gegenüber. Neben der Notwendigkeit des Erwerbs einer neuen Sprache, welcher für das Zurechtfinden in der neuen Umgebung unerlässlich ist, sind es insbesondere neue soziale Strukturen, ungewohnte Normen und Regeln sowie Rollen und Gepflogenheiten der neuen Kultur, welche für die jungen Menschen befremdlich und bedrohlich wirken (vgl. Hargasser 2014, S. 112 f). Fehlende sprachliche Kompetenzen sind dabei nicht nur im Alltag eine Hürde, sondern erschweren in besonderem Maße psychotherapeutische Hilfemaßnahmen. Der Prozess der Akkulturation erfolgt dabei individuell different und wird in der Regel nicht bewusst erlebt und reflektiert (vgl. Weeber & Gögercin 2014, S. 49). Meist orientieren sich junge Flüchtlinge gleichzeitig sowohl am sozialen Regelsystem der Heimatkultur als auch der Aufnahmekultur (vgl. ebd.). Durch diese „kulturelle Überschneidungssituation" (ebd.) befinden sie sich gewissermaßen „zur gleichen Zeit in mehr als einer Situation" (Dadder 1987, S. 49). Für die Lösung dieses bikulturellen Konflikts existieren verschiedene Bewältigungsstrategien. Berry unterscheidet vier verschiedene Strategien zur psychologischen Verarbeitung, abhängig von der Bewertung der ursprünglichen und der neuen Kultur: *Integration, Anpassung, Trennung* und *Marginalisierung* (vgl. Weeber & Gögercin 2014, S. 49). Gerade junge Flüchtlinge zeigen in diesem Zusammenhang ein häufiges Muster. So ist unter ihnen eine abwechselnde Identifikation „mal mit der einen, mal mit der anderen Zugehörigkeit" (ebd. S. 50) verbreitet. Diese ambivalente Beziehung zu den beiden Kulturen, d.h der komplexe Wechselwirkungsprozess von Anziehung und Abstoßung, kann nach Pankoke als „Identitätsdilemma" (zit. n. Weeber & Gögercin 2014, S. 50) beschrieben werden und stellt im Kontext der Entwicklungsaufgaben in der Lebensphase der Adoleszenz einen enorm beeinträchtigenden Faktor dar. Als besonders belastend und traumatisch kann hierbei das Gefühl der Entwurzelung bezeichnet werden (vgl. Mehari & Schenk 2004, S. 166). Dieses erweist sich als umso bezeichnender, insofern sich die Jugendlichen weder in der Herkunfts-, noch in der Aufnahmekultur heimisch fühlen; sie empfinden sich gewissermaßen als „doppelt fremd" (Weeber & Gögercin 2014, S. 50).

Die Situation traumatisierter UMF kann daher durch ihren kulturellen sowie biographischen Übergangscharakter als „Spannungs- und Konfliktwelt" (ebd.) bezeichnet werden. Dieses kulturell- und entwicklungsbedingte Spannungsverhältnis muss in den entsprechenden psychosozialen Hilfemaßnahmen berücksichtigt und konstruktiv genutzt werden (vgl. ebd.).

4.3 Psychotherapeutische Versorgung

Hinsichtlich des Traumatisierungsaspekts der minderjährigen Flüchtlinge und der damit zusammenhängenden Bedeutung der dritten Sequenz erscheint es sinnvoll, die psychotherapeutische Versorgung der Betroffenen im Aufnahmeland zu beleuchten. Verschiedene Studien und Erfahrungsberichte[6] zeigen hierbei, dass aus verschiedenen Gründen nur in den wenigsten Fällen eine adäquate psychotherapeutische Versorgung traumatisierter Flüchtlinge stattfindet.

Erstens verfügen die wenigsten Einrichtungen der Jugendhilfe über entsprechend ausgebildetes Personal. Obwohl es nach § 34 SGB VIII auch Aufgabe der stationären Einrichtungen ist, die Entwicklung der Jugendlichen durch therapeutische Angebote zu fördern, sind UMF in der Regel auf externe psychologische oder psychotherapeutische Betreuung angewiesen (vgl. Theilmann 2005, S. 69). Dies ist aufgrund des generellen Mangels an

---

6 Hier sind u.a. eine Studie der Technischen Universität München zur Gesundheit syrischer Flüchtlingskinder (TUM 2015), eine Studie von Conrad et al. in Zusammenarbeit mit dem Fluchtpunkt Hamburg (Conrad et al. 2009) sowie Berichte des Bundesfachverband unbegleitete minderjährige Flüchtlinge e.V. (vgl. BumF 2016b, S. 13) zu nennen.

niedergelassenen Psychotherapeuten meist nicht möglich. Zweitens stehen rechtliche Vorgaben einer zeitnahen psychotherapeutischen Betreuung entgegen. Zwar wurde durch die Novellierung des Asylbewerberleistungsgesetzes vom 1. März 2016 die notwendige Aufenthaltsdauer zur Gewährung eines uneingeschränkten Anspruchs auf Leistungen durch die gesetzlichen Krankenkassen von 48 auf 15 Monate herabgesetzt. Trotzdem bedeutet dies noch immer, dass in der ersten Phase des Aufenthalts nur akute Erkrankungen und Schmerzzustände (§ 4 AsylbLG) behandelt werden. Psychische Störungen sowie psychosomatische Erkrankungen in Folge der Traumatisierung sind jedoch meist chronisch und erfordern eine langfristige Behandlung, unter anderem durch Psychotherapie – diese wird jedoch nur in Ausnahmefällen gewährt. Psychotherapeutische Angebote müssen daher in der Regel in psychosozialen Beratungszentren in Anspruch genommen werden. Diese können – als vierte Hürde – dem Bedarf und der hohen Anfrage alleine nicht gerecht werden und müssen die Betroffenen meist auf lange Wartelisten setzen (vgl. BumF 2016b, S. 13). Schließlich konnte in einer Studie von Conrad et al. (2009) gezeigt werden, dass nur wenig Bereitschaft bei Psychiatern und Psychotherapeuten besteht, Flüchtlinge mit unsicherem Aufenthaltsstatus zu behandeln oder einen Dolmetscher miteinzubeziehen, wobei die Sprachprobleme eines der Hauptargumente waren, warum diese Patientengruppe nicht behandelt wird (vgl. Geier et al. 2012, S. 274).

UMF stehen aus den oben beschriebenen Gründen vor teilweise unüberwindbaren Hürden hinsichtlich professioneller Hilfe zur Verarbeitung der traumatischen Erlebnisse und den Belastungen ihrer gegenwärtigen Situation. Dem Stellenwert der dritten (vierten und fünften) Sequenz wird diese Tatsache nicht gerecht, weshalb davon ausgegangen werden muss, dass psychische Belastungen in der aktuellen Lebenssituation eher begünstigt als konstruktiv bearbeitet werden.

4.4 Zusammenfassung

Die psychosoziale Situation von UMF in Deutschland – so konnte gezeigt werden – ist vielfach von belastenden Bedingungen geprägt. Hinsichtlich der Bedeutung der dritten Sequenz für den Verlauf bzw. die Entwicklung einer Traumatisierung muss dies daher mit großem Bedenken betrachtet werden. Folgt man der Konzeption der Sequentiellen Traumatisierung, so müssen die eben dargestellten Aspekte einen negativen Verlauf bzw. eine Entstehung und Chronifizierung entsprechender Traumafolgen begünstigen.

So gestaltet sich bereits die Situation der Minderjährigen durch die Unterbringung in Einrichtungen der Jugendhilfe als potentiell belastend. Konfligierende Ziele und Vorstellungen über Lebensperspektiven, unspezifische pädagogische Handlungskonzepte, häufige Konflikte unter den Jugendlichen sowie eine hohe Personalfluktuation, welche wiederholte Verlusterfahrungen hervorruft, sind dabei die wesentlichen Probleme innerhalb der

Unterbringung, welche hier genannt werden müssen. Neben diesen durch die Jugendhilfe hervorgerufenen Bedingungen, sehen sich die Jugendlichen weiteren Herausforderungen und Belastungen gegenüber, welche insbesondere unter dem Gesichtspunkt einer vorhandenen oder stattfindenden Traumatisierung kritisch betrachtet werden müssen. Dabei ist zunächst das traumatische Potential des Aufenthaltsrechts zu nennen. Die Jugendlichen erleben häufig zum wiederholten Mal das Gefühl der Abhängigkeit gegenüber Entscheidungsträgern in Machtpositionen. Zudem müssen sie intime und sensible Details offenbaren. Insbesondere ein unsicherer Aufenthaltsstatus kann in diesem Zusammenhang als negativer Wirkfaktor hinsichtlich der Traumatisierung in der dritten Sequenz bezeichnet werden. Als weiterer Aspekt, welcher einer positiven Entwicklung in der dritten Sequenz entgegensteht, wurde der familiäre Kontext beschrieben. Hier steht die plötzliche und unfreiwillige Trennung von den primären Bezugspersonen im Zentrum. Als Folge kann eine Ambivalenz der Gefühle auftreten. Sie spiegelt sich in der Zerrissenheit von Heimweh, Vorwürfen gegenüber der Eltern sowie der eigenen Überlebensschuld wider. Ebenso beeinträchtigen nachhaltige Veränderungen der Bindungsfähigkeit die Lebenssituation der Heranwachsenden. Auf sich alleine gestellt, erleben sie diskriminierende Momente und eine benachteiligende Stellung am Rande der Aufnahmegesellschaft. Diese häufigen und bedrohlichen Erfahrungen lassen traumatische Erlebnisse wiederkehren und stehen einem Genesungsprozess in Sicherheit und Ruhe entgegen. UMF leben schließlich in zweifacher Hinsicht in einer Welt des Übergangs. Sowohl kulturell, als auch in Bezug auf ihre Lebensphasen ergeben sich diverse Herausforderungen, welche in unterschiedlichem Maße als belastend empfunden werden. Neben der Neuorientierung hinsichtlich ihrer Lebensentwürfe steht hierbei insbesondere das oben dargestellte Identitätsdilemma im Zentrum. Als letzter Aspekt der psychosozialen Situation wurden die Rahmenbedingungen der psychotherapeutischen Versorgung der traumatisierten Jugendlichen betrachtet. Hier konnten klare Defizite und Probleme herausgestellt werden, welche eine adäquate und notwendige Versorgung verhindern. Dies muss mit Sorge betrachtet werden, wenn der Verlauf der Traumatisierung in der dritten Sequenz positiv beeinflusst werden soll.

Bezüglich der Forschungsfrage ergeben sich daher folgende Schlüsse: Die dritte Sequenz weist trotz des Wissens über ihren Stellenwert diverse negative Bedingungen für UMF auf. Neben gesellschaftlichen Faktoren sind hierbei insbesondere jene zu betrachten, welche durch die pädagogische und psychotherapeutische Arbeit bedingt sind. Es gilt für beide Professionen diese Bedingungen – inklusive ihrer Probleme und Potentiale – zu einer Kooperation zusammenzufügen, um den betroffenen Jugendlichen ein förderliches Umfeld in ihrer Zeit der Aufnahme und des späteren Verbleibs zu schaffen. Die spezifischen Perspektiven auf das Phänomen *unbegleitete minderjährige Flüchtlinge* sollen daher im folgenden TEIL 2 dieser Arbeit erarbeitet werden.

TEIL 2

Kontextanalyse pädagogischer und psychotherapeutischer Perspektiven auf das Phänomen UMF

5 Pädagogische Perspektive

Hinsichtlich der Analyse der Schnittstelle pädagogischer und psychotherapeutischer Arbeit mit traumatisierten UMF soll nun die pädagogische Perspektive auf das Themenfeld erörtert werden. Diese ist insofern von Bedeutung, da die tägliche Arbeit mit den Minderjährigen in Einrichtungen der Kinder- und Jugendhilfe zu einem Großteil auf pädagogischen Konzepten und Methoden beruht. Wie in Kapitel 4.1 beschrieben wurde, werden konventionelle Methoden der Heimerziehung der hier betrachteten Zielgruppe jedoch nicht gerecht. Zu verschieden sind die spezifischen Bedürfnisse und Rahmenbedingungen der jugendlichen Flüchtlinge, verglichen mit einer Unterbringung einheimischer Jugendlicher. So scheint es notwendig, pädagogische Perspektiven zu eröffnen, welche den spezifischen Anforderungen der psychosozialen Arbeit mit den unbegleiteten Flüchtlingen entsprechen. Welche Beiträge, Theorien und Ansätze die Pädagogik für eine adäquate Versorgung bietet, soll daher anhand der folgenden Leitfragen erarbeitet werden:

- Welche spezifischen Perspektiven eröffnen die pädagogischen Teildisziplinen Sozialpädagogik, Interkulturelle Pädagogik, Heilpädagogik und Traumapädagogik auf die Arbeit mit traumatisierten unbegleiteten minderjährigen Flüchtlingen?
- Welche Handlungskonzepte werden bisher für die Arbeit mit der Zielgruppe beschrieben?
- Wie gestaltet sich ihre jeweilige Schwerpunktsetzung?
- Inwiefern sind pädagogische Handlungskonzepte hinsichtlich ihrer Grenzen und Möglichkeiten für die Praxis pädagogischen Handelns anschlussfähig?
- Inwiefern ist die Kooperation mit der Nebendisziplinen Psychotherapie für die Pädagogik von Bedeutung?

5.1 Perspektiven pädagogischer Teildisziplinen

Die Wurzeln pädagogischer Arbeit mit UMF kann auf die Ausländersozialarbeit der 1950er Jahre, welche durch die zunehmende Zahl an Gastarbeitern aufkam, zurückgeführt werden (vgl. Geier et al. 2012, S. 259). So wurde der Betreuungs- und Beratungsbedarf der Arbeitsmigranten von den drei großen Wohlfahrtsverbänden – dem „Deutschen Caritasverband", dem „Diakonischen Werk" sowie der „Arbeiterwohlfahrt" – übernommen. Die damalige Kategorisierung der Migranten nach ihrer Nationalität begünstigte den Einsatz von Sozialberatern, welche selbst als Arbeitsmigranten nach Deutschland kamen und somit ähnliche Erfahrungsanteile aufweisen konnten. Professionelle Sozialarbeiter und -pädagogen waren daher zu Beginn der Migrationssozialarbeit eine Seltenheit (vgl. ebd.). Durch den Nachzug der Familien war die Soziale Arbeit später angehalten, Ausländer als ihre Zielgruppe zu entdecken (vgl. Cyrus & Treichler 2004, S. 11 f). Erst im Laufe der darauffolgenden Jahre erfuhr die bis dato rein praxisorientierte Arbeit Bemühungen um eine wissenschaftliche Fundierung. Es entstand zunächst die „Ausländerpädagogik", welche sich um die Kompensation von Sozialisationsdefiziten bei Migranten bemühte (vgl. Weiss et al. 2001, S. 109). Aus dieser entwickelte sich durch die kritische Reflexion der Ansätze in den 1980er Jahren die „Interkulturelle Pädagogik", welche sich nun gleichermaßen an Einheimische und Zugewanderte richtet und das Zusammenleben mit den jeweiligen Differenzen in den Mittelpunkt der Forschung rückt (vgl. ebd.). Insbesondere das Aufkommen einer neuen Migrationsform – der Fluchtmigration – in Folge von Bürgerkriegen und Verfolgung, veränderte und vervielfältigte die Bedürfnisse der nun heterogenen Zielgruppe(n) zunehmend (vgl. Geier et al. 2012, S. 260), was eine Erweiterung und Differenzierung (sozial-) pädagogischer Konzepte erforderte.

Heute ermöglicht der aktuelle Stand der Forschung eine differenziertere Betrachtung der pädagogischen Arbeit mit Migranten. So soll im Folgenden die Arbeit mit der Zielgruppe der UMF – auch vor dem Hintergrund der Traumatisierung – aus den folgenden pädagogischen Perspektiven betrachtet werden[7].

5.1.1 Sozialpädagogik – Soziale Arbeit

Flüchtlingssozialarbeit kann heute insbesondere als Tätigkeitsfeld der Sozialen Arbeit angesehen werden. Folglich sind es an dieser Stelle sozialpädagogische Ansätze zur Arbeit mit UMF, welche es im Rahmen der Forschungsfrage zu betrachten lohnt. Eine differenzierte Auseinandersetzung mit sozialpädagogischer Arbeit mit minderjährigen Flüchtlingen in der Jugendhilfe wurde lange Zeit nur sehr defensiv und zögerlich geführt (vgl. Stauf 2012, S. 63). Entsprechend existierte nur eine unzureichende sozialpädagogische Diskurslinie, welche stattdessen von Flüchtlings- und Menschenrechtsorganisationen besetzt wurde (vgl. ebd.). Als Resultat liegen auch heute nur wenige Erkenntnisse zu den Ansatzpunkten sowie Handlungsmöglichkeiten der Sozialen Arbeit mit UMF vor (vgl. ebd. S. 64). So sind es vorrangig sozialpädagogische Aufgaben, Ziele und Orientierungspunkte, welche in der Fachliteratur beschrieben werden; darunter Hilfen zur Integration sowie zum Erhalt der kulturellen Identität, Aufarbeitung von Fluchttraumata, Gewalterfahrungen und Trennung, Stärkung der Selbsthilfe, Entwicklung einer Zukunftsperspektive oder Hilfen bei administrativen Aufgaben.

Die sozialpädagogische Arbeit mit UMF findet sich dabei in mehreren Spannungsfeldern wieder, welche als zentrale Merkmale bezeichnet werden können (vgl. ebd. S. 75 ff):

---

7 Inwiefern sich die hier herangezogenen Disziplinen selbst als Teildisziplinen der Pädagogik betrachten, soll an dieser Stelle nicht näher erörtert und berücksichtigt werden. Stattdessen wird aufgrund ihrer inhaltlichen Nähe sowie der historischen Entwicklungslinie entlang der Pädagogik bzw. Erziehungswissenschaft von Teildisziplinen gesprochen.

- Hilfe vs. Kontrolle
- Dauerunsicherheit vs. Vertrauen
- Identitätsdiffusion vs. Anerkennung
- Aussichtslosigkeit vs. Zukunftsperspektive
- Entstrukturierte Lebenswelt vs. Alltagsstrukturierung
- Autonomie vs. Betreuung
- Integration vs. Bewahrung der Herkunftsidentität

Innerhalb dieser Spannungsfelder müssen sich (Sozial-)Pädagogen vielfältigen Herausforderungen stellen. Als wesentliche Bezugspunkte sind dabei *Wissen* und *Verstehen* zu nennen. Neben der Aneignung und dem Einbeziehen umfassender Wissensbestände (Wissen) über die Herkunftsländer, die Bedingungen der Flucht oder des aktuellen Aufenthalts, sind es einzelfallspezifische Besonderheiten (Verstehen), welche in der Arbeit berücksichtigt werden müssen (vgl. ebd.). Als methodische Grundlage dient hierfür die Einzelfallhilfe, welche durch aufsuchende Ansätze ergänzt wird (vgl. ebd. S. 74).

Vor dem Hintergrund der Traumatisierung müssen sozialpädagogische Ansätze die Gefühle der jugendlichen Flüchtlinge berücksichtigen (vgl. Kruse 2002, S. 79 ff). Hier gilt es insbesondere den Alltagsstress der traumatisierten Flüchtlinge durch administrative Unterstützung zu mindern und durch kontinuierliche Begleitung eine vertrauensvolle Beziehungsarbeit zu initiieren (vgl. Geier et al. 2012, S. 265). Generell kommt der Beziehungsarbeit innerhalb des professionellen Handelns der Sozialen Arbeit mit Flüchtlingen eine zentrale Stellung zu (vgl. Kruse 2002, S. 87). Als häufige Methode kommt in der Sozialen Arbeit die klientenzentrierte Gesprächsführung nach Rogers zum Einsatz. Diese erweist sich als besonders attraktiv, da sie durch die Maximen der Wertschätzung, Empathie und Echtheit eine vertrauensvolle Beziehung fördern kann (vgl. Geier et al. 2012, S. 266).

Aus sozialpädagogischer Sicht ist des Weiteren die Berücksichtigung der realen Probleme des Flüchtlingsdaseins sowie das Aufzeigen möglicher Lösungswege unter Einbezug des ganzheitlichen Systems und den sich darin befindlichen Ressourcen wichtig (vgl. ebd.). Sozialpädagogische Bemühungen können dabei folgende Schutzfaktoren für traumatisierte Flüchtlinge beeinflussen (vgl. ebd.):

- Soziale Netzwerke und aktive soziale Unterstützung,
- Ausübung einer Religion und eines Glaubens,
- Nachgehen einer beruflichen Tätigkeit,
- Therapie (neben dem Nutzen therapeutischer Erkenntnisse, die in der Begegnung mit Traumatisierten beachtet werden sollen, soll sich die Soziale Arbeit für die Beschaffung eines Therapieplatzes engagieren),
- Beziehungsangebot.

Die Besonderheit in der sozialpädagogischen Arbeit mit Migranten – und damit auch mit UMF – besteht insbesondere darin, das *Allgemeine* besonders gut zu können (vgl. Hamburger 2002, S. 42). So liefert die Sozialpädagogik – als grundlegende Theorie vieler Praxisinstitutionen der Jugendhilfe – allgemeine, theoretische Zugänge zur hier betrachteten Zielgruppe. Hinsichtlich ihres Ziels, das konflikthafte Verhältnis von Individuum und Gesellschaft zu bearbeiten, können spezifische Blickwinkel der Sozialpädagogik, wie die *Lebensweltorientierung* (Thiersch 2006), die sozialpädagogische Theorie der *Lebensbewältigung* (Böhnisch 2002) oder die Reflexionskategorien von *Subjekt* und *sozialpädagogischem Ort* (Winkler 1988), als wichtige Zugänge genannt werden.

Ein Thema, über welches in der sozialpädagogischen Fachdebatte bis dato kein Konsens existiert, ist die Gestaltung der Unterbringung hinsichtlich der ethnischen Herkunft der Jugendlichen. So weisen monoethnische (Unterbringung von Jugendlichen aus einem Herkunftsland), ethnisch heterogene bzw. multiethnische (Einrichtungen für Flüchtlinge aus verschiedenen Herkunftsländern) und integrierte Gruppen (Unterbringung mit einheimischen Jugendlichen) jeweils spezifische Vor- und Nachteile auf (vgl. Stauf 2012, S. 66). Eine Tendenz ist hierbei schwer zu ermitteln, jedoch findet eine Unterbringung in integrierten Gruppen immer seltener statt, da das Zusammenleben mit stark verhaltensauffälligen Jugendlichen von UMF als besonders belastend erlebt wird (vgl. ebd.).

Die sozialpädagogische Perspektive wird letztlich nicht unwesentlich von den asylpolitischen Bedingungen geprägt. Handlungsmöglichkeiten von Sozialpädagogen in Einrichtungen der Jugendhilfe sind stets durch die Unsicherheit der Bleibeperspektive der Jugendlichen eingeschränkt (vgl. Geier et al. 2012, S.265). Gerade diese Hürde bzw. dieser Konflikt muss jedoch als Anlass gesehen werden, den Jugendlichen in ihrer belastenden Situation mit sozialpädagogischen Bemühungen zur Seite zu stehen.

5.1.2 Interkulturelle Pädagogik

Als Gegenstand der Interkulturellen Pädagogik kann allgemein „Bildung und Erziehung in der Einwanderungsgesellschaft" (Krüger-Potratz 2010, S. 151) bezeichnet werden. Begrifflich unterschiedet Krüger-Potratz dabei weiter in *Interkulturelle Pädagogik als Lehr- und Forschungsgebiet* und in *Konzepte interkultureller Bildung und Erziehung* (vgl. ebd.). Letztere sollen Kinder, Jugendliche und Erwachsene dabei unterstützen, Kenntnisse und Kompetenzen zu erwerben, welche „für ein Zusammenleben in sprachlich, ethnisch und kulturell ausdifferenzierten Gesellschaften" (ebd.) notwendig sind. Die jeweiligen Maßnahmen können zweierlei Diskussionslinien zugeordnet werden: erstens jene Maßnahmen, welche auf die Eingliederung von Zugewanderten ausgerichtet sind und zweitens jene pädagogischen Konzepte, welche sich im Sinne eines Zusammenlebens in der Einwanderungsgesellschaft an Zuwanderer wie auch an Einheimische richten (vgl. ebd. S. 154). Aufgrund der Verankerung interkultureller Bildung und Erziehung als allgemeinem Bildungsauftrag der Schule durch die KMK im Jahre 1996 stehen jedoch vorrangig schulspezifische Konzepte im Mittelpunkt der Interkulturellen Pädagogik. Die spezifische Problemlage von UMF wurde hingegen bis heute nur kaum in Konzepten der Interkulturellen Pädagogik berücksichtigt (vgl. Stauf 2012, S. 63). So soll an dieser Stelle aus vorhandenen Anknüpfungspunkten, welche das Forschungsgebiet der Interkulturellen Pädagogik bietet, nach Möglichkeit auf die hier betrachtete Zielgruppe geschlossen werden. Als weitgehend anerkannter Autor im Fachdiskurs kann hierfür Georg Auernheimer beispielhaft herangezogen werden. Er differenziert folgende Konzepte bzw. Schwerpunkte Interkultureller Bildung und Erziehung (vgl. Auernheimer 2007, S. 128 ff):

- Soziales Lernen
- Umgang mit Differenz(en)
- Befähigung zum Interkulturellen Dialog
- Multiperspektivische Bildung und Mehrsprachigkeit
- Antirassistische Erziehung

Als wesentliche Grundsätze, welche diesen Schwerpunkten zugrunde liegen, nennt Auernheimer das Prinzip der Gleichheit und das Prinzip der Anerkennung (vgl. ebd. S. 20). So zielen die Bemühungen interkultureller Erziehung und Bildung zum einen auf Haltungen, zum anderen auf Wissen und Fähigkeiten ab, beispielsweise das Wissen um strukturelle Benachteiligung oder die Sensibilität für mögliche Differenzen (vgl. ebd. S. 21). Damit einher geht schließlich als Voraussetzung eine kritische Haltung gegenüber der eigenen Kultur (vgl. Freise 2007, S. 146 f). Hinsichtlich der in dieser Arbeit betrachteten Zielgruppe muss jedoch hinterfragt werden, ob diese „unverzichtbar(e)" (Auernheimer 2007, S. 21), kritische Haltung von traumatisierten Flüchtlingen erwartet werden kann. Aspekte, wie der erzwungene Übergang von der Herkunfts- in die Aufnahmekultur, die Orientierungslosigkeit hinsichtlich einer kulturellen Identität, aber auch allgemein der Prozess der Traumatisierung über kulturelle Grenzen hinweg[8], scheinen schlechte Voraussetzungen für einen gelingenden interkulturellen Lernprozess – v.a. in der ersten Zeit der Aufnahme und der Orientierung – zu sein. Es ist daher fraglich, inwiefern Jugendhilfe und auch Schule Konzepte zur interkulturellen Bildung und Erziehung für eine solch sensible Zielgruppe integrieren können. Ein weiteres Postulat für interkulturelles Lernen bezieht sich darauf, „dass bei Prozessen interkulturellen Lernens die fremde Kultur möglichst nicht nur als Gegenstand der Reflexion behandelt wird, sondern durch Teilnehmer repräsentiert sein soll" (Freise 2007, S. 147). Sozialpädagogische Rahmenbedingungen wie die Abkehr von integrierten Wohngruppen oder die teilweise

---

8 Zu betonen sind hier insbesondere Gewalterfahrungen in Form von Folter oder Diskriminierung, welche durch Mitmenschen ausgeübt wurden. Diese *men-made-Traumata* erschüttern zutiefst das Menschen- und Weltbild der Opfer, was dem Glauben und der Haltung an die unabdingbare Gleichheit und Anerkennung entgegensteht.

schulische Isolation junger Flüchtlinge in separaten Klassen sowie die Schwierigkeit einen Ausbildungsplatz zu erhalten, scheinen diesem Postulat ebenso im Wege zu stehen.

Doch können aus Perspektive der Interkulturellen Pädagogik – wenn auch nur sehr allgemeine – Erkenntnisse für das pädagogische Handeln mit UMF gewonnen werden. Erstens fordert Auernheimer, dass „eine von naivem Realismus freie Pädagogik [...] das Phänomen der Fremdheit in menschlichen Beziehungen anerkennen (muss)" (Auernheimer 2007, S. 106). Dies hat als Konsequenz, dass Pädagogen sich Befremden eingestehen und Differenzen akzeptieren müssen. Zweitens nennt er die Achtung vor der allgemeinen Menschenwürde sowie die Anerkennung der kulturellen Besonderheit (vgl. ebd. S. 22). Die kulturelle Besonderheit – so kann hier geschlossen werden – gestaltet sich bei UMF möglicherweise sogar in ihrer eigenen kulturellen Orientierungslosigkeit.

Hierfür beschreibt Freise einen möglichen Ansatzpunkt: *Biografisches Lernen* als eine Ausprägung interkulturellen Lernens (vgl. Freise 2007, S. 148 ff). Ziel des biografischen Lernens – bzw. der Biografiearbeit – ist die Stärkung der persönlichen Identität (vgl. ebd. S. 148) sowie dem Einzelnen zu helfen, trotz persönlicher Krisen und Brüche in der Biografie „mit sich selbst identisch zu bleiben" (ebd. S. 149). Als Besonderheit von UMF ist zu berücksichtigen, dass Migrationsbiografien in einer extremen Form von Unsicherheiten geprägt sind, welchen Individuen ausgesetzt sein können (vgl. ebd.). So werden Lebensübergänge – und in einem solchen Übergang befinden sich die Jugendlichen, wie bereits oben dargestellt – thematisiert und Zugänge in die Vergangenheit gewährt, „so dass auch schwierige Etappen ihren Sinn erhalten" (ebd.). Integrität und die Treue zum eigenen Selbstverständnis können bestehen bleiben, auch erfährt die Lebensgeschichte der Jugendlichen hierdurch eine Kontinuität, trotz des aktuellen radikalen Wandels (vgl. ebd.). Einschränkend gilt es hierbei jedoch zu berücksichtigen, dass biografisches Lernen einen ethnografischen Blick voraussetzt (vgl. ebd. S. 150). Der „Lernende" muss sich sozusagen neben sich stellen und sein eigenes Leben als Fremder betrachten. Nur diese Distanz ermöglicht eine kritische Selbstreflexion. Fraglich hierbei ist, ob dieser – wenn man so mag – künstlich herbeigeführte dissoziative Zustand, d.h. die erneute *out of body-experience*, eine angemessene Methode für die traumatisierten Jugendlichen ist – Stichwort *Trigger* – insofern pädagogisches Fachpersonal nicht adäquat für eine solche Situation qualifiziert ist. Die Problematik dissoziativer Erfahrungen wurde in Kapitel 3.3.2 näher beleuchtet.

An dieser Stelle soll daher Folgendes festgehalten werden: Konzepte der Interkulturellen Pädagogik bieten sicherlich eine differenzierte und fundierte Basis für die Arbeit mit Migranten bzw. Flüchtlingen. Insbesondere die Unterstützung bei Prozessen der Integration, der Auseinandersetzung mit der eigenen sowie der neuen, fremden oder anderen Kultur und der damit einhergehenden Bildung einer kulturellen Identität, sind hier als zentrale Themen zu nennen. Führt man sich jedoch den Aspekt der Traumatisierung vor Augen, so muss hier konstatiert werden, dass eine reine Orientierung in der pädagogischen Arbeit mit traumatisierten

UMF an Konzepten der Interkulturellen Pädagogik deutliche Lücken und Defizite aufweisen würde. Grund hierfür ist meiner Erkenntnis nach die bis dato nur zurückhaltende Auseinandersetzung der Disziplin mit dieser Zielgruppe und ihren spezifischen und sensiblen Bedürfnissen. Eine Erweiterung um die folgenden pädagogischen Perspektiven ist somit ratsam und letztendlich notwendig.

5.1.3 Heilpädagogik

Als eine weitere Teildisziplin, welche für eine differenzierte pädagogische Perspektive auf die Zielgruppe dieser Arbeit herangezogen werden sollte, ist die Heilpädagogik zu nennen. Entstanden Mitte des 19. Jahrhunderts, waren es zunächst Medizin und – die neu aufkommende – Psychiatrie, welche sich als Leitwissenschaften der Heilpädagogik herausstellten (vgl. Fischer & Renner 2015, S. 15 f). Erst in der zweiten Hälfte des 20. Jahrhunderts wurde durch Vertreter der Schweizer Heilpädagogik[9] gefordert, Heilpädagogik in erster Linie als Pädagogik zu verstehen (vgl. Haeberlin 2005, S. 21 ff). Wurde der Heilpädagogik zunächst die Aufgabe des Unterrichts, der Erziehung und der Fürsorge all jener Kinder, „deren körperlich-seelische Entwicklung dauernd durch individuale oder soziale Faktoren gehemmt ist" (Hanselmann 1966, S. 12) zugeschrieben, engte Moor dieses Verständnis auf die Erziehung dieser Kinder ein (vgl. Moor 1965, S. 11) und grenzte die Heilpädagogik als eigene Disziplin von der Sozialarbeit ab (vgl. Haeberlin 2005, S. 12). Bestimmendes Ziel heilpädagogischer Bestrebungen ist seit jeher die Aufnahme vormals missachteter und vernachlässigter Gruppen bzw. Personen in das politische und gesellschaftlich Denken und Handeln (vgl. Fischer & Renner 2015, S. 16). Dabei soll die Heilpädagogik „als eine spezialisierte Pädagogik, die von einer Bedrohung durch personale und soziale Desintegration ausgeht" (Speck 2008, S. 61), die (Wieder-)Herstellung der Bedingungen für eine Selbstverwirklichung und Zugehörigkeit unterstützen (vgl. ebd.).

Ein zentraler Begriff innerhalb der Heilpädagogik ist die *Behinderung*. Hier gilt es zu prüfen, inwiefern die Kategorie der Behinderung auf die Gruppe der traumatisierten UMF übertragen bzw. angewandt werden kann. Als behindert können zunächst Personen gelten, „die infolge einer Schädigung ihrer körperlichen, seelischen oder geistigen Funktionen so weit beeinträchtigt sind, dass ihre unmittelbaren Lebensverrichtungen oder ihre Teilnahme am Leben der Gesellschaft erschwert werden" (Haeberlin 2005, S. 13). Nach dieser Definition bleibt es erstens dem sozialen Umfeld überlassen, ob ein bestimmtes Merkmal als Behinderung gilt oder nicht. Im Gegensatz zur genannten *Schädigung* ist eine Behinderung zweitens daher kein objektiver Tatbestand, sondern dessen gesellschaftliche Folgeerscheinung (vgl. ebd.). Durch den Einbezug geistig-seelischer Schädigungen ist eine Behinderung drittens einer Beobachtung

---

9 Als wichtigste Vertreter sind hier Heinrich Hanselmann (1885-1960) und dessen Schüler und Nachfolger Paul Moor (1899-1977) zu nennen.

nicht in jedem Fall unmittelbar zugängig bzw. erkennbar. Viertens wird durch die Definition deutlich, dass Behinderung stets eine individuelle und eine soziale Seite hat (vgl. ebd. S. 13 f). Aus pädagogischer Perspektive kann die Definition von Behinderung weiter spezifiziert werden. Als Abgrenzungsmerkmal kann dabei formuliert werden, dass ein pädagogisches Problem vorliegt, wenn eine Erziehung mit den üblichen Mitteln aufgrund der Behinderung eines Kindes nicht stattfinden kann (vgl. ebd. S. 14). Die pädagogische Definition von Behinderung lautet daher: „Als behindert im pädagogischen Sinne gelten Kinder, Jugendliche und Erwachsene, deren Lernen und deren soziale Eingliederung erschwert sind" (Bleidick & Hagemeister 1992, S. 27 zit. n. Haeberlin 2005, S. 14).

Auf die Zielgruppe der UMF – insbesondere vor dem Hintergrund der Traumatisierung – können die soeben dargestellten heilpädagogischen Perspektiven zu einem großen Teil übertragen werden. Zwar gestaltet sich ein zentraler Themenkomplex der Heilpädagogik um die Arbeit mit körperlich und geistig behinderten Menschen, gerade der Aspekt der seelischen Schädigung infolge der extremen Belastungen in der Fluchtbiografie sowie deren Folgeerscheinungen für die betroffenen Jugendlichen scheint aber ein wichtiger Ansatzpunkt für die pädagogische Arbeit zu sein. So werden als Zielgruppe der Heilpädagogik explizit Menschen mit seelischer Belastung bzw. Verletzung gezählt (vgl. Greving & Ondracek 2010, S. 342). Als seelisch verletzend gelten in besonderem Maße Traumata in der Kindheit und Jugend. Bezogen auf die Kontextanalyse in TEIL 1 dieser Arbeit spiegeln sich die in der heilpädagogischen Fachliteratur genannten Erlebnisse und Erfahrungen, welche zu einem solchen Trauma führen können, eindeutig wider. Greving und Ondracek nennen hier: „Misshandlung, Missbrauch, Vernachlässigung, psychische Störung, eingeschränkte Kommunikationsfähigkeit bzw. -möglichkeit, sowie körperlich-seelische Abbauprozesse mit Verwirrungs- und/oder Vereinsamungsfolge" (ebd.).

Der Mehrwert heilpädagogischer Arbeit mit traumatisierten Flüchtlingskindern scheint sich auch in der Betrachtung der Einsatzfelder von Heilpädagogen zu zeigen. So werden UMF beispielsweise im Rahmen der Hilfen zu Erziehung in heilpädagogischen Einrichtungen der Jugendhilfe untergebracht, welche durch die Ausweitung des heilpädagogischen Praxisfeldes (vgl. Greving & Ondracek 2010, S. 329) häufig über heilpädagogisch qualifizierte Mitarbeiter verfügen. Bedingt durch die oben beschriebene, langjährige Tradition des medizinisch-psychiatrischen Zugangs, bedient sich hierbei die heilpädagogische Arbeit spezifischer heilpädagogisch-therapeutischer Methoden und Maßnahmen. So hat sich der Begriff „Therapie" in vielen heilpädagogischen Institutionen eingebürgert (vgl. Haeberlin 2005, S. 17). Kritiker weisen darauf hin, dass diese therapeutischen Maßnahmen jedoch lediglich „altbekannte Tätigkeiten in pädagogischen Einrichtungen" (ebd.) sind und durch die Ergänzung der Begriffsendung „-therapie" eine Art „(pseudo-)wissenschaftliche Dignität" (ebd. S. 18) erhalten – beispielsweise werden Malen, Schwimmen, Spielen oder Essen zu Maltherapie, Schwimmtherapie, Spieltherapie und Esstherapie.

Eine kurze Betrachtung des Verhältnisses zwischen Therapie und Erziehung im heilpädagogischen Kontext scheint daher hinsichtlich der Fragestellung dieser Arbeit interessant. Zunächst weist Haeberlin darauf hin, dass die Abgrenzung zwischen psychiatrisch-psychologischen Therapien und (heil-)pädagogisch-therapeutischen Maßnahmen „außerordentlich schwierig geworden" (ebd.) ist. Für ihn geht dies mit einer Verwischung der Grenzen zwischen Psychotherapie und Erziehung einher. Insbesondere dann, wenn Psychotherapie symptomorientiert, d.h. verhaltenstherapeutisch arbeitet, darf sie den Zielen der Erziehung nicht entgegenwirken – beide verfolgen nämlich den Aufbau neuer Verhaltensweisen (vgl. ebd. S. 17 f). Für die spätere Untersuchung der Schnittstelle von Pädagogik und Psychotherapie, d.h. auch die Kooperation beider Professionen, ist daher folgende Aussage Haeberlins zu berücksichtigen:

> „Als Heilpädagoge oder Heilpädagogin mit pädagogischer Verantwortung für das anvertraute Kind sollte man sich deshalb davor hüten, Kinder an Therapeuten abzugeben, ohne zu wissen, ob diese Spezialisten ebenfalls in der Richtung der eigenen erzieherischen Bemühungen arbeiten" (ebd. S. 18).

Haeberlin empfiehlt, mit dem Begriff „Therapie" in der Heilpädagogik generell vorsichtiger umzugehen, da die Tätigkeit des Erziehens ansonsten weiter an Bedeutung verliere (vgl. ebd.). Diese – die Erziehung – sei im heilpädagogischen Bereich nämlich „die allerwichtigste Tätigkeit" (ebd.).

Für die heilpädagogische Arbeit mit UMF gilt es daher, Grundsätze für erzieherisches Handeln herauszuarbeiten. Diese orientieren sich in erster Linie an wertgeleitetem Denken und Empfinden (vgl. Fischer & Renner 2015, S. 18), weshalb der Heilpädagogik häufig die Eigenschaft als „wertgeleitete Pädagogik" (Haeberlin 2005, S. 26) zugeschrieben wird. So soll heilpädagogisches Handeln nach Fischer und Renner (2015) *erstens* Fragestellungen zu menschlichem Dasein, gesellschaftlichen Strukturen und Systemen sowie den damit vernetzten Umwelten integrieren. *Zweitens* soll heilpädagogisches Handeln auf ethischen Grundwerten basieren, mit dem Grundanliegen, Partei für diejenigen Menschen zu ergreifen, die von der Gesellschaft ausgeschlossen werden. Heilpädagogisches Handeln soll *drittens* Fremdbestimmung abbauen sowie institutionelle und gesellschaftliche Zwänge auflösen. Schließlich sollen *viertens* in heilpädagogischem Denken und Handeln Verbindungslinien zwischen den Anforderungen der Gesellschaft und den individuellen subjektiven Ansprüchen der Jugendlichen hergestellt werden. Insbesondere Themen wie Macht und Abhängigkeit von Organisations- und Gesellschaftsstrukturen müssen hier benannt werden (vgl. Fischer & Renner 2015, S. 18 f). Anzumerken bleibt, dass auch diese Grundsätze wieder nur sehr allgemein gefasst sind. Dies bedeutet einerseits den Vorteil, heilpädagogische Perspektiven auf UMF beziehen zu können, andererseits erweisen sich diese Grundsätze als für die verschiedenen pädagogischen Zielgruppen nahezu universell übertragbar.

Schließlich beinhaltet der heilpädagogische Diskurs aber konkrete Überlegungen zum Thema Migration. Aus diesen Überlegungen heraus ergibt sich die Legitimation bzw. die Begründung, weshalb die heilpädagogische Perspektive einen wichtigen Beitrag zur pädagogischen Arbeit mit UMF liefert. So stellt Haeberlin beispielsweise fest, dass in der westlichen Gesellschaft zunehmend Vorbehalte gegenüber Ausländern und Immigranten sowie fehlendes Vertrauen in kulturelle Andersartigkeit existieren (vgl. Haeberlin 2005, S. 57). Insbesondere die Angst vor der Bedrohung durch die islamische Kultur aufgrund terroristischer Ereignisse und der scheinbar großen Zahl an Zuwanderern sei ein aktuelles Phänomen. Die Folge sei eine pauschale Ablehnung von kultureller Andersartigkeit und eine Stigmatisierung und Ausgrenzung muslimischer Migranten (vgl. ebd. S. 58). Diese soziale Benachteiligung der Betroffenen – und hier zählen insbesondere UMF hinzu – gilt es im Sinne einer wertgeleiteten Heilpädagogik zu kompensieren. So ist es seit den Anfängen der Disziplin ihr zentrales Thema, gesellschaftlich ausgegrenzte Personengruppen von deren sozialen Randständigkeit in den Mittelpunkt heilpädagogischer Bemühungen zu rücken (vgl. Jauch & Weiß 2011, S. 244). Kinder seien dabei in besonderem Maße auf eine solche Pädagogik angewiesen (vgl. Haeberlin 2005, S. 58). Die Bedeutung von UMF für die Heilpädagogik an sich beschreibt Haeberlin wie folgt: „Wie mit den Immigranten umgegangen wird, wird auf Dauer auch zum Indikator für die Zukunftschancen der Heilpädagogik als Haltung" (ebd).

Zusammenfassend kann festgehalten werden, dass die Heilpädagogik keine konkreten Konzepte oder Methoden für die Arbeit mit traumatisierten geflüchteten Jugendlichen liefert. Es ist stattdessen die wertgeleitete Grundhaltung gegenüber benachteiligter – in entsprechender Weise behinderter – Personen, welche als Perspektive einer pädagogischen Teildisziplin zu einem differenzierten pädagogischen Blick auf die untersuchte Zielgruppe beiträgt.

5.1.4 Traumapädagogik

In den letzten Jahren hat sich im Bereich der Pädagogik ein neues Fachgebiet entwickelt: die Traumapädagogik (vgl. Biberacher 2013, S. 285). Anlass für die traumapädagogische Bewegung war die gehäufte Beobachtung von Überforderung pädagogischer Fachkräfte in der psychosozialen Arbeit mit schwer traumatisierten Jugendlichen durch unzureichende pädagogische Konzepte (vgl. Schmid 2013, S. 71; vgl. Schmid & Lang 2012, S. 338; Richters 2014, S. 349 f). Dieser Umstand führte zu einer hohen Rate an Abbrüchen der Unterbringung traumatisierter Jugendlicher in der stationären Jugendhilfe. Unzufrieden mit dieser Situation schlossen sich verschiedene Akteure der stationären Jugendhilfe zusammen – heute organisiert durch die BAG Traumapädagogik – und begannen traumapädagogische Standards für die pädagogische Arbeit mit dieser spezifischen Zielgruppe zu entwickeln (vgl. Schmid 2013, S. 71). Kern der Traumapädagogik ist es, den aktuellen Erkenntnisstand der Psychotraumatologie auf die Pädagogik zu übertragen (vgl. Schmid & Lang 2012, S. 339). Auch bewährte pädagogische Theorien, Methoden und Erfahrungen – insbesondere der Heilpädagogik – werden dabei berücksichtigt (vgl. Biberacher 2013, S. 285). Traumapädagogik kann als Pädagogik „des sicheren Ortes" (ebd.) beschrieben werden, da sie die konsequente Ausgestaltung des (sozial-)pädagogischen Alltags als sicheren Lebensrahmen verfolgt. Besondere Bedeutung kommt hierbei der zwischenmenschlichen Beziehung, d.h. der menschlichen Begegnung zwischen dem Jugendlichen und des verantwortlichen Pädagogen, zu (vgl. ebd.). Aufgabe des Pädagogen ist es, korrigierende Beziehungserfahrungen zu ermöglichen (Schmid & Lang 2012, S. 339). Dieser Aspekt ist für UMF insofern von Bedeutung, da durch den Verlust der primären Bezugspersonen sowie die extremen Gewalterfahrungen auf der Flucht (*man-made-Traumata*) die Bindungsfähigkeit sowie das Vertrauen in zwischenmenschliche Beziehungen zu einem Großteil stark beeinträchtigt sind. Als zentrales Element für den Aufbau von verlässlichen Beziehungserfahrungen kann das „Verständnis der besonderen Beziehungsdynamik und der Intensität der Gegenübertragungsgefühle" (ebd.) beschrieben werden. Pädagogische Fachkräfte sind diesen Bedingungen in besonderem Maße ausgesetzt, da sie einen Großteil der psychosozialen Versorgung traumatisierter Flüchtlinge gestalten (vgl. Gahleitner 2013, S. 52) und müssen daher entsprechend ausgebildet sein.

Als Grundvoraussetzung für eine qualifizierte traumapädagogische Arbeit wird im Fachdiskurs die „traumapädagogische Haltung der Fachkräfte" (Richters 2014, S. 351) genannt. Diese beinhaltet zunächst das „Konzept des guten Grundes" (ebd.). Traumatisierte Kinder und Jugendliche reagieren nach diesem Konzept „ganz normal auf nicht normale Geschehnisse" (ebd.), sie haben folglich einen guten Grund, sich so zu verhalten. Ihre Reaktionen und Empfindungen sind Hinweise auf die erlebten Belastungen und müssen als überlebensnotwendige Schutzmechanismen gewürdigt werden, anstatt sie als grundlegend destruktiv und falsch zu verurteilen (vgl. Biberacher 2013, S. 290). Diese Schutzmauern gilt es mit Hilfe Halt-gebender Beziehungsarbeit langsam und behutsam durch alternative, wirkungsvolle Strategien der Selbstkontrolle zu ersetzen (vgl. Richters 2014, S. 351). Empathie, Geduld und ein fundiertes Verständnis für die spezifischen Traumafolgen sind hierfür unentbehrlich (vgl. ebd.). Zu einer traumapädagogischen Haltung gehört des Weiteren die Achtung und Wertschätzung der Fähigkeiten und Ressourcen des Jugendlichen. Der Fokus sollte daher stets auf Normalität, das Erleben von Freude, sowie das Entwickeln von Zuversicht und Hoffnung sein (vgl. Schmid & Lang 2012, S. 339). Eine chronische Pathologisierung der Biografie ist aus traumapädagogischer Perspektive nicht zielführend (vgl. Biberacher 2013, S. 286).

Psychoedukation soll im Rahmen traumapädagogischer Arbeit mit traumatisierten UMF den Jugendlichen helfen, sich selbst und ihre Gefühle besser einordnen und verstehen zu können (vgl. ebd. S. 299). Das erlangte Verständnis kann der kognitiven Einordnung der Geschehnisse in die Lebensbiografie dienen und die Selbstwahrnehmung sowie die Entwicklung neuer

Verhaltens- und Bewertungsmuster stärken (vgl. ebd. S. 300). Insgesamt muss die Resilienzförderung eine gesonderte Beachtung in der traumapädagogischen Arbeit mit UMF erhalten, da die „Stabilisierungstechniken wichtige Hilfen zur Distanzierung, zum Flashbackstopp und damit zur Selbstermächtigung" (ebd. S. 302) sind.

Innerhalb der traumapädagogischen Arbeit kommt zudem der Gruppe ein wichtiger Stellenwert zu. So kann diese ebenfalls zu stabilen Beziehungen in einem sicheren Umfeld beitragen, in welchem die traumatisierten Jugendlichen Vertrauen, Rückhalt, Integration und Verständnis erfahren können. Vor allem hinsichtlich der Bindungsproblematik haben Gruppen als sogenanntes „therapeutisches Milieu" einen positiven Einfluss, indem sie dem traumatisierten Jugendlichen helfen, „schädigende Abwehrhaltungen aufzugeben und heilsamere emotionale Bindungen einzugehen" (Weiß 2013, S. 37). Herman (2006) beschreibt die Bedeutung der Gruppe deshalb wie folgt:

> „Die Wiederanknüpfung sozialer Bindung beginnt mit der Entdeckung, daß man nicht alleine ist. Nirgendwo spürt das Opfer dies so unmittelbar und in so überzeugender Deutlichkeit, wie in einer Gruppe" (Herman 2006, S. 306).

Für eine förderliche Gruppendynamik ist dabei eine Betrachtung des Traumas in mehrfacher Hinsicht notwendig. So müssen beispielsweise Auswirkungen der Traumafolgen eines Betroffenen auf die Gruppe, die Wirkung destruktiver Kräfte auf die Gruppe sowie aktivierbare positive Kräfte herausgearbeitet und beobachtet werden (vgl. Bausum 2013, S. 177). Hierin liegt die besondere Aufgabe der Pädagogen. Mit ihren Wertvorstellungen, Schwächen und Interessen müssen sie stets präsent und verfügbar sein, um jederzeit zum Gruppengeschehen Stellung beziehen zu können und ein positives 'Wir-Gefühl' in der Gruppe zu fördern (vgl. ebd. S. 185). Dabei gilt es, Einzelkämpfern immer wieder zu zeigen, dass sie Teil einer kohärenten Gruppe sind, dessen Mitglieder ähnliche Erfahrungen und Ziele haben (vgl. ebd.). Um diesen Aufgaben gerecht zu werden, wird im traumapädagogischen Fachdiskurs, wie in kaum einem anderen, der unbedingte Rückhalt sowie eine intensive Schulung und Betreuung für die pädagogischen Fachkräfte gefordert (vgl. ebd.; vgl. Biberacher 2013, S. 291; vgl. Schmid & Lang 2012, S. 240). Zentraler Bestandteil ist hier die Stärkung der Selbstwirksamkeit der Pädagogen sowie deren Sensibilität gegenüber Gefühlen der Übertragung und Gegenübertragung (vgl. Biberacher 2013, S. 293).

Anhand der eben beschriebenen Merkmale der traumapädagogischen Arbeit mit UMF wird deutlich, dass traumapädagogische Konzepte von traumatherapeutischen Maßnahmen unterschieden werden müssen. So soll im pädagogischen Alltagssetting keine Traumakonfrontationsbehandlung, sondern eine partiell integrative Traumaarbeit durch entsprechend traumapädagogisches Vorgehen und die oben beschriebene Haltung des Teams stattfinden (vgl. ebd. S. 287). Dabei unterstützen und verstärken sich Psychotherapie und

Traumapädagogik im Idealfall gegenseitig (vgl. ebd.). Trotz, oder gerade wegen dieser notwendigen fachlichen Unterscheidung weisen anerkannte Autoren des traumapädagogischen Diskurses auf die Bedeutung einer Zusammenarbeit an der Schnittstelle beider Professionen hin.

> *„Viele schwer traumatisierte Kinder benötigen neben der (sozial-)pädagogischen Betreuung*[10]
> *auch kinder- und jugendpsychiatrische/-psychotherapeutische Unterstützung, weshalb frühzeitig*
> *klare Kooperationsstrukturen zwischen beiden Professionen aufgebaut werden sollten"* (Schmid
> & Lang 2012, S. 340).

Diese explizite Forderung nach einer strukturierten und organisierten Kooperation beider Professionen – Pädagogik und Psychotherapie – und die Bewertung dieser Kooperation als wertvoll, sinnvoll und notwendig, ist insbesondere der noch jungen traumapädagogischen Bewegung anzurechnen. Aus vorherigen pädagogischen – aber auch psychotherapeutischen – Perspektiven ist dies in diesem Maße nicht erfolgt, was meiner Erkenntnis nach am Mangel bestehender Kooperationsstrukturen festzumachen ist[11]. Generell ist die interdisziplinäre Vernetzung aller am Hilfeprozess beteiligten Systeme ein Grundmerkmal der Traumapädagogik (vgl. Biberacher 2013, S. 286). Die Forderung nach einer Kooperation an der Schnittstelle in der Arbeit mit traumatisierten Jugendlichen kann daher für die Fragestellung dieser Arbeit als besonders wichtige pädagogische Perspektive bewertet werden.

5.2 Pädagogische Handlungskonzepte und Modelle für die Arbeit mit traumatisierten UMF in der stationären Kinder- und Jugendhilfe

Aus den oben dargestellten Perspektiven pädagogischer Teildisziplinen konnten bereits erste Anknüpfungspunkte für die pädagogische Arbeit mit traumatisierten UMF gewonnen werden. Innerhalb der pädagogischen Fachpublikationen der letzten Jahre zum Thema *Unbegleitete minderjährige Flüchtlinge* wurden Handlungskonzepte vorgestellt, welche über diese Anknüpfungspunkte hinaus den pädagogischen Blickwinkel auf die in dieser Arbeit verfolgte Fragestellung erweitern können. Diese können einen Anhaltspunkt dafür liefern, inwiefern die oben erarbeiteten Perspektiven in aktuell existierenden Handlungskonzepten integriert sind bzw. welchen Zielen und Grundsätzen sie in der pädagogischen Arbeit mit der Zielgruppe einen zentralen Stellenwert zuschreiben.

Exemplarisch sollen an dieser Stelle zwei pädagogische Handlungskonzepte bzw. Modelle vorgestellt werden, welche sich beide an die Adressatengruppe traumatisierter UMF richten. Sie verdeutlichen jedoch auch, inwiefern sich pädagogische Modelle in ihren Prämissen,

---

10 „(Sozial-)Pädagogische Betreuung" umfasst hier im Sinne der Autoren ein pädagogisches
   Betreuungskonzept für traumatisierte Jugendliche, welches traumapädagogische Modelle und
   Theorien integriert (vgl. Schmid & Lang 2012, S. 340).
11 Die Problematik wurde in Kapitel 4.3 bereits beschrieben.

Grundsätzen und konkreten Maßnahmen voneinander unterscheiden. Es muss dabei betont werden, dass die jeweiligen Modelle nicht in ihrer Ausführlichkeit präsentiert werden können. Stattdessen bieten sie einen Überblick über aktuell diskutierte Möglichkeiten einer pädagogischen Konzeptbildung.

5.2.1 Handlungskonzept nach Weeber & Gögercin

Vera Maria Weeber und Süleyman Gögercin stellen in ihrer 2014 erschienenen Publikation *Traumatisierte minderjährige Flüchtlinge in der Jugendhilfe* ein interkulturell-ressourcenorientiertes Handlungsmodell vor. Es richtet sich auf traumatisierte, minderjährige unbegleitete Flüchtlinge im Alter von 16-17 Jahren und vorrangig männlichen Geschlechts, welche gemäß § 27 i.V.m. § 34 SGB VIII in Einrichtungen der stationären Jugendhilfe untergebracht sind (vgl. Weeber & Gögercin 2014, S. 63).

Als Grundannahme gilt, dass die Jugendlichen einerseits die gleichen Grundbedürfnisse (Sicherheit, Zugehörigkeit, Bindung etc.) aufweisen, andererseits innerhalb des Modells aufgrund der großen Heterogenität der Gruppe aber auch eine „starke, höchst individuell gestaltete Binnendifferenzierung stattfinden muss" (ebd.). Ressourcen sollen ganzheitlich betrachtet werden, weshalb mehrere Dimensionen im Rahmen der Ressourcenaktivierung berücksichtigt werden müssen, d.h. Institution, (Sozial-)Pädagoge, Wohngruppe sowie der unmittelbare Sozialraum (vgl. ebd.). Die Autoren weisen darauf hin, dass neben der Aktivierung bestehender Ressourcen auch in einigen Teilbereichen neue Strukturen zur weiteren Ressourcenerschließung geschaffen werden müssen.

Das Konzept liefert folgende Eckpunkte, von welchen im Folgenden jedoch nur ausgewählte näher betrachtet werden können (vgl. ebd. S. 64 ff):

- Ziele
- Verweildauer
- Team als Teil des Konzepts
- Wohngruppe
- Organisatorische Rahmenbedingungen
- Hausordnung
- Tagesplan und Herstellung von Normalität
- Phasenverlauf der sozialpädagogischen Intervention
- Bezugsbetreuersystem
- Religion als personale Ressource im Wohngruppenalltag
- Selbstermächtigung und Selbstbefähigung

- Unterstützung bei rechtlichen Fragen
- Der bewusste Umgang mit traumabezogenen Inhalten – Biografiearbeit
- Migrationsliteratur als expressive Ressource
- Politische Bildung
- Bildung
- Peergroup
- Triade Jugendamt – Jugendhilfeeinrichtung – UMF im Rahmen des Hilfeplans (§ 36 SGB VIII)
- Sozialraum

- Konfliktlösungsressourcen
- Förderung von Resilienzfaktoren im Rahmen der sozialen Einzelfallhilfe
- Entwicklung und Eröffnung von Perspektiven
- Prävention sekundärer Traumasymptome
- Pädagogik der Selbstbemächtigung
- Sexualbereich
- Sprachförderung

- Soziale Integration in die Aufnahmegesellschaft
- Institutionelle Öffnung als Chance
- Dolmetscherpool gegen Sprachprobleme
- Dokumentation
- Psychohygiene für die agierenden Sozialpädagogen
- Fort- und Weiterbildung

Abb. 3: Eckpunkte des interkulturell-ressourcenorientierten Handlungskonzepts nach Weeber & Gögercin (2014).

Bereits auf den ersten Blick können Überschneidungen der Eckpunkte mit Aspekten der oben beschriebenen pädagogischen Teildisziplinen identifiziert werden.

So sind aus sozialpädagogischer Sicht insbesondere Themen, wie die organisatorischen Rahmenbedingungen, die Konstellation der Wohngruppe bzw. Peergroup als soziale Ressource, die Tagesplanung und Herstellung von Normalität, religiöse Ressourcen, Selbstermächtigung, die Entwicklung von Perspektiven, die Unterstützung bei alltagspraktischen und rechtlichen Angelegenheiten oder letztlich die Integration in die Aufnahmekultur, zu erkennen. Des Weiteren nennen Weeber und Gögercin die Schaffung eines schützenden sozialen Netzwerks sowie die Auseinandersetzung mit der kulturellen Identität als wichtige sozialpädagogische Aufgaben innerhalb des Konzepts. Letzteres ist gleichzeitig aus interkulturell-pädagogischer Perspektive zu begründen.

Die Bedeutung gesellschaftlicher Belange wie politische Bildung, Migrationsliteratur, Sprachförderung als Grundlage des interkulturellen Dialogs, aber auch Themen wie die Auseinandersetzung mit der kulturellen Identität und die Biografiearbeit der UMF wurde schließlich bereits aus interkulturell-pädagogischer Perspektive dargestellt.

Heilpädagogische Prinzipien finden sich in der Vereinbarung der Anforderung der Umwelt sowie den Bedürfnissen der Jugendlichen. Insbesondere der Einbezug der Jugendlichen im Rahmen des Hilfeplans, die institutionelle Öffnung, die Integration in die Gesellschaft sowie der Abbau von Fremdbestimmung durch Selbstbemächtigung sind hier zu nennen. Die traumatisierten Jugendlichen sollen wieder die Bestimmung über ihr eigenes Leben erhalten.

Schließlich finden sich auch Leitgedanken traumapädagogischer Perspektiven im Handlungskonzept wieder. So kommt zunächst den pädagogischen Mitarbeitern bzw. dem Team eine zentrale Stellung zu. Sie zu unterstützen und hinsichtlich des spezifischen Bedarfs zu qualifizieren und zu begleiten, findet im Konzept explizite Erwähnung. Außerdem werden Prinzipien der „Pädagogik des sicheren Ortes" berücksichtigt, die Prävention sekundärer

Traumasymptome gefordert, der bewusste Umgang mit traumabezogenen Inhalten – analog zur Psychoedukation – sowie die Resilienzförderung betont und Überlegungen zur Bedeutung der Gruppe aufgeführt.

Die Autoren weisen selbst explizit darauf hin, dass bis zum Zeitpunkt der Veröffentlichung des Modells (2014) noch keine konkreten Strukturen und Konzepte zur spezifischen Versorgung von UMF existieren und die „Praxistauglichkeit des Konzepts" (ebd. S. 99) noch zu erproben und weiter zu entwickeln sei. So muss an dieser Stelle bereits das Fehlen bzw. Auslassen eines Aspekts kritisch hinterfragt werden, welcher insbesondere aus traumapädagogischer Perspektive vermisst wird: die psychiatrische bzw. psychotherapeutische Unterstützung. Zwar wird innerhalb des Konzepts die Erschließung neuer Ressourcen in der Arbeit mit traumatisierten UMF als Grundvoraussetzung beschrieben (vgl. ebd. S. 63), die Kooperation mit Psychotherapeuten, für eine gezielte Bearbeitung der Traumatisierung der Jugendlichen, wird jedoch gänzlich vergessen. Dies darf meiner Erkenntnis nach scharf kritisiert werden. So umfasst das Konzept insgesamt 32 Eckpunkte, lässt aber diese Ressource für die Arbeit mit traumatisierten Kindern und Jugendlichen als unwichtig erscheinen.

5.2.2 Prinzipien und Paradigmen nach Zimmermann

In seiner 2015 erschienenen Publikation *Migration und Trauma* stellt David Zimmermann pädagogische Konsequenzen vor, welche sich für die Arbeit mit traumatisierten, zwangsmigrierten Jugendlichen ergeben. Er betont dabei, dass diese Konsequenzen nicht in Form einer Handlungsanleitung für die Arbeit mit den Jugendlichen herausgearbeitet werden können (vgl. Zimmermann 2015, S. 227).

> *„Die Verschiedenheit der lebensgeschichtlichen Erfahrungen, die spezifischen Bedeutungen der traumatisierenden Sequenzen für das aktuelle Erleben und Verhalten des und der Einzelnen und die von den jeweiligen Beteiligten individuell zu initiierende Beziehungsgestaltung lassen derartige Pauschalisierungen nicht zu"* (ebd.).

Unflexible Handlungsanleitungen würden Professionellen lediglich eine vorgebliche Sicherheit in ihrem pädagogischen Wirken geben und die dringend benötigte Innenperspektive vernachlässigen (vgl. ebd.). Stattdessen schlägt Zimmermann Rahmenbedingungen und Handlungsoptionen für die Arbeit mit traumatisierten minderjährigen Flüchtlingen vor, welche sich in besonderem Maße am Konzept der *Sequentiellen Traumatisierung* orientieren. So soll ein Zugang zu individuellem Verstehen geschaffen werden, welcher „pädagogisches Handeln im Kontext von Zwangsmigration und Trauma zu verbessern hilft" (ebd. S. 228). Zimmermann beschreibt in diesem Zusammenhang die „Notwendigkeit eines Paradigmenwechsels" (ebd. S. 227).

„In diesem hochsensiblen pädagogischen Bereich fehlt es bislang trotz Ansätzen der Problembeschreibung fast gänzlich an Konzepten der gelungenen Intervention und Förderung. Vorhandene Interventionskonzeptionen beachten den individuellen Erlebenszusammenhang meist zu wenig und orientieren sich hinsichtlich der Bearbeitungsmöglichkeiten an einem recht einfachen Ursache-Wirkungs-Prinzip" (ebd. S. 228).

Für ein geeignetes Rahmenkonzept fordert Zimmermann daher eine pädagogische Umorientierung in zweifacher Hinsicht. Erstens bedarf es der Formulierung neuer Kategorien, welche die verschiedenen lebensgeschichtlichen Belastungen der Jugendlichen berücksichtigen (vgl. ebd.). Es genügt folglich nicht, UMF lediglich als „Jugendliche mit Migrationshintergrund", „traumatisierte Jugendliche", oder „unbegleitete Minderjährige" zu betrachten – vielmehr müssen diese Kategorien in Sinnzusammenhänge gebracht werden (vgl. ebd. S. 229). Hierdurch entstehen notwendige Anhaltspunkte für ein „individuelle(s), an historischem Faktenwissen und aktuellem Erleben und Verhalten orientierten Fallverstehen" (ebd.), welches als zweite zentrale Leitlinie eines neuen pädagogischen Denkens genannt wird. Hierbei werden objektive, subjektive sowie szenische Informationen für das pädagogische Handeln gebündelt und dienen als Basis für das Verständnis der aktuellen (Beziehungs-) Bedürfnisse (vgl. ebd.). Pädagogisches Verstehen und Handeln, vor dem Hintergrund der (sequentiellen) Traumatisierung, geschieht somit vorrangig in der Interaktion bzw. der Beziehung – als traumapädagogische Herausforderung – zwischen dem Pädagogen und dem UMF. Die traumapädagogische Perspektive wird in Zimmermanns Modell besonders durch die Aufgabe des Pädagogen deutlich, die aktuelle Beziehung auf der Grundlage vorheriger, traumatischer und gestörter Beziehungserfahrungen des Jugendlichen zu sich selbst und zu anderen, zu gestalten (vgl. ebd. S. 234 f). Des Weiteren betont Zimmermann die Bedeutung traumapädagogischer Grundsätze, beispielsweise der „sichere Ort" oder „Halten und Zumuten" im Sinne des „Konzepts des guten Grundes" (vgl. ebd. S. 237).

Pädagogisches Handeln, welches die Konzeption der Sequentiellen Traumatisierung als zentrale Kategorie in der Arbeit mit UMF berücksichtigt, kann als übergreifendes Paradigma in Zimmermanns Modell verstanden werden. So hat die Trauma-Kategorie nicht nur in medizinischen oder therapeutischen Arbeitsfeldern ihren Nutzen, sondern kann auch im pädagogischen Setting eine adäquate Anwendung finden (vgl. ebd. S. 249). Die Kumulation gestörter Beziehungserfahrungen und Belastungen in allen Sequenzen kann hierdurch sinnhaft bearbeitet werden und in pädagogisches Handeln einfließen.

„Eine solche neue Kategorie (Sequentielle Traumatisierung) kann erheblich zur pädagogischen Profilbildung und der Entwicklung neuer Förderkonzepte beitragen, da sie einen wesentlichen Verständnis- und Handlungsrahmen für die Arbeit mit vielfach benachteiligten und stigmatisierten Kindern und Jugendlichen schafft" (ebd.; Einschub durch J.A.).

Auch in Zimmermanns Modell findet die Unterstützung durch das psychotherapeutische bzw. psychiatrische Netzwerk keine Erwähnung. In diesem Falle muss aber berücksichtigt werden, dass dieses Modell nicht den Anspruch auf ein umfassendes Konzept zur Gestaltung des pädagogischen Setting, d.h. der Unterbringung und Betreuung der Jugendlichen, erhebt. Ganz im Gegenteil betont Zimmermann, dass eine solche „Anleitung" nur wenig Sinn mache (vgl. ebd. S. 227). Stattdessen beschreibt er gezielt Prinzipien und Paradigmen für *pädagogisches* Handeln. Diese schließen keines Falls aus, dass auch psychotherapeutische Maßnahmen im Rahmen der psychosozialen Versorgung von UMF stattfinden können.

5.3 Grenzen pädagogischer Konzepte – Grenzen pädagogischen Handelns

Die oben beschriebenen Ansätze für die pädagogische Arbeit mit UMF stellen exemplarisch die Verschiedenheit aktueller pädagogischer Perspektiven auf die hier betrachtete Zielgruppe dar. Während Weeber und Gögercin mit ihrem Modell versuchen, ein umfassendes Rahmenkonzept für die pädagogische Versorgung der Jugendlichen zu konstruieren, zielen Zimmermanns Prinzipien auf die spezifisch pädagogische Haltung innerhalb der Arbeit mit traumatisierten minderjährigen Flüchtlingen ab. Beide theoretischen Grundlagen sind jedoch hinsichtlich der im Folgenden stattfindenden Betrachtung pädagogischer Grenzen kritisch zu hinterfragen. So befindet sich die pädagogische Praxis im Bereich der Betreuung von UMF in einem Zustand der Ungewissheit, woraus sich spezifische Anforderungen an Professionelle und ihr pädagogisches Handeln ergeben.

5.3.1 Schwierigkeit des pädagogischen Handelns in der Praxis

UMF sowie pädagogische Fachkräfte befinden sich durch rechtliche und strukturelle Bedingungen in „zwei parallelen, voneinander losgelösten Prozessen – der (bleibe-) rechtlichen Entscheidungen im Asylverfahren und der (sozial-) pädagogischen Maßnahmen der Jugendhilfe" (Theilmann 2005, S. 101). Beeinflusst von zwei verschiedenen Instanzen mit entgegengesetzten Zielen resultieren daraus undurchsichtige Betreuungsstrukturen, welche die konkrete pädagogische Arbeit stark beeinträchtigen. Insbesondere asylpolitische Gegebenheiten wirken als negative Faktoren auf die Handlungsmöglichkeiten der Pädagogen (vgl. Geier et al. 2012, S. 265). Erarbeitete Ziele und pädagogische Grundsätze (der Konzepte) können daher nur in den wenigsten Fällen konsequent verfolgt werden. Theilmann weist darauf hin, dass die Betreuung junger Flüchtlinge weniger die Unterstützung individueller Bedürfnisse bedeutet, als die Jugendlichen „pädagogisch dahingehend zu motivieren und zu betreuen, sich (möglichst freiwillig) in die gegebenen Ungleichheitsverhältnisse einzufügen" (Theilmann 2005, S. 102).

Neben diesen strukturellen Beschränkungen stellt auch die Kooperationsbereitschaft der Jugendlichen selbst die Pädagogik mit ihren Intentionen vor eine immense Herausforderung. So sind es einerseits differierende Ziele und Perspektiven von Pädagogen und Flüchtlingen hinsichtlich ihrer Lebensentwürfe – diese Thematik wurde bereits in Kapitel 4.1 näher beleuchtet. Andererseits ergibt sich für die Jugendlichen kein erkennbarer, inhaltlicher Nutzen pädagogischer Maßnahmen bezüglich ihrer Bleibeperspektive (vgl. ebd. S. 105). So verläuft das Asylverfahren zwar parallel zur Betreuung in der Jugendhilfe und den damit zusammenhängenden pädagogischen Maßnahmen, bleibt jedoch von den Ergebnissen und der Teilnahmebereitschaft gänzlich unbeeinflusst. Die Attraktivität pädagogischer Angebote scheint daher eher gering.

Die Glaubwürdigkeit der Pädagogen ist zudem aufgrund begrenzter Möglichkeiten, innerhalb der entsprechenden Handlungskonzeptionen wirksam zu agieren, beschränkt. Pädagogische Fachkräfte sind Ansprechpartner für innere Konflikte und Notlagen in der aktuellen Sequenz, können aufgrund der strukturellen Verhältnisse jedoch häufig keine adäquate Hilfe leisten. Sie befinden sich in einer Art „Betreuungsnotstand, indem sie die jeweiligen Auseinandersetzungen in den verschiedenen Prozessen begleiten müssen, ohne den jungen Flüchtlingen wirkliche Alternativen aufzeigen zu können" (ebd. S. 106). Verpflichtet zur Zusammenarbeit mit dem Jugendamt und die erwartete Loyalität gegenüber der Gesellschaft und deren Institutionen, erfordert diese Situation die permanente Verteidigung der Glaubwürdigkeit gegenüber den geäußerten Problemen und dem Vertrauen der UMF (vgl. ebd.).

„Ich verstehe dich und deine Sorgen und ich möchte dir helfen – ich kann und traue es mich aber nicht, weil ich es nicht darf..."

Problemlagen wie diese erfordern hinsichtlich der Professionalität pädagogischen Handelns Initiativen der Pädagogen, welche schließlich über die oben beschriebenen pädagogischen Perspektiven und Inhalte der Konzepte hinausgehen. Welche Anforderungen sich daraus an pädagogische Fachkräfte und das pädagogische Handeln ergeben, soll im Folgenden dargestellt werden.

5.3.2 Möglichkeiten pädagogischen Handelns

Die Möglichkeiten pädagogischen Handelns ergeben sich zunächst aus den dargestellten Perspektiven der pädagogischen Teildisziplinen sowie aus den vorgestellten Konzeptionen. Es konnten jedoch Aspekte herausgearbeitet werden, welche die theoretisch fundierte, pädagogische Perspektive in ihrer Anwendbarkeit zu einem bestimmten Maße beeinträchtigen. Wie kann nun vor dem Hintergrund dieses Konflikts zwischen pädagogischen Intentionen und strukturellen Hürden professionelles, pädagogisches Handeln stattfinden?

Professionelles Handeln bedarf in erster Linie der „Auseinandersetzung mit der eigenen Person gegenüber diesen Grenzen" (Theilmann 2005, S. 108). Charakteristisch für Pädagogen ist dabei ihre Position. Während Beamte – beispielsweise im Jugendamt – in einem besonderen Dienst- und Loyalitätsverhältnis zum Staat stehen, befinden sich pädagogische Fachkräfte als Kooperationspartner der UMF in einer anderen Position (vgl. ebd.). Sie müssen sich der ausgrenzenden Strukturen bewusst sein und den gegebenen Bedingungen gegenüber positionieren, um in diesem Spannungsfeld handlungsfähig und glaubwürdig zu bleiben (vgl. ebd. S. 111). Pädagogischem Handeln wohnt somit eine gewisse „Anwaltsfunktion" inne. Aus dieser folgt für pädagogische Fachkräfte in der Arbeit mit UMF, „Alternativen und Vorschläge zu begrenzten und begrenzenden Vorgaben zu erarbeiten und für ihre Durchsetzung einzutreten" (Brumlik 1999, S. 516). Dies bedeutet unter Umständen auch die Überschreitung des rechtlich und politisch vorgegebenen Dienstauftrags (vgl. Theilmann 2005, S. 112). Ob das eigene pädagogische Handeln dieser Richtung folgt, muss letztlich individuell in der Auseinandersetzung mit sich selbst, den persönlichen Wertevorstellungen, den strukturellen Rahmenbedingungen und den anvertrauten Jugendlichen entschieden werden. Eine abschließende Diskussion dieser Thematik kann an dieser Stelle nicht stattfinden.

Professionelles pädagogisches Handeln ist nach Hermann Giesecke soziales Handeln, welches in der Interaktion zwischen dem Pädagogen einerseits und dem minderjährigen Flüchtling andrerseits stattfindet. Dabei existieren stets mehrere Möglichkeiten zu agieren – so gibt es kein „richtiges", sondern angemessenes, zielführendes und vernünftiges pädagogisches Handeln (vgl. Giesecke 2010, S.21 f). Besonders im undurchsichtigen pädagogischen Handlungsfeld mit der Zielgruppe der UMF scheint dies elementar, da die Bedeutung der Fähigkeit des Pädagogen zu individuellem Fallverstehen nochmals deutlich wird. Die entscheidende pädagogische Kompetenz hierfür fundiert Giesecke in der Qualität der Beziehung zwischen den Akteuren (vgl. ebd. S. 16).

Da pädagogisches Handeln mit der hier betrachteten Zielgruppe stets in einem undurchsichtigen Feld stattfindet, muss diese Beziehung für eine angemessene Versorgung des Jugendlichen um die Verständigung mit anderen Betreuenden und Fachkräften – auch angrenzender Arbeitsfelder – erweitert werden (vgl. Theilmann 2005, S. 110). Dies schließt die Kooperation mit dem benachbarten Feld der Psychotherapie mit ein.

5.4 Kooperationsbedarf mit der Psychotherapie

Im pädagogischen Fachdiskurs wird vermehrt eine Vernetzung mit anderen Fachgebieten – insbesondere der Kinder- und Jugendpsychiatrie bzw. -psychotherapie – gefordert. In erster Linie wurde dies in der traumapädagogischen Perspektive deutlich.

Neben (sozial-)pädagogischer Betreuung benötigen danach viele schwer traumatisierte Jugendliche kinder- und jugendpsychotherapeutische Unterstützung (vgl. Schmid & Lang 2012,

S. 340). So sollen erste Studien belegen, dass sich in der Jugendhilfe stationäre psychiatrische Behandlungstage durch eine intensive psychiatrische Kooperation reduzieren lassen (vgl. ebd.). Insbesondere für die Beziehungskontinuität zwischen Pädagogen und Jugendlichen ist dies von großem Wert. Als Personengruppe mit besonders hohem Traumatisierungspotenzial ist daher aus pädagogischer Sicht eine solche Kooperation für UMF von unerlässlicher Bedeutung.

Generell kann der Traumabereich als wichtiges Handlungsfeld „psychosozialer Vermittlung" (Gahleitner 2013, S. 52), d.h. interdisziplinärer Schnittstellen und Herausforderungen, bezeichnet werden (vgl. ebd.). So verfügen psychosoziale Fachkräfte in der Praxis über einen großen Schatz an fachrelevanten Erfahrungen (vgl. ebd.) – diesen gilt es jedoch systematisch mit Konzepten und Theorien angrenzender Disziplinen zu vereinbaren und weiterzuentwickeln.

Pädagogik und Psychotherapie können sich dann im Idealfall in ihrer förderlichen Wirkung gegenseitig unterstützen und ergänzen (vgl. Biberacher 2013, S. 287). Dies setzt ein positives Selbstverständnis der Pädagogen voraus, wobei die Psychotherapie als gleichwertig und nicht als Konkurrenz wahrgenommen wird (vgl. ebd.). Durch die multiprofessionelle Vernetzung können Lasten auf mehrere Schultern verteilt und neue, fachlich fundierte Ressourcen generiert werden. Pädagogen können sich so den ursprünglich pädagogischen Themen widmen, ihre pädagogische Rolle reflektieren und die jeweiligen Verantwortlichkeiten in die Hände entsprechend qualifizierter Fachleute übergeben. Dies wirkt sowohl der fachlichen wie auch persönlichen Überforderung aller Beteiligter positiv entgegen und trägt zur Professionalisierung der psychosozialen Arbeit mit UMF bei.

5.5 Zusammenfassung

Zunächst wurden vier pädagogische Teildisziplinen hinsichtlich ihrer spezifischen Perspektiven auf die Gruppe der UMF, als Zielgruppe pädagogischer Arbeit, betrachtet. Hierbei konnten zum einen explizite Ansätze und Theorien zur Zielgruppe herausgearbeitet werden. Zum anderen fand ein Transfer allgemeiner Grundsätze der einzelnen Disziplinen statt, welcher neue und anschlussfähige Perspektiven auf die hier untersuchte Personengruppe ermöglicht. Die „kategorische" und getrennte Darstellung der einzelnen Perspektiven entlang der Teildisziplinen vermag ein ebenso abgrenzendes Denken oder Anwenden zu suggerieren. Hiervor muss jedoch gewarnt werden. So sollen diese Perspektiven nicht getrennt voneinander, sondern ineinandergreifend und sich gegenseitig ergänzend betrachtet werden. Innerhalb der Sozialen Arbeit sollen schließlich im Idealfall neben sozialpädagogischen auch die entsprechend notwendigen Konzepte anderer pädagogischer Bereiche miteinbezogen werden. Insbesondere in der Arbeit mit der sensiblen und facettenreichen Gruppe der UMF wird dies deutlich. So bietet keine der Perspektiven alleine eine adäquate Basis. Eine Integration der verschiedenen Perspektiven ist unerlässlich.

Neben der Betrachtung der pädagogischen Teildisziplinen wurden zwei Modelle vorgestellt, welche eine Grundlage für die pädagogische Arbeit mit UMF bieten sollen. Die erste Betrachtungsweise wurde in einem interkulturell- ressourcenorientierten Handlungsmodell von Weeber und Gögercin deutlich, welches durchaus Anspruch auf die umfassende Beschreibung der psychosozialen Versorgung der Jugendlichen sowie die Betreuung des pädagogischen Fachpersonals erhebt. Als konträres Beispiel konnten Paradigmen für pädagogisches Handeln mit traumatisierten minderjährigen Flüchtlingen nach Zimmermann dargestellt werden. Die Verschiedenheit pädagogischer Prämissen, welche den Konzeptionen für die Arbeit mit der hier relevanten Zielgruppe zugrunde liegen, zeigt sich dabei in besonderem Maße. Betrachtet man mögliche Schnittstellen bzw. Anknüpfungspunkte für eine Kooperation mit der Psychotherapie, stellt insbesondere die Bewertung der Sinnhaftigkeit „starrer" Handlungsanleitungen oder der Fähigkeit zu individuellem Fallverstehen einen zentralen Aspekt dar. Wird die Psychotherapie als Ressource überhaupt aufgeführt und wird sie als multiprofessionelle Bereicherung bewertet? Letztlich sollten Handlungskonzepte stets eine gewisse Offenheit bewahren, ohne dabei den pädagogischen Auftrag zu vergessen. Diese Balance gilt es zu wahren. Was sind die pädagogischen Aufgaben? Wie kann ich als Pädagoge mein pädagogisches Handeln gestalten? Welche Aufgaben gehören in die Hände anderer Disziplinen? Wie können sich die Disziplinen optimal abstimmen u.v.m.?

So sind Handlungskonzepte und nicht zuletzt pädagogisches Handeln in diesem Praxisfeld durch spezifische Grenzen geprägt. Diese werden zwar von Seiten der Pädagogik benannt, offengelegt und bemängelt, doch findet gleichzeitig keine Auseinandersetzung mit daran anschließenden, theoretischen Konsequenzen statt. Insbesondere strukturelle Aspekte, wie die Problematik der Ungewissheit oder die Macht des Aufenthaltsstatus, werden als Schwierigkeiten pädagogischer Bemühungen genannt. Doch scheint es so, als hätte es die Pädagogik bis heute nicht geschafft, diese Bedingungen in der Theoriebildung auch tatsächlich miteinzubeziehen. Natürlich müssen diese Missstände auf gesellschaftlicher und politischer Ebene kritisiert und verändert werden. Für die Pädagogik müssten sie allerdings meiner Erkenntnis nach – da sie schließlich aktuell gegeben sind – Grundlage anstatt Gegner fundierter Modelle sein. Würde eine solche Bewertung und Berücksichtigung erschwerender Faktoren stattfinden, würden sich folglich neue Möglichkeiten für professionelles pädagogisches Handeln in der psychosozialen Arbeit mit UMF ergeben.

Schließlich wurde die Bedeutung einer strukturierten Kooperation mit der Psychotherapie deutlich. Bereits in den Perspektiven der Teildisziplinen konnte herausgearbeitet werden, wie im Bereich der Traumaarbeit mit UMF ein Mehrwert durch ein solches Einbeziehen der Nachbardisziplin entstehen kann. Ebenso wie die Perspektiven der pädagogischen Disziplinen, dürfen auch Pädagogik und Psychotherapie an der Schnittstelle nicht getrennt von einander gedacht werden und separat agieren. Ein kooperatives Ineinandergreifen, d.h. eine Vernetzung theoretischer Erkenntnisse und schließlich auch praktischer Tätigkeit, sind daher gefordert.

6 Psychotherapeutische Perspektive

Durch die Kontextanalyse des Phänomens der UMF wurden Aspekte deutlich, welche die Betrachtung dieser Personengruppe aus psychotherapeutischer Perspektive als sinnvoll und notwendig erscheinen lassen. Insbesondere die Thematik der Traumatisierung in allen Sequenzen kann hierbei als ausschlaggebend bewertet werden.

Da sich die psychotherapeutische (und daran angeknüpft die psychiatrische) Disziplin bereits seit langer Zeit mit Patientengruppen beschäftigt, welche ähnliche Erfahrungen und Voraussetzungen vorweisen, existiert im Fachdiskurs eine Vielzahl an entsprechenden Erkenntnissen, Ansätzen, Konzepten sowie Modellen. Vorrangig thematisieren diese Perspektiven jedoch nur einzelne Merkmale von UMF, beispielsweise Themen wie Psychotherapie mit *Migranten*, Psychotherapie mit *Flüchtlingen*, Psychotherapie mit *Kriegs- und Folteropfern*, Psychotherapie mit *traumatisierten Kindern und Jugendlichen* usw. Nur wenige Veröffentlichungen und theoretische Perspektiven nehmen dabei gezielt und umfassend die hier betrachtete Zielgruppe in den Fokus. So sind es in der Regel therapeutische Einrichtungen und Hilfszentren für UMF, welche ihre jeweiligen Praxiskonzepte vorstellen. Entlang der folgenden Leitfragen soll daher zunächst eine allgemeine Annäherung an die Zielgruppe aus psychotherapeutischer Perspektive stattfinden. Da im Rahmen dieser Arbeit eine umfassende Analyse des gesamten psychotherapeutischen Wissens und Diskurses nicht möglich ist, sollen Kernthemen psychotherapeutischer Perspektiven auf die Gruppe der UMF dargestellt und in einem zweiten Schritt spezifische Anknüpfungspunkte an der Schnittstelle mit der Pädagogik erörtert werden. Als Leitfragen werden formuliert:

- Welche Grundsätze können für die psychotherapeutische Arbeit mit unbegleiteten minderjährigen Flüchtlingen formuliert werden?
- Welche Besonderheiten müssen bei der psychotherapeutische Behandlung dieser spezifischen Zielgruppe berücksichtigt werden?
- Wie gestaltet sich die Konzeption einer Therapie bei unbegleiteten minderjährigen Flüchtlingen?
- Welche Methoden und Konzepte eigenen sich für die Zielgruppe?
- Inwiefern ergibt sich daraus ein Kooperationsbedarf mit der Pädagogik?

6.1 Psychotherapeutische Grundregeln

Es gilt zunächst festzuhalten, dass psychotherapeutische Maßnahmen mit UMF innerhalb verschiedener Kontexte stattfinden können. Neben der Behandlung bei niedergelassenen Psychotherapeuten oder in kinder- und jugendpsychiatrischen Praxen und Kliniken, sind Maßnahmen innerhalb der Jugendhilfe, d.h. durch psychotherapeutisch qualifizierte Mitarbeiter der Jugendhilfeeinrichtung, möglich. Ebenso existieren – zwar wenige – Behandlungszentren für traumatisierte Kriegs- und Folteropfer. Unabhängig vom jeweiligen Behandlungskontext gilt es in der Psychotherapie, den nun vorgestellten Grundprinzipien zu folgen.

Zunächst sollte die Therapie so früh wie möglich beginnen, um die Gefahr einer Chronifizierung der Traumareaktionen zu reduzieren (vgl. Möhlen 2005, S. 36). Für die traumatisierten Jugendlichen ist eine präventive, therapeutische Unterstützung daher notwendig (vgl. ebd.). Zu berücksichtigen gilt es, dass die Betroffenen zwar Symptome und Beschwerden aufweisen, welche in medizinisch-psychiatrischer Terminologie definiert werden können, trotzdem dürfen diese nicht nur als medizinisches oder psychiatrisches, sondern müssen genauso als psychologisches, soziales, kulturelles oder politisches Problem aufgefasst werden (vgl. Maier & Schnyder 2007, S. 75). Die Wahl der psychotherapeutischen Strategie muss sich daher an den entsprechenden, unterschiedlichen Sichtweisen orientieren und sowohl medizinische Paradigmen wie auch gesellschaftliche Rahmenbedingungen als wichtige äußere Parameter der Psychotherapie anerkennen (vgl. ebd.). Bei der Behandlung traumatisierter Kriegs- und Folteropfer gilt es die üblichen Regeln der Psychotherapie aufgrund der schwere der Symptome strikt einzuhalten (ebd. S. 79). Insbesondere die präzise Klärung des Settings der Behandlung, d.h. Ort, Dauer, Bezahlung, Regeln, Schweigepflicht usw. sowie die transparente und ehrliche Informationsweitergabe über Diagnose und realistische Therapieziele, sind elementare Bestandteile, um den Betroffenen – vor dem Hintergrund der Zerstörung aller Sicherheiten durch ihre Erfahrungen auf der Flucht – dabei zu helfen, ein verlässliches Wertesystem wiederaufzubauen (vgl. ebd.). Nur die wenigsten Jugendlichen haben bereits Vorkenntnisse über Psychotherapie, da diese Art der Hilfe in den meisten Herkunftskulturen nicht bekannt und verbreitet ist. Die Aufklärung über die Idee von Psychotherapie ist daher elementar (vgl. ebd.). Schließlich sollte jede Art von Obskurantismus und Esoterik vermieden, stattdessen Nüchternheit und Vernunft in den Vordergrund gestellt werden (vgl. ebd.).

6.2 Besonderheiten

Die eben beschriebenen Grundregeln bzw. -prinzipien lassen bereits erkennen, dass traumatisierte Flüchtlinge diverse Besonderheiten hinsichtlich der psychotherapeutischen Betreuung generieren. Innerhalb der in TEIL 1 durchgeführten Kontextanalyse wurden bereits wesentliche Aspekte dieser Besonderheiten deutlich. Aufgrund dessen sollen entsprechende Aspekte nicht nochmals detailliert aufgeführt werden, stattdessen wird gegebenenfalls auf sie verwiesen.

6.2.1 Psychodiagnostik

Die Folgen der Erlebnisse von Krieg, Verfolgung, Flucht und der Trennung von den primären

Bezugspersonen sind für die meisten geflüchteten Jugendlichen tiefgreifend – sie sind traumatisch. Die Psychotherapie versucht zunächst durch die Betrachtung der dadurch auftretenden Symptome ein entsprechendes Störungsbild zu diagnostizieren. Eine Darstellung dieser Thematik fand bereits in Kapitel 3.3 statt. Neben der aktuellen Symptomatik können die biographische Anamnese, die fluchtauslösenden Ereignisse, die Fluchtgeschichte, die Nachfluchtsituation sowie die häufig vernachlässigte Lebensgeschichte vor den fluchtauslösenden Ereignissen, relevante Informationen für eine fundierte diagnostische Einschätzung sein (vgl. Bierwirth 2011, S. 283).

Problematisch gestaltet sich unter Umständen der Einsatz von standardisierten Testverfahren aufgrund fehlender Sprachkenntnisse der Betroffenen oder fehlender transkultureller Validierung (vgl. ebd.). Zum einen ist eine differenzierte Bezeichnung von emotionalen Begriffen bei vielen Flüchtlingen unüblich, zum anderen können Testergebnisse durch Items verzerrt werden, welche in der westlichen Welt als pathologisch gewertet werden, in anderen Kulturkreisen jedoch als normales Verhalten gelten (vgl. Abdallah-Steinkopff & Soyer 2013, S. 151). Aussagen, welche paranoide Vorstellungen vermuten lassen, können im Kontext einer Flucht des Weiteren die Realität abbilden: „Das Gefühl, *dass andere sie beobachten oder über sie reden* [...], ist für Migranten mit fremdem Aussehen und dunkler Hautfarbe eine alltägliche Erfahrung" (ebd.; Hervorhebung im Original).

Als eine wesentliche Erweiterung der Psychodiagnostik bei Flüchtlingen gehört eine komplexe Sozialanamnese zu den ersten Schritten (vgl. Brandmaier 2013, S. 23). Wichtige Unterstützung erfährt die Psychotherapie hierbei durch die Soziale Arbeit, welche die bio-psychosozialen Schnittstellen ausleuchtet und so zu einer genaueren Diagnostik beitragen kann (vgl. ebd.).

6.2.2 Psychosoziale Situation

Die Besonderheit der psychosozialen Situation von UMF wurde in Kapitel 4 detailliert beschrieben. Für die Psychotherapie ergeben sich daraus entsprechende Konsequenzen.

In erster Linie wird die Psychotherapie von aufenthaltsrechtlichen Rahmenbedingungen beeinträchtigt. Äußere Einflussfaktoren, wie die Ablehnung des Asylantrags, lösen bei vielen traumatisierten Flüchtlingen immer wieder Einbrüche der psychischen Verfassung aus (Zito 2010, S. 135). Zudem ist es häufig notwendig, traumatische Erlebnisse zu explorieren – beispielsweise für eine psychologisch-psychotherapeutische Stellungnahme für das asylrechtliche Verfahren – obwohl dies therapeutisch noch nicht angezeigt wäre (vgl. ebd.). Eine frühzeitige Behandlung durch einen niedergelassenen Kinder- und Jugendlichenpsychotherapeuten ist zudem nur in wenigen Fällen möglich, da die Therapie in der Regel in der ersten Zeit nach der Ankunft nicht finanziert wird (vgl. Zito 2010, S. 136 f). Zugangsberechtigung, Kosten sowie der späte Beginn einer Therapie stellen daher eine große Herausforderung für die psychotherapeutische Arbeit mit UMF dar.

Nur die wenigsten therapeutisch behandelten UMF können sich eine Rückkehr in ihr Herkunftsland vorstellen. Neben störungsbedingtem Bedrohungserleben kann die Angst vor einer Rückkehr jedoch auch eine reale Grundlage haben (vgl. Bierwirth 2011, S. 283). Diese Unterscheidung ist für die Psychotherapie von zentraler Bedeutung, „da eine Bearbeitung der vermeintlich durch die Symptomatik verzerrten Beurteilungen zu erheblichen Störungen im Therapieprozess führen kann, wenn den Befürchtungen eine tatsächliche Bedrohung vor Ort zugrunde liegt" (ebd.).

Die psychosoziale Situation der UMF kann sich unter Umständen so ungünstig darstellen, dass der Psychotherapeut mit Themen konfrontiert wird, die zwar nicht psychotherapeutisch zu lösen sind, das psychische Wohlbefinden jedoch in besonderem Maße beeinträchtigen (vgl. ebd.), beispielsweise Unterbringung, Arbeitsverbot, Aufenthaltsstatus etc. Hierbei zeigt sich bereits der Stellenwert eines multiprofessionellen Netzwerks für die Psychotherapie. Schließlich hat die psychosoziale Situation zur Folge, dass es sich in den meisten Fällen um einen langfristigen Therapieprozess handelt, welcher durch wiederholte Therapiepausen geprägt sein kann – beispielsweise, wenn in bestimmten Phasen andere Aufgaben des Alltags „wichtiger" sind (vgl. Zito 2010, S. 135). Psychotherapeutische Angebote sollten hierbei den Jugendlichen die Möglichkeit geben, sich abnabeln, aber auch zurückkommen zu können (vgl. ebd. S. 136).

Für die psychotherapeutische Arbeit mit Kindern und Jugendlichen ist es generell wichtig, die Eltern miteinzubeziehen (vgl. Möhlen 2005, S. 26). Unbegleitete Minderjährige befinden sich jedoch – wie der Begriff bereits sagt – ohne die Begleitung ihrer Eltern oder anderer verantwortlichen Bezugspersonen im Aufnahmeland. Die Eltern scheiden somit als wichtige Ressource für die Therapie aus. Durch die Unterbringung in Einrichtungen der Jugendhilfe zeigen sich alternative – und nicht zuletzt wichtige – Ressourcen. So stellt der Gruppenkontext hinsichtlich des Entstehens menschlicher Bindung eine wichtige Grundlage dar (vgl. ebd.). Insbesondere die anderen Jugendlichen, welche in der Regel einen ähnlichen Erfahrungsschatz haben und unter den gleichen psychosozialen Bedingungen leben, sind hierbei für den Erfolg einer Therapie von großem Wert. Schließlich können auch die betreuenden Fachkräfte durch ihre Stellung als Bezugsperson als psychosoziale Ressource für die Psychotherapie betrachtet werden. So gilt es auch diese mit in den Therapieprozess miteinzubeziehen.

6.2.3 Motivation

Physiologische und psychologische Grundbedürfnisse prägen das Erleben und Verhalten des Menschen. Betrachtet man die Situation von UMF, so wird deutlich, dass eine Vielzahl dieser Grundbedürfnisse verletzt sind (vgl. Bierwirth 2011, S. 284). Insbesondere das Bedürfnis nach Sicherheit und Kontrolle wird durch einen unsicheren Aufenthaltsstatus beeinträchtigt, das Bedürfnis nach Wertschätzung, Autonomie und Selbstwerterhöhung durch alltägliche Restriktionen, Ablehnung oder Vorurteile (vgl. ebd.). Der daraus entstehende Leidensdruck ist daher häufig Anlass, psychotherapeutische Hilfe in Anspruch zu nehmen. Das Erfahren von Wertschätzung, Zuwendung oder Entlastung ist dabei eine übliche Motivation. Druck und Anraten durch Freunde, besonders jedoch durch betreuende Pädagogen, kann ebenfalls der Grund für das Aufsuchen therapeutischer Unterstützung sein, wobei hier die Frage besteht, ob dies als motivationale Grundlage genügt.

Liegt die Motivation zu einer Therapie darin, durch die Behandlung den Aufenthaltsstatus zu beeinflussen, wirkt sich dies auf den Therapieprozess aus (vgl. ebd.). Für die psychotherapeutische Praxis „kann dies im Umkehrschluss kein Grund sein, keine Therapie durchzuführen" (ebd.), da in der Regel erhebliche Beeinträchtigungen und psychisches Leiden bestehen. Letztlich sind aufenthaltsrechtliche Konsequenzen nur ein Aspekt unter vielen, welche aufgenommen und bearbeitet werden müssen.

6.2.4 Kulturelle Besonderheiten

Aufgrund des transkulturellen Kontextes ergeben sich hinsichtlich der Psychotherapie mit UMF diverse kulturelle Besonderheiten. Der Vielfalt und Komplexität dieser kulturellen Aspekte kann an dieser Stelle nicht gerecht werden. Es sollen jedoch wesentliche Aspekte kurz aufgeführt werden, welche für entsprechende Anknüpfungspunkte an der Schnittstelle von Pädagogik und Psychotherapie sensibilisieren können.

Im Rahmen von Psychotherapie mit Migranten steht unter anderem die Diskussion im Mittelpunkt, inwiefern das Krankheitsmodell der Betroffenen aufgrund ihres Herkunftskontextes überwiegend somatisch geprägt ist und psychische Erklärungsmodelle vernachlässigt (vgl. Kahraman 2008, S. 69). So würden Migranten psychische Leiden überwiegend auf körperlicher Ebene beschreiben. Als Erklärung hierfür liefert der Fachdiskurs diverse Argumente, beispielsweise das Tabuisieren psychischer Krankheiten in den Herkunftskulturen (vgl. Maier & Schnyder 2007, S. 87), die unterschiedliche, metaphorische Verwendung von Begrifflichkeiten und Vokabeln (vgl. Geier et al. 2012, S. 267), das Vorherrschen magischer Erklärungsmodelle (vgl. ebd. S. 268) oder schlicht ein fehlendes Verständnis darüber, was Psyche, psychisches Funktionieren (vgl. Mayer & Schnyder 2007, S. 87) und Psychotherapie (vgl. Geier et al. 2012, S. 268) überhaupt ist. Ein Argument, welches gegen ein „verzerrtes", rein somatisches Krankheitsverständnis von Migranten spricht, ist, dass körperliche Schmerzen letztlich leichter zu erkennen und zu beschreiben sind und psychische Leiden auch von hausärztlicher Seite lange unerkannt bleiben (vgl. Kahraman 2007, S. 69). Psychotherapeuten können möglicherweise hierbei pädagogische Betreuungskräfte für eine genauere Diagnose miteinbeziehen, indem sie erfragen, inwiefern sich die Symptome im Gruppenalltag zeigen.

Eine weitere kulturelle Besonderheit für die Psychotherapie, welche direkt hieran anschließt, ist die sprachliche Hürde. Wie kann Psychotherapie stattfinden, wenn der Patient nicht über die notwendigen sprachlichen Kompetenzen verfügt, um seinen Zustand und sein Wohlbefinden zu artikulieren? So stellt die Sprache zwar nicht das einzige, jedoch das wichtigste Kommunikationsmittel für die Psychotherapie dar (vgl. Mayer & Schnyder 2007, S. 180). Der Einsatz von geschulten Dolmetschern kann daher aus dreierlei Gründen als positiv bewertet werden: erstens ermöglicht er einen sprachlichen Austausch zwischen Patient und Therapeut; zweitens stellt die Möglichkeit, das eigene Leiden in der Muttersprache zu beschreiben, eine Wertschätzung und eine Verbesserung der Compliance für die Behandlung dar; drittens kann ein Dolmetscher, der nicht nur Sprach-, sondern in gleicher Weise auch Kulturvermittler ist, hilfreich für die Interpretation sprachlicher Symbolik und kultureller Verhaltensweisen sein (vgl. ebd.). Der Sprach- und Kulturvermittler kann schließlich innerhalb des transkulturellen Kontextes über die verbale Ebene hinaus sein kulturelles Wissen in das Behandlungssetting einbringen und zur Klärung auftretender kultureller Differenzen beitragen (vgl. Schouler-Ocak 2013, S. 228). Die Auswahl eines solchen Vermittlers darf nicht zufällig geschehen (vgl. Zito 2010, S. 137); vielmehr müssen entsprechende Bedingungen gegeben sein, d.h. es sollte kein Angehöriger herangezogen werden, der Vermittler sollte sich nicht selbst in einer ähnlichen psychosozialen Situation befinden, ebenso sind zufällig anwesende Pfleger oder etwa Reinigungskräfte mit gleicher sprachlicher Herkunft in der Regel nicht entsprechend für eine solche Aufgabe qualifiziert (vgl. ebd.). Wenn der Therapeut über kein entsprechendes Netzwerk an Dolmetschern verfügt, erscheint es naheliegend, dass betreuende Pädagogen Dolmetscher vorschlagen, mit welchen sie beispielsweise in Amts- oder Hilfeplangesprächen des betreffenden Jugendlichen bereits gute Erfahrungen gemacht haben. Dies sollte jedoch kritisch betrachtet werden. Sprach- und Kulturvermittler sollten aus psychotherapeutischer Perspektive nicht in anderen Kontexten als Dolmetscher für den Jugendlichen tätig sein, da sonst Informationen zwischen Dolmetscher und Patient ausgetauscht wurden, von denen der Therapeut nichts weiß (vgl. Mogk 2016, S. 75). Dies muss in einer Kooperation der Professionen Psychotherapie und Pädagogik stets berücksichtigt werden.

Schließlich suchen Flüchtlinge aus traditionell geprägten Gesellschaften häufig die Hilfe eines traditionellen Heilers auf (vgl. Kizilhan et al. 2013, S. 271; vgl. Geier et al. 2012, S. 268). Aufgrund ihrer eigenen kommunikativen Kompetenzen stehen diese einer Therapie nicht im Wege, sondern können sogar in manchen Fällen sinnvoll sein, wenn sie als Mediator gewonnen werden können; so genießen sie bei den Betroffenen meist hohes Ansehen (vgl. Schlüter-Müller & Uka-Goci 2003, S. 194 f).

Aus dem transkulturellen Kontext ergeben sich zudem kulturelle Besonderheiten für den Psychotherapeuten als Person. Insbesondere die kulturelle Verschiedenheit von Therapeut und Klient wird hinsichtlich ihrer Konsequenzen – d.h., ob sie als Zugangsbarriere zur Psychotherapie zu bewerten ist – im Fachdiskurs thematisiert. Verschiedene Studien konnten bereits Auswirkungen kultureller Verschiedenheit belegen; hierbei sind vor allem eine höhere Abbruchrate, ein geringerer Nutzen für den Klienten von der Therapie bzw. eine niedrigere Erwartungshaltung hinsichtlich eines Behandlungserfolgs seitens der Klienten zu nennen (vgl.

Kahraman 2007, S. 38 f). Gleichzeitig existieren bei kultureller Übereinstimmung widersprüchliche Ergebnisse, so dass eine Kulturübereinstimmung nicht zwangsläufig einen höheren Behandlungserfolg verspricht (vgl. ebd. S. 38). Hinsichtlich einer Kooperation mit der Pädagogik könnte dies bedeuten, dass die betreuenden Bezugspersonen die traumatisierten Jugendlichen auf den Mehrwert einer Psychotherapie, trotz eines Psychotherapeuten aus der „anderen" Kultur, hinweisen und ihn dahingehend vorbereiten. Sowohl Therapeut wie auch Jugendlicher sollten dabei der kulturellen Verschiedenheit weder einen zu hohen Stellenwert zuschreiben, noch sollten sie diese verleugnen (vgl. Schouler-Ocak 2013, S. 229). Therapeuten, welche UMF behandeln, müssen daher über interkulturelle Kompetenz verfügen, um diese Balance austarieren und eine förderliche Therapiebeziehung aufbauen zu können. Neben Offenheit und Neugier, der Bereitschaft zur Selbstreflexion, der Kenntnis über die eigene kulturelle Eingebundenheit sowie die Fähigkeit, (kulturelle) Irritationen wahrnehmen und aushalten zu können, ist vor allem die Bereitschaft zur Zusammenarbeit mit Sprach- und Kulturvermittlern eine Hilfe für den interkulturellen Therapieprozess (vgl. Zito 2010, S. 138).

Weitere Konsequenzen ergeben sich über die therapeutische Beziehung hinaus für die Gestaltung des Therapiesettings. Die Bedeutung eines besonders höflichen Empfangs, welcher nicht beiläufig stattfindet, sondern bewusst „zelebriert" wird, gehört beispielsweise zur kultursensiblen Arbeit (vgl. Bierwirth 2011, S. 285). Des Weiteren können spezifische Bräuche der Herkunftskultur, wie das Anbieten von Getränken, integriert werden. Da in vielen Kulturen der geflüchteten Jugendlichen der Kranke in den sozialen Mittelpunkt gestellt wird und nicht etwa wie in der westlichen Gesellschaft „seine Ruhe will" (Tumani 2016, S. 40), sollte sich der Therapeut umfassend nach der gegenwärtigen Situation erkundigen, d.h. ob der Jugendliche regelmäßigen Besuch von Freunden erhält und weiterhin in das Geschehen des Gruppenalltags miteinbezogen wird. Diese besondere Bedeutung sozialer Integration kann auch in der Zusammenarbeit von Psychotherapie und Pädagogik thematisiert werden.

6.3 Ziele: Stabilisierung vs. Konfrontation

Psychotherapeutische Arbeit mit traumatisierten UMF verfolgt diverse Ziele. So können durch die Behandlung unspezifische Aspekte wie Respekt und Anerkennung für das, was die Jugendlichen durchlebt haben, entgegengebracht werden (vgl. Möhlen 2005, S. 27). Das regelmäßige Erleben von Respekt und Würde wird dabei in seiner stützenden Funktion von den Jugendlichen als hilfreich wahrgenommen und explizit formuliert (vgl. Maier & Schnyder 2007, S. 80). Des Weiteren waren die erlebten Belastung bei manchen Jugendlichen so extrem, dass sie das Gefühl haben, ihre Geschichte niemandem zumuten zu können (vgl. Bierwirth 2011, S. 285 f). Die Erfahrung, dass es jemanden gibt, der diese Erzählungen aushält, hat für viele deshalb bereits einen heilsamen Effekt (vgl. ebd.). Diese „kleinen" Resultate können als wichtige Ziele für die Behandlung, der zum Teil schwerst traumatisierten Flüchtlinge, betrachtet werden (vgl. Bierwirth 2011, S. 285).

Zentral für die psychotherapeutische Behandlung ist jedoch die Abwägung zwischen einer vorrangigen Stabilisierung und der konkreten Traumakonfrontation. Gerade bei der Gruppe der UMF bewegt sich die psychotherapeutische Arbeit lange auf der Ebene der Stabilisierung, da in der Regel noch keine soziale Sicherheit geschaffen werden konnte, welche für eine Konfrontation notwendig ist (vgl. Zito 2010, S. 135). Dies bedeutet nicht, dass eine Konfrontation kategorisch auszuschließen ist. Vielmehr wird durch eine ausführliche und längere Stabilisierungsphase für eine spätere Konfrontation vorgearbeitet. So muss bei Erreichen der erforderlichen sozialen Stabilität nicht bei Null begonnen werden, sondern es besteht bereits eine solide Grundlage, auf der die Konfrontation nun sogar zügiger stattfinden kann (vgl. ebd.). Auch auf expliziten Wunsch des Jugendlichen, sich mit dem Trauma und der daran anschließenden Bearbeitung zu konfrontieren, kann aus therapeutischer Perspektive mit einer allmählichen Konfrontation begonnen werden. Für eine Konzentration auf die langfristige Stabilisierung können auch kulturell bevorzugte Copingstrategien sprechen. In manchen Kulturen gilt Verdrängung und Vermeidung als ein erfolgreicher Bewältigungsmechanismus (vgl. Kizilhan et al. 2013, S. 264). Im Fachdiskurs wird um ein „richtiges" Vorgehen kontrovers diskutiert. Gerade dieses Thema verdeutlicht dabei, „dass es nicht sinnvoll ist, verschiedene Behandlungsstrategien gegeneinander auszuspielen und ein entweder-oder zu propagieren" (Maier & Schnyder 2007, S. 84).

Für die Schnittstelle zur Pädagogik hat die Entscheidung zu einer vorrangigen Stabilisierung des gegenwärtigen psychischen Zustandes entsprechende Anknüpfungspunkte. Stabilisierende Ressourcen können gemeinsam mit betreuenden Pädagogen erörtert, besprochen und festgelegt werden. Der Jugendliche erfährt hierdurch doppelten Rückhalt in der aktuellen Lebenssituation. Über den fachlichen Austausch kann die Entwicklung der sozialen Stabilität im Alltag kommuniziert und in den Therapieprozess miteinbezogen werden. Doch auch der Schritt zur Traumakonfrontation betrifft die Zusammenarbeit der Professionen. So kann der Therapeut die pädagogischen Fachkräfte auf mögliche Veränderungen der Verhaltens und des Erlebens des Jugendlichen vorbereiten.

6.4 Konzepte und Methoden

Zur Behandlung von Traumafolgestörungen – insbesondere bei Migranten, Flüchtlingen sowie Kindern und Jugendlichen – sind in der Psychotherapie eine Reihe von Verfahren entwickelt worden (vgl. Zito 2010, S. 132). Die Wahl des Verfahrens für den jeweiligen Patienten hängt in großem Maße von der oben dargestellten Kontroverse *Stabilisierung vs. Konfrontation* ab. Da sich beide Therapieschwerpunkte jedoch nicht ausschließen, sondern vielmehr aufeinander aufbauen, kann für die Traumatherapie allgemein ein idealtypisches 3-Phasen-Modell Orientierung geben. Zito (2010) untergliedert hierbei in die drei Phasen:

(1) *Stabilisierungsphase*, (2) *Traumabearbeitung* und (3) *Integrationsphase*.

Der Aufbau von äußerer und innerer Sicherheit ist Ziel der (1) *Stabilisierungsphase*. Dabei spielen Aspekte wie Beziehungsaufbau, soziale Stabilisierung, Autonomie und Orientierung, Umgang mit Belastungen, Suizidprophylaxe sowie die Stärkung von Ressourcen eine zentrale Rolle (vgl. ebd. S. 132 f).

Bei ausreichender Stabilität kann mithilfe verschiedener spezifischer Verfahren die (2) *Traumabearbeitung* stattfinden. Hierbei „wird die traumatische Situation kontrolliert wieder durchlebt und (es sollen) die isoliert voneinander gespeicherten Elemente (Erinnerungsbilder, Gefühle, Körperempfindungen und Gedanken) [...] zusammengefügt werden" (ebd. S. 134), um die traumatischen Erfahrungen als Vergangenheit abspeichern zu können. Behandlungsansätze, welche u.a. sozialpolitische und kulturelle Faktoren berücksichtigen, werden in den letzten Jahren verstärkt in westliche Therapieansätze integriert. Als weitgehend anerkannte und bewährte Methoden sind hierbei die *Testimony-Therapie* (auch *Testimonio*) sowie die *Narrative Expositionstherapie* (*NET*) zu nennen. Beide Methoden werden als Kurzzeittherapie für Überlebende von politischer Gewalt sowie von Krieg, Terror und Folter angewandt (vgl. Kizilhan et al. 2013, S. 265 f). Der Betroffene erzählt dabei seine gesamte Biografie, wobei bei der Testimony-Therapie die traumatischen Ereignisse fokussiert werden (vgl. ebd.). Ziel ist es, durch die chronologische Einordnung und wiederholte Erzählung der Lebensereignisse das Verhalten, die Emotionen und Kognitionen wieder kontrollieren zu können und Angst abzubauen (vgl. ebd. S. 266). Speziell bei Flüchtlingen konnten mit der NET gute Erfolge erzielt werden (vgl. Neuner et al. 2004, S. 579 ff). In ähnlicher Weise setzt die *Kultursensitive narrative Traumatherapie* (*KNT*) auf die heilende Kraft der Narration, wobei der Patient seine Vergangenheit rekonstruiert (vgl. Kizilhan et al. 2013, S. 266). Bei der KNT bleibt die größtmögliche Freiheit beim Patienten, wann und wie er vom traumatischen Erlebnis erzählt (vgl. ebd. S. 267). Eine sehr häufig angewandte Technik ist *EMDR* (*Eye Movement Desenzitisation and Reprocessing*). Bei diesem Verfahren werden durch bilaterale Stimulation beide Gehirnhälften aktiviert, während die traumatischen Sequenzen prozessiert werden (vgl. Zito 2010, S. 134). Natürlich verfügt die Psychotherapie für die Behandlung traumatisierter minderjähriger Flüchtlinge über weitere Konzepte, welche im Rahmen der anerkannten wissenschaftlichen Verfahren Anwendung finden. Diese können an dieser Stelle jedoch nicht alle vorgestellt werden. Es sollte hiermit verdeutlicht werden, inwiefern die Psychotherapie gezielt mit der hier betrachteten Zielgruppe arbeiten kann.

Die letzte Stufe einer idealtypisch erfolgreichen, traumatherapeutischen Behandlung stellt die (3) *Integrationsphase* dar. So können die traumatischen Erlebnisse nicht einfach vergessen werden, jedoch können sie einen Platz im Leben des Betroffenen finden, an dem sie als örtlich und zeitlich begrenzter Vorfall in der Vergangenheit eingeordnet werden können (vgl. ebd.). Die Ereignisse werden in der Folge nicht mehr auf die gesamte Existenz verallgemeinert, wodurch es den jungen Flüchtlingen wieder möglich ist, ein positives Selbst- und Weltbild sowie

Zukunftsperspektiven aufzubauen (vgl. ebd.). Auch hierbei kann das soziale Umfeld, d.h. die Wohngruppe sowie die betreuenden, pädagogischen Fachkräfte miteinbezogen werden, indem der Jugendliche durch Transparenz, Kontinuität und Sicherheit die aktuelle Lebenssequenz als kontrollierbar und vertrauenswürdig erlebt.

Insgesamt gilt es für die Psychotherapie in der Arbeit mit UMF, ihre westlich geprägten Konstrukte hinsichtlich kultureller Vorstellungen von Krankheit und Gesundheit sowie dem Umgang mit traumatischen Erlebnissen zu reflektieren und im Sinne einer transkulturellen Traumapraxis um alternative Konzepte und Behandlungsansätze zu erweitern (vgl. Kizilhan et al. 2013, S. 163). So müssen es nicht immer die etablierten und standardmäßig eingesetzten Therapiekonzepte sein, welche in der Arbeit mit dieser speziellen und doch heterogenen Zielgruppe am sinnvollsten erscheinen. Auch nonverbale Ausdrucksformen konnten in der Praxis bereits zügige Erfolge verzeichnen (vgl. Möhlen 2005, S. 27).

In der Praxis sind derweil diverse Modelle und Einrichtungskonzeptionen entstanden, welche sich unter anderem auf die therapeutische Behandlung traumatisierter jugendlicher Flüchtlinge spezialisiert haben, beispielsweise die Tagesklinik des Berliner Behandlungszentrums für Folteropfer (vgl. Haenel 2013, S. 83 ff), das Göttinger Handlungskonzept für Menschen mit Migrationshintergrund (vgl. Özkan & Belz 2013, S: 103 ff), das Therapiezentrum für Folteropfer des Caritasverbandes in Köln (vgl. Schmieglitz 2014, S. 151 ff) oder die Flüchtlingsambulanz der Stiftung *Children for Tomorrow* in Hamburg (vgl. Mogk 2016, S. 46). In der Regel findet die Behandlung in diesen Einrichtungen und Zentren kostenfrei statt, weswegen Flüchtlinge mit einem unsicherem Aufenthaltsstatus hiervon in besonderem Maße profitieren können.

6.5 Kooperationsbedarf mit der Pädagogik

Eine förderliche und angemessene Versorgung von UMF besteht im besten Falle aus einer multiprofessionellen Kombination, welche soziale, pädagogische und therapeutische Interventionen beinhaltet (vgl. Möhlen 2005, S. 28). Die verschiedenen Professionen zu vernetzen stellt in der Folge eine wichtige Herausforderung dar. Diese Notwendigkeit einer strukturierten und kooperativen Zusammenarbeit zwischen Psychotherapie und Pädagogik wurde in den oben dargestellten Kapiteln mehrfach deutlich.

Bisher gestaltet sich die Netzwerkarbeit zwischen der stationären Jugendhilfe und der Psychotherapie – hier besonders in Form niedergelassener Kinder- und Jugendlichenpsychotherapeuten – aufgrund verschiedener, teils bekannter, Faktoren als schwierig (vgl. Hensel 2013, S. 273). Zum einen muss der Psychotherapeut die Behandlung in seinen eigenen Praxisräumen durchführen, obwohl therapeutische Maßnahmen in vielen Fällen direkt in der Einrichtung sinnvoll wären (vgl. ebd.). Zweitens scheitert eine kontinuierliche ambulante Therapie in vielen Fällen an der fehlenden Verlässlichkeit mancher Jugendhilfeeinrichtungen. Gründe hierfür können sein: Motivationsschwankungen des

Jugendlichen, Eigenrhythmus der Einrichtung, keine klaren Zuständigkeiten oder Erkrankungen (vgl. ebd.). Eine stabile Kontinuität in den Therapieprozess zu bringen, ist jedoch Kernpunkt der Psychotherapie und deshalb ein wichtiges Thema bei der Entwicklung einer gezielten Vernetzung. Wiederkehrende Fragen der Finanzierung bzw. der Kostenträgerschaft einer Therapie (vgl. frühere Kapitel) gilt es drittens durch eine etablierte Vernetzung zu überwinden.

Neben diesen organisatorischen Aspekten, kann auch ein inhaltlicher und fachlich-qualitativer Mehrwert aus einer funktionierenden Vernetzung gewonnen werden. So tragen die bestehenden Kompetenzen durch gemeinsame Fallbesprechungen und Supervisionen (vgl. Brandmaier 2013, S. 27) sowie Fortbildungen und das Teilen von traumamedizinischem und traumapädagogischem Wissen (vgl. Löble 2013, S. 277) „zu etwas qualitativ Neuem" (Hensel 2013, S. 275) bei.

Die Beteiligten der psychosozialen Versorgung von UMF sind in gewisser Weise sehr verschiedenen und widerstreitenden Interessen Dritter ausgesetzt. Da sich diese Spannungen unmittelbar auf den Therapieprozess auswirken können, ist eine Abstimmung zwischen dem behandelnden Psychotherapeuten und der direkt mit dem Jugendlichen arbeitenden pädagogischen Einrichtung von großer Bedeutung (vgl. Löble 2013, S. 278). Nur so kann Stabilität entstehen und den Interessen und Bedürfnissen des Jugendlichen gerecht werden, schließlich ist die Situation des Jugendlichen ohnehin durch Ungewissheit, Unübersichtlichkeit und Spannung geprägt.

6.6 Zusammenfassung

Die Betrachtung der Arbeit mit UMF aus psychotherapeutischer Perspektive ermöglicht einen spezifischen Zugang zur Zielgruppe. So konnten grundlegende Prinzipien vorgestellt werden, welche neben allgemeingültigen, psychotherapeutischen Grundsätzen besondere Berücksichtigung finden müssen. Diese erstrecken sich über sämtliche Bereiche einer psychotherapeutischen Intervention und sind insbesondere durch den transkulturellen Kontext bedingt. Psychosoziale Faktoren, eine besondere Herangehensweise bei der Diagnostik oder motivationale Besonderheiten unterscheiden etwa die hier betrachtete Zielgruppe von einheimischen Patienten. Entsprechend sollte das gesamte Therapiesetting organisiert werden. Besonders deutlich wurde durch die psychotherapeutische Perspektive, dass eine eindeutige Zielsetzung für die Behandlung traumatisierter, geflüchteter Jugendlicher schwer zu realisieren ist. Die Entwicklung des Therapieprozesses gilt es hinsichtlich der Kontroverse Stabilisierung vs. Konfrontation sensibel zu verfolgen. So konnte keine abschließende Empfehlung erörtert werden, welche Therapieansätze und -methoden bevorzugt Anwendung finden sollten. Vielmehr geht es darum, dass überhaupt Therapie stattfindet. So sind es zunächst kleine Ziele, welche schnellen und wirkungsvollen Erfolg zeigen und das psychische Wohlbefinden der Jugendlichen verbessern. Die ausdrückliche Forderung im psychotherapeutischen Fachdiskurs nach einer engen, strukturierten und verbindlichen Vernetzung mit der Pädagogik, d.h. insbesondere der betreuenden Pädagogen bzw. Sozialarbeiter, konnte abschließend dargestellt werden. Bereits in den herleitenden Perspektiven der Psychotherapie auf diese Zielgruppe konnten derweil wichtige Anknüpfungspunkte und Schnittstellen zur Pädagogik herausgearbeitet werden. Diese gilt es verstärkt zu forcieren, da die Zusammenarbeit aus psychotherapeutischer Sicht bis dato nur mangelhaft und kaum zufriedenstellend stattfindet.

TEIL 3

Empirische Untersuchung

7 Untersuchungsdesign

Basierend auf der in TEIL 1 und TEIL 2 dargestellten Kontextanalyse, soll nun in TEIL 3 durch einen empirischen Zugang die Schnittstelle von Pädagogik und Psychotherapie in der psychosozialen Arbeit mit UMF in der stationären Kinder- und Jugendhilfe erforscht werden. Die Bedeutung einer strukturierten Vernetzung und Kooperation beider Professionen wurde mehrfach deutlich. Insbesondere strukturelle Hürden sowie fachlich-qualitative Grenzen der einzelnen Professionen, behindern bis dato eine zufriedenstellende Zusammenarbeit. Die Notwendigkeit einer Bearbeitung der folgenden zentralen Forschungsfrage ist daher gegeben:

Wie können Pädagogik und Psychotherapie in der Arbeit mit traumatisierten, unbegleiteten minderjährigen Flüchtlingen kooperativ zusammenwirken?

Dafür werden zunächst Überlegungen zur Erhebungsmethode (7.1), zur Auswertungsmethode (7.2), zu den Gütekriterien (7.3) sowie zum Sample und zur Durchführung (7.4) skizziert, welche die Grundlage für das in dieser Arbeit angewandte Untersuchungsdesign bilden.

7.1 Erhebungsmethode: Leitfadengestütztes Experteninterview

Experteninterviews sind in der Sozialforschung ein beliebtes und häufig angewandtes Erhebungsverfahren zur Rekonstruktion komplexer Wissensbestände (vgl. Liebold & Trinczek 2009, S. 35). Aufgrund eines Mangels an theoretisch-methodologischen Überlegungen innerhalb der Methodenliteratur, kann jedoch nicht von *dem* Experteninterview – als einheitlich definiertes Untersuchungsverfahren – gesprochen werden (vgl. Bogner & Menz 2005, S. 20), vielmehr zeigt sich ein heterogenes Bild an Perspektiven und Anwendungen.

Eine Typologisierung bzw. Untergliederung des Experteninterviews kann jedoch durch die in diesem Kontext führenden Autoren Bogner und Menz sowie Meuser und Nagel dargestellt werden. Bogner und Menz unterscheiden zwischen dem *explorativen*, dem *systematisierenden* und dem *theoriegenerierenden Experteninterview* (vgl. Bogner & Menz 2005, S. 37). Sowohl das explorative wie auch das systematisierende Experteninterview zielen auf die Gewinnung von Informationen durch das Expertenwissen ab, wobei letzteres auch eine thematische Vergleichbarkeit der Informationen beabsichtigt (vgl. ebd.). Ein vergleichsweise ausdifferenzierter Leitfaden hilft dem Forscher beim systematisierenden Interview, Praxiswissen zu ermitteln, welches dem Experten präsent ist und spontan mitgeteilt wird. Sowohl objektive wie auch subjektive Einschätzungen werden dabei berücksichtigt (vgl. ebd.). Ziel des theoriegenerierenden Interviews ist die analytische Betrachtung der erhobenen Informationen, welche darüber hinaus auf eine Konstruktion von sozialen Systemen, Strukturen und Entscheidungsmaximen ausgerichtet ist (vgl. ebd. S. 38). Im Zentrum des systematisierenden Interviews steht nach Meuser und Nagel die Ermittlung von sogenanntem Betriebswissen, während das theoriegenerierende Interview sogenanntes Kontextwissen zum Ziel hat (vgl. Meuser & Nagel 2005, S. 75). Betriebswissen einerseits basiert auf den Informationen, welche die Experten über ihr Handlungsfeld preisgeben, Kontextwissen andererseits ermöglicht Auskünfte über die Kontextbedingungen des Handelns des Experten, wobei neben dem Experteninterview in der Regel zusätzliche Untersuchungsmethoden verwendet werden müssen (vgl. ebd.). Um sich der Schnittstelle von Pädagogik und Psychotherapie im Kontext des Phänomens UMF anzunähern, soll sich diese Arbeit an der Erhebung von Betriebswissen durch systematisierende Experteninterviews orientieren. So ist es möglich, neben objektiven Inhalten über das Handlungsfeld auch subjektive Einschätzungen und Erfahrungen zu ermitteln. Ferner wird nicht ausschließlich Wissen erhoben, sondern es besteht zusätzlich die Möglichkeit, die Informationen der verschiedenen Experten zu vergleichen, was die Entscheidung gegen das explorative Interview begründet. Die Entscheidung gegen das theoriegenerierende Experteninterview basiert auf der Zielsetzung dieser Arbeit, welche *nicht* die Konstruktion sozialer Strukturen, Entscheidungsmaximen oder impliziter Kontextbedingungen des Handelns der Experten darstellt.

Neben diesen möglichen Untergliederungen, gilt es ebenso den Begriff des „Experten" für diese Arbeit zu definieren. Auch dieser ist folglich in der Fachliteratur nicht eindeutig geklärt. Während Bogner und Menz den Experten-Begriff einer von drei Typologien (voluntaristisch, konstruktivistisch und wissenssoziologisch) zuordnen, konzentriert sich die Begriffsbestimmung des Experten nach Meuser und Nagel sowohl auf die Eigenschaft einer Person, Akteur und nicht Beobachter des Handlungsfeldes zu sein, sowie auf die daran angeknüpfte Bewertung durch den Forscher, ob eine Person als Experte gilt (vgl. ebd. S. 73). Meuser und Nagel beschreiben als Experten,

> „wer in irgendeiner Weise Verantwortung trägt für den Entwurf, die Implementierung oder die Kontrolle einer Problemlösung oder wer über einen privilegierten Zugang zu Informationen über Personengruppen oder Entscheidungsprozesse verfügt" (Meuser & Nagel 2009, S. 470).

Experten können als Träger von relevantem Wissen betrachtet werden, an dem der Forscher interessiert ist. Sie verkörpern zudem Strukturzusammenhänge, organisationale und institutionelle Entscheidungsstrukturen sowie Problemlösungen (vgl. Liebold & Trinczek 2009, S. 37). Bei der Auswahl von Experten sollte überlegt werden, welche Person über relevante Informationen verfügt und gleichzeitig fähig und bereit ist, diese präzise mitzuteilen. Nicht zwangsläufig müssen potenzielle Interviewpartner der oberen Ebene einer Organisation angehören. Häufig sind es Personen an der Basis, welche über das meiste und detaillierteste Wissen verfügen, da sie in der Regel Entscheidungen vorbereiten und durchsetzen (vgl. Meuser & Nagel 2005, S. 74). Für die Auswahl der Experten im Rahmen dieser Arbeit sollen im Folgenden diese Eigenschaften und Bestimmungen dienen. Die genaue Anwendung spiegelt sich in der Darstellung des Samples wider.

Als geeignetes Untersuchungsinstrument im Rahmen von Experteninterviews ist der Leitfaden zu nennen. Insbesondere bei systematisierenden Interviews stellt der zwar ausdifferenzierte, dennoch offene und flexibel anzuwendende Leitfaden eine zentrale Orientierungsmöglichkeit für den Verlauf des Interviews dar. Durch das Prinzip der „geschlossenen Offenheit" (Liebold & Trinczek 2009, S. 37) resultiert neben der Konzentration auf die wesentlichen Informationen die Möglichkeit, eventuelle Themenwechsel und abweichende Schwerpunktsetzungen des Experten in das Interview zu integrieren. Für die Konzeption eines Leitfadens bedeutet dies, dass der Leitfaden das Interview thematisch strukturieren soll, der Detaillierungsgrad der Fragen niedrig ist und offene Fragen gegenüber geschlossenen Fragen vorzuziehen sind. Diese regen den Experten zum Erzählen an, wobei dieser selbst eigene Relevanzen setzen kann. Thematische sowie theoretische Grundlage für den in dieser Arbeit eingesetzten Leitfaden ist die Kontextanalyse aus TEIL 1 und TEIL 2, wobei zwei spezifische Leitfadenvarianten für die jeweilige Expertengruppe (Experten aus dem Bereich der Pädagogik vs. Experten aus dem Bereich der Psychotherapie) konstruiert wurden. Diese unterscheiden sich letztlich in den Formulierungen, der Grundaufbau ist identisch. Um dem Gesprächspartner einen niederschwelligen Einstieg zu ermöglichen, ist den eigentlichen Themen eine allgemeinere Eröffnungsfrage vorangestellt. Um Informationsverlust zu vermeiden, werden die Interviews per Audio-Aufnahmegerät aufgezeichnet und später anonymisiert transkribiert.

7.2 Auswertungsmethode: Zusammenfassende qualitative Inhaltsanalyse nach Mayring

Das durch die Experteninterviews gewonnene Datenmaterial gilt es im nächsten Schritt auszuwerten. Innerhalb der empirischen Sozialforschung hat sich hierfür eine Vielzahl an Methoden und Techniken etabliert. Die Auswahl der jeweiligen Methode richtet sich dabei stets nach dem Forschungsinteresse sowie dem vorhandenen Material. Diekmann weist darauf hin, dass bei der Datenerhebung mittels qualitativer Methoden, in diesem Fall leitfadengestützte Experteninterviews, eine *inhaltsanalytische* Auswertung der meist großen Datenmengen zu empfehlen ist (vgl. Diekmann 2011, S. 613).

Als eine der grundlegendsten Methoden kann hier die *Qualitative Inhaltsanalyse* nach Mayring genannt werden. Dieser unterscheidet allgemein drei Varianten qualitativer Inhaltsanalyse: *Zusammenfassung*, *Explikation* und *Strukturierung*.

Ziel der *Zusammenfassung* ist es, „das Material so zu reduzieren, dass die wesentlichen Inhalte erhalten bleiben, durch Abstraktion einen überschaubaren Corpus zu schaffen, der immer noch ein Abbild des Grundmaterials ist" (Mayring 2015, S. 69). Dabei wird das Textmaterial zunächst paraphrasiert, um es in einem zweiten Schritt zu kategorisieren. Die Zusammenfassung folgt einem induktiven Vorgehen, bei welchem die Kategorien aus dem Datenmaterial und nicht im

Vorhinein gebildet werden. Mayring schlägt für die induktive Kategorienbildung vor, 10-50 % des Materials durchzuarbeiten, d.h. Paraphrasen zu alten Kategorien zuzuordnen oder neue Kategorien zu bilden, um dann neu beginnend das gesamte Material entlang der gebildeten Kategorien zu bearbeiten (vgl. ebd. S. 69 ff). Anhand dieser Kategorien kann abschließend eine Interpretation vorgenommen werden (vgl. Mayring 2016, S. 116).

Die *Explikation* verfolgt eine genauere Bedeutungsanalyse problematischer Textstellen mithilfe zusätzlichen Materials (vgl. Diekmann 2011, S. 608). Im Gegensatz zur Zusammenfassung ist hier die Aufhellung unverständlicher oder diskrepanter Passagen beabsichtigt (vgl. Mayring 2016, S. 118). So stellt die Explikation weniger die Reduzierung, sondern vielmehr die Erweiterung des Materials durch textexterne, zusätzliche Informationen dar (vgl. Diekmann 2011, S. 609).

Ziel der *Strukturierung* ist es, bestimmte Strukturmerkmale herauszuarbeiten, beispielsweise formale, inhaltliche, typisierende oder skalierende Aspekte (vgl. ebd.). Grundlegend hierbei ist, dass zunächst ein Kategoriensystem formuliert wird, welches dann in deduktivem Vorgehen auf das Datenmaterial angewandt wird. Wichtig hierfür ist die Definition von Ankerbeispielen sowie das Aufstellen von Kodierregeln (vgl. ebd. S. 610).

Unabhängig davon, für welches Vorgehen sich der Forscher letztlich entscheidet – oder vielmehr: welches Vorgehen das Material bzw. das Forschungsinteresse erfordert – schlägt Mayring folgendes Ablaufmodell vor (vgl. Mayring 2015, S. 61 ff):

1. Festlegung des Materials
2. Analyse der Entstehungssituation
3. Formale Charakterisierung des Materials
4. Festlegung der Richtung der Analyse
5. Theoretische Differenzierung der Fragestellung
6. Bestimmung der Analysetechnik
7. Definition der Analyseeinheiten
8. Analyseschritte mittels Kodiersystem
9. Interpretation der Ergebnisse in Richtung der Fragestellung

Übertragen auf diese Forschungsarbeit können daher folgende theoretische Grundüberlegungen und Arbeitsschritte festgehalten werden:

Festlegung des Materials

Als auszuwertendes Material werden die Transkripte der durchgeführten Experteninterviews herangezogen. Dabei sollen insbesondere die für die Fragestellung relevanten Textpassagen analysiert werden. Da die Interviews leitfadengestützt stattfinden, wird der Großteil der Transkripte als relevant eingeschätzt, lediglich die allgemein gehaltene Einstiegsfrage, welche den Erzählfluss des Experten anregen soll, soll nur bei Bedarf berücksichtigt werden.

Analyse der Entstehungssituation

Mithilfe des Interview-Protokollkopfs, in welchem Informationen zur Ausbildung, Berufserfahrung, aktuellen Tätigkeit etc. des Experten gesammelt, sowie besondere Umstände der Interviewsituation vermerkt werden, kann im Rahmen dieser Arbeit eine entsprechende Analyse der Entstehungssituation stattfinden.

Formale Charakterisierung

Das Datenmaterial liegt in schriftlicher Form vor. Die Audio-Aufzeichnungen der Interviews wurden wörtlich und in vollem Umfang (Volltranskription) transkribiert.

Festlegung der Richtung der Analyse

Bei der späteren Auswertung und Interpretation soll der Fokus schwerpunktmäßig auf inhaltliche Aspekte gerichtet werden. Geäußerte subjektive Eindrücke und Erfahrungen hinsichtlich der Kooperation von Pädagogik und Psychotherapie, welche in der praktischen Arbeit an der erforschten Schnittstelle entstanden sind, sollen dabei genauso berücksichtigt werden wie objektive, strukturelle Rahmenbedingungen.

Theoretische Differenzierung der Fragestellung

Wie bereits weiter oben ausgeführt, soll als zentrale Forschungsfrage verfolgt werden: *Wie können Pädagogik und Psychotherapie in der Arbeit mit traumatisierten, unbegleiteten minderjährigen Flüchtlingen kooperativ zusammenwirken?* Die theoretische Begründung dieser Frage wurde in der Kontextanalyse deutlich. Besondere Begründung erfährt die Forschungsfrage durch die Tatsache, dass beide Professionen in der Praxis mit der betrachteten Zielgruppe arbeiten. Zudem wurde deutlich, dass beide Professionen für sich nicht allen Ansprüchen und Anforderungen gerecht werden können. Sie sind somit auf die Zusammenarbeit angewiesen. Als wichtigstes Argument für die Formulierung dieser Frage spricht zudem die abschließende Erkenntnis, dass eine strukturierte, funktionierende und befriedigende Zusammenarbeit bis dato nur in wenigen Fällen existiert.

Bestimmung der Analysetechnik

Für die inhaltliche Analyse des Datenmaterials wird in dieser Arbeit die *Zusammenfassung* angewandt. Für die Auswahl dieses Vorgehens spricht, dass es die induktive Kategorienbildung entlang des Materials ermöglicht, die bislang nicht erforschte Schnittstelle von Pädagogik und Psychotherapie, speziell in der Arbeit mit der Zielgruppe der UMF, durch Erkenntnisse aus der Praxis erstmals gezielt zu betrachten. So genügt der theoretische Wissensbestand meiner Erkenntnis nach nicht, um fundierte Kategorien auf Grundlage theoretischer, wissenschaftlicher

Erkenntnisse zu formulieren, um das Datenmaterial daran orientiert zu strukturieren. Die Erforschung dieser interdisziplinären Schnittstelle, welche durch die Aktualität in der Praxis fachliche Beachtung erfordert, profitiert von der *zusammenfassenden qualitative Inhaltsanalyse* in besonderem Maße. So können durch die Analyse relevanter subjektiver Deutungen bezüglich neu auftretender Herausforderungen, Probleme, Konflikte, Lösungsstrategien und Kooperationsmöglichkeiten, wichtige problembezogene Erkenntnisse gewonnen werden. Zudem ist die Systematik der zusammenfassenden qualitativen Inhaltsanalyse, d.h. das regelgeleitete und schrittweise Vorgehen entlang formulierter Techniken, gegenüber anderer interpretativer Analysetechniken ein Vorteil und somit ein wichtiges Argument.

Definition der Analyseeinheit
Als Kodiereinheit sollen im Rahmen dieser Forschung einzelne Wörter festgelegt werden, insofern sie in einem eindeutigen Zusammenhang genannt werden und einer entsprechenden Kategorie zugeordnet werden können. Als Kontexteinheit werden komplette Abschnitte festgelegt. Voraussetzung hierbei ist, dass der gesamte entsprechende Textabschnitt ausschließlich und eindeutig einer Kategorie zuzuordnen ist. Als Abfolge der Bearbeitung der Textabschnitte (Auswertungseinheit) soll sich am Interview-Leitfaden orientiert werden. Dieser ist thematisch strukturiert und ermöglicht dadurch eine sinnvolle, themenbezogene und vergleichbare Analyse der verschiedenen Interviews. Zudem sollen jeweils die Interviews der Experten aus dem Bereich der Pädagogik sowie die Interviews der psychotherapeutischen Experten gebündelt ausgewertet werden.

Analyseschritte mittels Kodiersystem und **Interpretation der Ergebnisse in Richtung der Fragestellung**
Wie beschrieben, findet die Auswertung durch induktives Vorgehen statt (*Zusammenfassung*). Kategorien werden daher in diesem Arbeitsschritt formuliert und erweitert. Die Interpretation der Ergebnisse findet in Kapitel 8 statt.

7.3 Gütekriterien

Die Formulierung von Gütekriterien dient der Qualitätsprüfung des Erhebungsprozesses sowie der Ergebnisse einer jeden Forschung. Ziel ist die bessere Überprüfbarkeit der Wissenschaftlichkeit der Forschungsarbeit. Da im Gegensatz zur quantitativen Forschung mit ihren gängigen Gütekriterien (Objektivität, Validität und Reliabilität) innerhalb der qualitativen Forschung kein einheitliches Bild des Einsatzes von Gütekriterien vorzufinden ist, sollen an dieser Stelle sechs Kriterien nach Mayring aufgeführt werden, welche auch für diese Arbeit angewandt werden sollen (vgl. Mayring 2016, S. 144 ff): *Verfahrensdokumentation, argumentative Interpretationssicherung, Regelgeleitetheit, Nähe zum Gegenstand, kommunikative Validierung* und *Triangulation*.

Hinsichtlich des Gütekriteriums der Verfahrensdokumentation wurde bereits das methodische Vorgehen theoretisch sowie auf die vorliegende Arbeit angewandt dargestellt. Um dem Kriterium der argumentativen Interpretationssicherung gerecht zu werden, soll die später stattfindende Interpretation des Materials stets durch Interviewpassagen belegt werden. So kann sichergestellt werden, dass diese begründet und in sich schlüssig nachvollziehbar sind. Die oben beschriebene Vorgehensweise hinsichtlich der Analyseschritte soll weitestgehend eingehalten werden. Diese Regelgeleitetheit stellt jedoch in erster Linie eine Orientierung dar, von welcher im Sinne der Offenheit innerhalb der qualitativen Forschung bei Bedarf angemessen abgewichen werden darf. Um die Nähe zum Gegenstand zu wahren, findet die Erhebung im beruflichen Umfeld der Experten statt, d.h. in den jeweiligen Jugendhilfeeinrichtungen sowie in Kliniken und psychotherapeutischen Praxen. Ist die Auswertung beendet, sollen die wichtigsten Aussagen, welche sich in den gebildeten Kategorien wiederfinden, mit den Befragten kurz abgeglichen werden. Diese kommunikative Validierung dient der inhaltlichen Absicherung der gewonnen Daten. Das Gütekriterium der Triangulation kann im Rahmen dieser Arbeit wie folgt berücksichtigt werden: Die theoretische und methodische Grundlage dieser Forschung wurde auf der Basis verschiedener Autoren im Bereich der qualitativen Forschung erarbeitet. So wurden die unterschiedlichen Ansätze von Meuser und Nagel, Bogner und Menz sowie Mayring zu einem Konzept zusammengefügt. Die Zuhilfenahme der verschiedenen Perspektiven kann sich positiv auf die Beantwortung der Forschungsfrage auswirken, indem Schwächen der einzelnen Ansätze durch Stärken eines anderen Verfahrens kompensiert werden können.

7.4 Sample und Durchführung

Die Auswahl des Samples für diese Forschungsarbeit orientiert sich an den in Kapitel 7.1 beschriebenen Merkmalen und Kriterien eines Experten. Für die Schnittstelle von Pädagogik und Psychotherapie kann daher Folgendes festgehalten werden:

Experte für diese Forschungsarbeit ist, wer in irgendeiner Weise psychotherapeutische bzw. pädagogische Arbeit mit traumatisierten UMF leistet. Der Experte muss Verantwortung für den Entwurf, die Implementierung oder die Kontrolle einer Problemlösung tragen, d.h. er muss als pädagogische oder psychotherapeutische Fachkraft für die Betreuung bzw. Therapie mindestens eines UMF verantwortlich sein und damit über relevante Informationen hinsichtlich der Forschungsfrage verfügen.

Es ergeben sich daher zwei übergeordnete Personenkreise, welche befragt werden: Fachkräfte mit pädagogischer Ausbildung (hierunter sollen alle pädagogischen Richtungen fallen, welche in der Betreuung von UMF eingesetzt werden), sowie Psychotherapeuten (hierbei sind insbesondere Kinder- und Jugendlichenpsychotherapeuten verschiedener Therapieverfahren heranzuziehen).

Experte 1 (im Folgenden „*Päd-1*") ist Sozialpädagogin (B.A.) und absolviert derzeit ein berufsbegleitendes Master-Studium der Sozialen Arbeit mit Schwerpunkt *Soziale Arbeit in der Migrationsgesellschaft*. Päd-1 arbeitet seit einem Jahr in einer stationären Einrichtung der Jugendhilfe, welche sich auf die Unterbringung von UMF spezialisiert hat. Päd-1 ist Bezugsbetreuerin von insgesamt drei Jugendlichen, wovon zwei als schwer traumatisiert zu bewerten sind und bereits Kontakt zu psychiatrischen bzw. psychotherapeutischen Maßnahmen haben.

Experte 2 („*Päd-2*") ist Sonderpädagogin (Staatsexamen) und absolviert derzeit berufsbegleitend ein Master-Studium der Erziehungs- und Bildungswissenschaft. Päd-2 arbeitet seit drei Jahren in einer heilpädagogischen Jugendwohngruppe der Kinder- und Jugendhilfe, welche seit zweieinhalb Jahren ausschließlich UMF betreut. In dieser Zeit hat sie an diversen Fortbildungsmaßnahmen im Bereich Flüchtlinge, UMF und Traumatisierung bzw. Traumapädagogik teilgenommen. Päd-2 ist aktuell Bezugsbetreuerin von insgesamt vier Jugendlichen, wovon zwei als traumatisiert zu bewerten sind und bereits Kontakt zu psychiatrischen bzw. psychotherapeutischen Maßnahmen haben.

Experte 3 („*Päd-3*") ist Jugend- und Heimerzieher. Päd-3 arbeitet seit zwei Jahren in heilpädagogischen Jugendhilfeeinrichtungen, welche auf die Unterbringung von UMF spezialisiert sind. Päd-3 ist Bezugsbetreuer von insgesamt fünf Jugendlichen, wovon zwei als teils schwer traumatisiert zu bewerten sind und bereits Kontakt zu psychiatrischen bzw. psychotherapeutischen Maßnahmen haben. Zuvor arbeitete Päd-3 in einer kinder- und jugendpsychiatrischen Klinik.

Experte 4 („*Psy-1*") ist Diplom-Pädagoge und derzeit Kinder- und Jugendlichenpsychotherapeut in Ausbildung (Verfahren: Verhaltenstherapie). Psy-1 arbeitet und behandelt im Psychologischen Dienst in einer Kinder- und Jugendpsychiatrie. Zudem absolviert er eine traumatherapeutische Zusatzausbildung. Psy-1 ist der behandelnde Therapeut mehrerer UMF, wobei der Großteil des Kontaktes zu den jugendlichen Flüchtlingen im Rahmen einer Diagnostik bzw. einer akuten Versorgung stattfindet.

Experte 5 („*Psy-2*") ist Diplom-Pädagoge und Kinder- und Jugendlichenpsychotherapeut (Verfahren: Verhaltenstherapie). Als Psychotherapeut ist Psy-2 für mehrere Einrichtungen der Jugendhilfe tätig und hat innerhalb der letzten sechs Jahre ca. 20 UMF behandelt.

Experte 6 („*Psy-3*") hat einen Magister-Abschluss mit Hauptfach Pädagogik und Nebenfach Psychologie sowie evangelische Theologie und ist Kinder- und Jugendlichenpsychotherapeutin (Verfahren: analytische Psychotherapie). Psy-3 praktiziert als niedergelassene Psychotherapeutin und behandelt seit zwei Jahren drei UMF.

Die Durchführung der Experten-Interviews fand im Zeitraum vom 24.10.2016 bis zum 14.11.2016 statt, wobei die Interviews in den jeweiligen Einrichtungen, Kliniken und Praxen der Experten durchgeführt wurden. Die Dauer der Interviews betrug zwischen 18 und 47 Minuten.

8 Schnittstelle pädagogischer und psychotherapeutischer Arbeit mit UMF

In Kapitel 8 soll die Interpretation der durchgeführten Experten-Interviews stattfinden. Dazu werden in einem ersten Schritt die Ergebnisse der Interviews mit den Experten aus dem Bereich Pädagogik vorgestellt, in einem zweiten Schritt die Ergebnisse der Interviews mit den Experten aus dem Bereich Psychotherapie. Die Darstellung orientiert sich an den induktiv gebildeten Kategorien, wobei argumentativ auf die Beantwortung Forschungsfrage hingearbeitet wird.

8.1 Die Schnittstelle aus Perspektive der Experten des Bereichs Pädagogik

Die pädagogische Arbeit an der Schnittstelle zur Psychotherapie mit der Zielgruppe traumatisierter UMF ist zunächst durch das pädagogische Setting und den Gruppenalltag geprägt. Aus diesem Grund werden zunächst allgemeine Erfahrungen in der pädagogischen Arbeit mit UMF sowie Erfahrungen mit der Thematik Traumatisierung bei UMF, wie sie von den Experten geschildert werden, dargestellt (8.1.1). Daran anschließend werden die genannten Möglichkeiten und Grenzen der pädagogischen Fachkräfte in der Arbeit mit dieser Zielgruppe (8.1.2) sowie die bisherigen Erfahrungen in der Kooperation mit der Psychotherapie (8.1.3) beschrieben. Schließlich werden konkrete Anknüpfungspunkte für eine gelingende und kooperative Zusammenarbeit der beiden Professionen, wie sie in der Praxis erlebt und von den Experten gefordert werden, präsentiert (8.1.4).

8.1.1 Erfahrungen in der Arbeit mit traumatisierten UMF

Die Arbeit mit UMF wird von den Experten größtenteils als „unterschiedlich (.) im positiven wie auch im negativen Bereich" (Päd-3, Z. 20) beschrieben, zudem werden die Jugendlichen als „ambivalent" (Päd-1, Z. 18) wahrgenommen. So werden sie einerseits als lieb, fein und hochsensibel beschrieben, andererseits seien sie fordernd, benötigten viel Aufmerksamkeit und hätten viele Wünsche, Träume und Vorstellungen, wobei es ihnen schwer falle, wenn diese nicht erfüllt werden (vgl. ebd. Z. 19-21). Konfligierende Ziele und Vorstellungen werden insbesondere dadurch deutlich, dass den Jugendlichen nur schwierig zu vermitteln sei, was in Deutschland von ihnen erwartet wird. Dies wird von Päd-1 darauf zurückgeführt, dass sich die UMF „permanent in einem Kulturschock" (Päd-1, Z. 22) befänden. Als weiteres, ambivalentes Merkmal nennt Päd-3 einerseits die Leistung der UMF, es bis nach Deutschland geschafft zu haben, sich trotz aller mitgebrachter Probleme Ziele zu setzen und etwas erreichen zu wollen, d.h. eine Schulausbildung bzw. Berufsausbildung zu starten (vgl. Päd-3, Z. 21-25). Auf der anderen Seite könnten sie dies aber aufgrund der familiären Belastung und den damit einhergehenden „Blockaden" (ebd. Z. 28) nicht umsetzen. Päd-2 sieht im Vergleich zwischen der Arbeit mit UMF und deutschen Jugendlichen durchwegs positive Aspekte. So seien UMF motivierter, höflicher und dankbar für die erhaltene Hilfe (vgl. Päd-2, Z. 28-31). Auch Thematiken wie Aggression oder Gewalt seien nicht mehr so präsent wie früher (vgl. ebd. Z. 32). Eine andere Perspektive zeigt Päd-3, welcher von auto- und sachaggressiven Handlungen eines Jugendlichen berichtet (vgl. Päd-3, Z. 136).

Zentral und von besonderer Bedeutung in der Arbeit mit UMF sei die Thematik der Traumatisierung (vgl. Päd-1, Z. 30; vgl. Päd-2, Z. 33 & vgl. Päd-3, Z. 33-34). Zwar seien nicht alle Jugendlichen traumatisiert (vgl. Päd-2, Z. 45-46), gleichwohl hätten aber alle UMF in irgendeiner Weise traumatische Erlebnisse gehabt (vgl. ebd.). Das Ausmaß der jeweiligen Traumatisierung wird bei den einzelnen UMF daher als sehr unterschiedlich beschrieben (vgl. Päd-1, Z. 31). Der Einfluss der Traumata zeige sich laut Experten in der alltäglichen pädagogischen Arbeit. Symptome und Folgeerscheinungen wie Schlafprobleme, Kopf- und Bauchschmerzen (vgl. Päd-2, Z. 33-34), Blockaden, Leistungsminderung und Verweigerung (vgl. Päd-3, Z. 35-41), Auto- und Sachaggression (vgl. ebd. Z. 136), oder Flashbacks und Müdigkeit aufgrund des fehlenden Schlafs (vgl. Päd-1, Z. 35) wirkten sich auf den Einzelnen wie auch die Gruppe aus und seien daher „nicht trennbar sozusagen von unserer täglichen Arbeit" (ebd. Z. 36-37). Traumata und deren Folgen werden folglich als wichtige Rahmenbedingungen beschrieben, mit denen Pädagogen umgehen müssen (vgl. ebd. Z. 43-44). So ist Päd-1 der Überzeugung, dass Pädagogen „nicht die Ausbildung und das Fachwissen (haben,) um an dem Trauma selbst zu arbeiten" (ebd. Z. 45). Auch für Päd-3 ist eine direkte Arbeit am Trauma eines Jugendlichen schwierig, jedoch basiere die Problematik laut Päd-3 auf den strukturellen und formalen Rahmenbedingungen des pädagogischen Settings bzw. der konkreten Jugendhilfeeinrichtung: „wir sind hier keine therapeutische Wohngruppe, wir sind hier eine offene Wohngruppe für minderjährige Flüchtlinge [...] wir können keinen engeren Rahmen [...] keine engere Struktur (bieten)" (Päd-3, Z. 51-54). Zwar könnten Pädagogen laut Päd-2 am Trauma selbst nicht arbeiten (vgl. Päd-2, Z. 50 & Z. 58), doch könne das pädagogische Setting bereits bewirken, „dass diese Traumatisierung quasi oder zumindest die Symptome besser werden" (Päd-2, Z. 49-50). Die Bearbeitung von Traumatisierungen, d.h. Traumata als Gegenstand professioneller Arbeit, schreiben die Experten stattdessen Psychologen, Psychotherapeuten sowie Psychiatern zu (vgl. Päd-1, Z. 53-54; vgl. Päd-2, Z. 67-68 & vgl. Päd-3, Z. 109-110). Diese würden über entsprechendes Handwerkszeug, adäquate Methoden und das geeignete Umfeld verfügen, sollte das pädagogische Setting alleine den UMF keine ausreichende Stabilität bieten.

Es zeigt sich hier, wie auch in der Kontextanalyse beschrieben, dass die Zielgruppe der UMF spezifische und sensible Anforderungen an die Pädagogik, d.h. die pädagogischen Fachkräfte, stellt. Insbesondere der Aspekt der Traumatisierung wird auch durch die Experten als Thema geäußert, welches über eine pädagogische Betreuung hinaus der psychotherapeutischen Unterstützung bedarf. Bevor jedoch die Ergebnisse zur Schnittstelle dargestellt werden, müssen die spezifischen Möglichkeiten und Grenzen der Pädagogik – aus Sicht Experten – sowie die bisherigen Erfahrungen der Zusammenarbeit zusammengefasst werden. Dies ist notwendig, um anschließend den Bedarf sowie die konkreten Anknüpfungspunkte für eine Kooperation mit der Psychotherapie zu begründen.

8.1.2 Spezifische pädagogische Möglichkeiten und Grenzen

Die Thematik der Traumatisierung konfrontiert pädagogische Fachkräfte mit Folgeerscheinungen und Symptomen, welche sich auf das alltägliche Gruppengeschehen und damit auf die Arbeit dieser Fachkräfte auswirken. Um diesen zu begegnen, beschreiben die Experten diverse Möglichkeiten im Rahmen ihres pädagogischen Handelns. Da sich die befragten Experten in ihrer pädagogischen Arbeit jedoch nicht mit dem Trauma als konkretem Gegenstand auseinandersetzen, sondern deren Arbeit von ebendieser Traumathematik beeinflusst wird, handelt es sich bei den pädagogischen Möglichkeiten nicht um Methoden der konfrontativen Traumabearbeitung, sondern vielmehr um betreuende und stabilisierende Aspekte der Beziehungsarbeit, wie sie auch im Rahmen der Kontextanalyse in der traumapädagogischen Perspektive deutlich wurden. So sei es Aufgabe und gleichzeitig Chance des Pädagogen, als Vertrauens- und Bezugsperson dem Jugendlichen Schutz, Sicherheit und Stabilität in vielen kritischen Lebensbereichen und Situationen zu bieten (vgl. Päd-1, Z. 224-226; Päd-2, Z. 258-259 & Päd-3, Z. 120-121). Als wesentliche Hilfsmittel hierfür nennen die Experten das Angebot zu Gesprächen (vgl. Päd-3, Z. 87), frühzeitiges Ansprechen bei kritischen Situationen (vgl. ebd. Z. 116-118) sowie Zuhören – als scheinbar einfaches aber effektives Mittel pädagogischer Hilfe: „einfach mal zuhören (.) das hilft oftmals schon" (Päd-2, Z. 60). Die alleinige Anwesenheit des Pädagogen als Bezugsperson sei dabei von großer Bedeutung (vgl. Päd-3, Z. 82), so könne dieser dadurch, „dass man schon mal dabeibleibt" (ebd. Z. 118-119) deeskalierend wirken. Der Jugendliche spüre, dass er nicht alleine ist, dass der Betreuer um die Bedeutung der Situation weiß und ihm Sicherheit und Unterstützung garantieren kann (vgl. ebd. 119-121). Zentrale pädagogische Aufgabe sei es laut den Befragten, Verlässlichkeit und Konsequenz zu vermitteln (vgl. Päd-2, Z. 252) und dadurch Struktur und Sicherheit in die ansonsten unsichere und unübersichtliche Lebenssituation der UMF zu bringen (vgl. Päd-3, Z. 318-328). Das Miteinbeziehen der Gruppe als sicheres, soziales Umfeld sei für Päd-2 ein wichtiger Aspekt pädagogischer Arbeit mit UMF. Gemeinsame Aktivitäten, wie regelmäßiges Kochen und Abendessen der gesamten Wohngruppe sowie Gruppenausflüge, würden erstens alle Jugendlichen miteinander in Kontakt bringen und zweitens zur Struktur im Alltag beitragen (vgl. Päd-2, Z. 247-251). Neben diesen struktur- und zusammenhaltstiftenden Vorteilen der Gruppe sind es außerdem individuelle Angebote und Aktivitäten des Pädagogen mit dem Einzelnen, welche als pädagogische Aufgaben beschrieben werden. Päd-3 sieht die besondere Bedeutung darin, „aktiv mit den Jungs zu arbeiten also nicht nur zu sagen ja ok ihr habt diese Möglichkeit etwas zu tun oder das oder das sondern aktiv mitmachen und zu sehen hey (.) uns ist es auch wichtig" (Päd-3, Z. 84-87). Der Aspekt der Ablenkung von psychischen Problemen und Belastungen stehe dabei im Vordergrund, so könnten die UMF „gewisse Sachen verdrängen indem man sie immer wieder beschäftigt" (ebd. Z. 90). Neben dem gemeinsamen Entwickeln – und möglicherweise auch dem gemeinsamen Verfolgen – eines dauerhaften Hobbys mit dem pädagogischen Betreuer (vgl. ebd. Z. 93), sei das aktive Eingreifen bzw. Anbieten einer ablenkenden Tätigkeit in Krisensituationen Teil einer individuellen Unterstützung: „man kann vieles anbieten mach einen Spaziergang ich komm mit (.) wenn du Frust hast dann können wir auch in den Keller runtergehen dann können wir in den Boxsack schlagen (.) wir können auch ein paar Runden laufen dass du dich richtig auspowerst (.) das hilft dann eigentlich ganz gut" (ebd. Z. 122-125). Der pädagogische Auftrag – so wird es durch die Experten beschrieben – liege darin, gemeinsam mit den UMF einen deeskalierenden und individuellen Umgang mit ihren Gefühlen und Symptomen, welche die Traumata zur Folge haben, zu finden (vgl. Päd-2, Z. 58-59). So wird nicht konkret das Trauma bearbeitet, jedoch dessen Auswirkungen auf das Verhalten und Wohlbefinden im Alltag. In der Verantwortung des Pädagogen liegt es somit, den Jugendlichen im Alltag zu beobachten und zu erkennen, wenn dieser intensivere, individuelle Aufmerksamkeit benötigt. Durch die enge und alltägliche Arbeit mit den Jugendlichen, entwickle man laut Päd-3 ein „gewisses Gefühl für die Jungs und weiß wie jemand reagiert [...] und da sollte einem dann eigentlich schon klar sein ok dem geht's nicht gut der sprudelt schon wieder innerlich" (Päd-3, Z. 113-116). In Fällen, in denen beispielsweise die Traumatisierung sehr stark ausgeprägt ist, oder der mangelhafte Kontakt des Jugendlichen zu seiner Familie eine ständige und sich wiederholende Belastung darstellt, könnten jedoch auch diese pädagogischen Handlungsmöglichkeiten nicht mehr adäquate und ausreichende Hilfe leisten. Auch dieses müsse der Pädagoge beobachten, erkennen und gegebenenfalls weitere Unterstützungsformen durch „professionelle Hilfe von außen" (ebd. Z. 110) in die Wege leiten. Kommt es schließlich zum Entschluss, eine therapeutische Maßnahme in Anspruch zu nehmen, könne der Pädagoge auch hierbei helfen, den Jugendlichen auf die Psychotherapie vorzubereiten, ihn zu begleiten und zu unterstützen – hier komme ihm wieder die wichtige Rolle als Bezugsperson zu (vgl. Päd-1, Z. 218-226 & Päd-2, Z. 114-121).

Die Möglichkeiten pädagogischer Fachkräfte in der Arbeit mit UMF – speziell hinsichtlich der Thematik der Traumatisierung – zeigen gleichzeitig auch die jeweiligen Grenzen auf. So sei es in erster Linie die tatsächliche Traumabearbeitung, welche nicht in das Aufgabenspektrum eines Pädagogen fällt (vgl. Päd-1, Z. 49 & Päd-2, Z. 58). Grund hierfür sei, dass pädagogische Fachkräfte aufgrund ihrer Ausbildung bzw. ihres Studiums nicht über das notwendige Wissen über die entsprechenden diagnostischen, medizinischen und therapeutischen Methoden verfügten (vgl. Päd-1, Z. 55-58). Neben dem fehlenden „Handwerkszeug" (Päd-2, Z. 76) stellt für die befragten Pädagogen das pädagogische Setting bzw. die Form der Wohngruppe einen weiteren Faktor dar, der einer intensiven Arbeit am Trauma entgegenstehe (vgl. ebd. Z. 77).

Starre pädagogische Konzepte von Einrichtungen, die nicht speziell auf traumatisierte UMF ausgerichtet sind, sowie die Unterbringung zu vieler Jugendlicher mit unterschiedlich intensiven Bedürfnissen, verhinderten laut Päd-3 eine individuelle Anpassung der Rahmenbedingungen an den Einzelnen – dieses sei jedoch für den Befragten wünschenswert und notwendig, um professionelle pädagogische Arbeit mit traumatisierten UMF leisten zu können (vgl. Päd-3, Z. 51-57; Z. 261-267 & Z. 345-347). So sei eine weitere Grenze pädagogischer Möglichkeiten die Intervention bei Eskalationen hoch traumatisierter UMF. Laut Päd-3 „kann (man) da nicht immer deeskalierend wirken" (ebd. Z. 111). Schließlich würden sich aus dem rechtlichen und politischen Spannungsfeld – so wie es auch in der Kontextanalyse beschrieben wurde – Grenzen bzw. Probleme für die pädagogische Praxis ergeben. Die Unsicherheiten, welche einerseits aus dem Asylverfahren, andererseits durch die undurchsichtige Vorgehensweise von Behörden entstünden, würden den Pädagogen jegliche Glaubwürdigkeit und damit den Jugendlichen die Sicherheit nehmen (vgl. Päd-2, Z. 50-53), welche es für eine gelingende Traumaarbeit benötige. Das Verfolgen von gesetzten Zielen würde dadurch in Frage gestellt, weil der Sinn dahinter nicht mehr gesehen werde und die Hoffnung auf einen positiven Ausgang schwinde: „wo ist die Glaubwürdigkeit wo ist die Sicherheit (.) die ist weg (.) das können wir den Jungs aber so nicht sagen (.) da sind wir halt auf dem Scheideweg was machen wir jetzt (...) es geht ja darum (.) die vertrauen uns […] aber wenn sie es dann machen und dann am Ende enttäuscht werden obwohl sie dieses Ziel erreicht haben dann (..) ja (..) ist schon gefährlich finde ich (.) auch für unsere Arbeit natürlich" (Päd-3, Z. 315-328). Besonders deutlich in dieser Passage wird die Ratlosigkeit und Enttäuschung des Pädagogen hinsichtlich der vorherrschenden Rahmenbedingungen, welche ihn und seine Kollegen in der pädagogischen Arbeit begrenzen.

Die hier wiedergegebenen pädagogischen Möglichkeiten und Grenzen spiegeln zu einem großen Teil wesentliche Aspekte der Kontextanalyse wider. Insbesondere starre Konzepte scheinen für die Praxis nur von geringem Wert, stattdessen liegt der pädagogische Auftrag in der individuellen Beziehungsarbeit, der Stabilisierung und der Ausgestaltung persönlicher, alltäglicher Bezüge zum einzelnen Jugendlichen. Die pädagogische Arbeit mit traumatisierten UMF basiert auf der Herstellung von Sicherheit, in einer von Unsicherheit geprägten Lebenssituation. Um dies leisten zu können, muss gegebenenfalls über die pädagogischen Grenzen hinweg nach Möglichkeiten gesucht werden, pädagogische Defizite zu kompensieren. Es wurde aber auch deutlich, dass die Pädagogik über wichtige Mittel verfügt, um die Thematik der Traumatisierung in den pädagogischen Alltag zu integrieren. Dies stellt eine wichtige Voraussetzung dar, dass Pädagogen erstens überhaupt für die Versorgung von Menschen mit Traumatisierung, zweitens für eine Kooperation mit psychotherapeutischen Fachkräften geeignet sind. Die befragten Experten haben bezüglich einer solchen Zusammenarbeit unterschiedliche Erfahrungen, welche nun dargestellt werden.

8.1.3 Bisherige Kooperationserfahrungen mit der Psychotherapie

Die bisherigen Erfahrungen der befragten Pädagogen in der Zusammenarbeit mit Fachkräften aus dem Bereich der Psychotherapie erweisen sich als differenziert. So wird weder von einer durchwegs guten, noch von einer gänzlich schlechten Kooperation berichtet. Stattdessen wird jeder Einzelfall, d.h. jede individuelle Zusammenarbeit der beteiligten Fachkräfte, wenn ein UMF zusätzlich zur pädagogischen Betreuung in einer Jugendhilfeeinrichtung in irgendeiner Form therapeutische Hilfe erhält, unterschiedlich von den Befragten wahrgenommen und beschrieben. Es werden dabei weniger die organisationalen und formalen Strukturen der Institutionen, sondern vielmehr die individuellen Bemühungen sowie das jeweilige Engagement genannt, welche bisher Grundlage einer gelingenden Kooperation sind. Auf Basis der durchgeführten Interviews können hierbei gewisse Faktoren herausgearbeitet werden, welche die positive oder negative Wahrnehmung der Kooperation beeinflussen.

Als erster Faktor ist die Eingebundenheit des Therapeuten in das Betreuer-Team zu nennen. So beschreibt Päd-2 die Nähe des Therapeuten zur Einrichtung als Glücksfall (vgl. Päd-2, Z. 188-194), da sich daraus diverse Vorteile ergäben. Zum einen ließen sich lange Wartezeiten vermeiden, welche auf den generellen Mangel an Psychotherapeuten bzw. Therapieplätzen zurückgeführt werden (vgl. ebd. Z. 127). Zum anderen würden die Jugendlichen den Therapeuten besser kennen, was für eine vertrauensvolle Therapiebeziehung wichtig sei (vgl. ebd. Z. 196-197). Letzteres wird von den Befragten als wesentlicher Faktor für das Gelingen der Zusammenarbeit genannt. Bisher sei jedoch eher festzuhalten, dass sich Therapeuten und UMF zu selten sehen und sich deshalb nur kaum bzw. nicht gut genug kennen würden (vgl. Päd-1, Z. 67-68 & vgl. Päd-2, Z. 211-222). Zentrales Kriterium für die Bewertung einer Zusammenarbeit mit einem Psychotherapeuten ist der Informationsaustausch zwischen den beteiligten Fachkräften. Findet dieser regelmäßig, zuverlässig und transparent statt, so ist dies bisher für alle Experten ein Faktor für eine kooperative, gelingende Zusammenarbeit. Als besonders positives Beispiel beschreibt Päd-1 die Zusammenarbeit mit einer externen Therapeutin eines Jugendlichen: „die kommt einmal im Monat und spricht mit mir über den Jugendlichen und einmal im Monat trifft man sich bei ihr in den Praxisräumen (.) das finde ich auch optimal" (Päd-1, Z. 186-188). Päd-2 beschreibt ihre positiven Erfahrungen bezüglich des Austauschs unter anderem wie folgt: „wir haben regelmäßig Teamgespräche wo wir uns austauschen […] sind gegenseitig per E-Mail oder am Telefon zu erreichen […] wenn es irgendetwas gab dann tauschen wir uns auch aus" (Päd-2, Z. 89-91). Der geregelte Informationsaustausch stellt auch für Päd-3 eine wichtige Hilfe für die pädagogische Arbeit dar: „es werden auch Protokolle (.) Gesprächsprotokolle dann verfasst und dann uns Betreuern intern weitergeschickt […] damit kann man natürlich auch schon arbeiten" (Päd-3, Z. 197-198). Als negative Erfahrung hinsichtlich des Informationsaustauschs nennt Päd-1 ein Beispiel von einer Entlassung und Rückkehr eines Jugendlichen aus der Kinder- und Jugendpsychiatrie: „an der Information hapert es nicht aber […] man hat manchmal das Gefühl man wird angelogen"

(Päd-1, Z. 141-142). Dieser Eindruck hängt mit dem nächsten Faktor zusammen: der Nachvollziehbarkeit einer Entlassung aus stationärer, psychiatrischer bzw. psychotherapeutischer Behandlung. Häufig wird der stationäre Aufenthalt seitens der Pädagogen als zu kurz wahrgenommen, da bis zur Entlassung keine wirkliche, d.h. nachhaltige Verbesserung der Symptome eingetreten sei (vgl. ebd. Z. 137-139). Päd-1 berichtet in diesem Zusammenhang auch von der Frage innerhalb des Betreuer-Teams, ob eine erneute Inanspruchnahme professioneller Hilfe durch einen stationären Aufenthalt überhaupt Sinn mache (vgl. ebd. Z. 139-140). Als weitere negative Erfahrung, speziell in der Zusammenarbeit mit psychiatrischen Fachkräften, nennen die Experten des Bereichs Pädagogik die starke Konzentration auf die medikamentöse Behandlung von Symptomen, mit dem vorrangigen Ziel, den Jugendlichen ruhig zu stellen (vgl. Päd-1, Z. 88-89 & Päd-3, Z. 255-259). Dies würde die langfristige pädagogische Arbeit ihrer Erfahrung nach nicht erleichtern, da im Falle eines ausbleibenden Behandlungserfolgs durch Medikation erneut nach alternativen Wegen gesucht werden müsse (vgl. Päd-3, Z. 246-247). So ist generell das Engagement des behandelnden Therapeuten als ein weiterer wichtiger Faktor zu nennen. Päd-1 schildert des Weiteren die Erfahrung, dass Therapeuten in manchen Fällen trotz eines hohen Engagements „keine Ahnung von Flüchtlingen haben" (Päd-1, Z. 82). Dies würde sich sowohl im Wissen über kontextuelle Aspekte wie auch im Verständnis für alltägliche Probleme der UMF zeigen (vgl. ebd. & vgl. Päd-2, Z. 169-171). Ein weiterer Faktor, welcher aus den Erfahrungsberichten der Experten herausgezogen werden kann, ist die Therapiemotivation bzw. -bereitschaft der UMF. So seien viele der Jugendlichen „noch nicht so weit dass sie es hinkriegen sozusagen sich da zu öffnen" (Päd-1, Z. 84-85), würden das Konzept einer Psychotherapie nicht kennen und nur wenig Sinn in einer therapeutischen Hilfe sehen (vgl. Päd-2, Z. 92-95). Die Experten berichten von der Erfahrung, dass UMF dem Therapeuten gegenüber ein anderes, konträres Bild von ihrer Therapiemotivation zeigten, als bei den pädagogischen Betreuern (vgl. Päd-2, Z. 156-158). Dies würde sowohl die Zusammenarbeit mit dem Therapeuten, wie auch die Möglichkeiten des Pädagogen erschweren, den Jugendlichen zur Aufrechterhaltung des Therapiebesuchs zu bewegen (vgl. ebd. Z. 160-163). Die häufige Folge seien frühzeitige Abbrüche einer begonnenen Psychotherapie durch den Jugendlichen (vgl. ebd. & vgl. Päd-3, Z. 147), wobei dies von den befragten Pädagogen nicht unbedingt als negativ bewertet wird. Päd-3 schließt aus einem Beispiel eines Therapieabbruchs eines Bezugsjugendlichen: „so wie ich ihn jetzt auch miterlebe [...] braucht er das jetzt auch nicht mehr (...) das war jetzt wahrscheinlich so eine kurze Phase in der er sich unwohl gefühlt hat in der er Hilfe gebraucht hat aber ich denke für ihn ist das jetzt auch abgeschlossen" (Päd-3, Z. 150-153). Auch Päd-2 hat das Gefühl, dass die Jugendlichen, welche die therapeutische Betreuung abgebrochen haben, damit gut klar kämen (vgl. Päd-2, Z. 177-178) und für sie wohl das pädagogische Setting hinsichtlich der künftigen Lebensumstände genüge. Schließlich ist die Sprachbarriere zwischen UMF und Therapeuten bzw. Pädagogen ein Faktor, welcher erfahrungsgemäß die Kooperation beeinflusse – gleichzeitig aber auch von einer guten Zusammenarbeit überwunden werden könne. So sei die geringe Sprachfähigkeit der Jugendlichen in manchen Kooperationen ausschlaggebend für einen Therapieabbruch gewesen (vgl. ebd. Z. 96-99), in anderen Fällen sei diese Hürde überwunden worden, beispielsweise durch das Begleiten durch den Bezugsbetreuer zur Therapie, da der Pädagoge Probleme des sprachlichen Ausdrucks durch eigene Schilderungen der Vorkommnisse im Alltag kompensieren könne (vgl. Päd-1, Z. 206 & Z. 218-223).

Langfristige und übergreifende Erfahrungen hinsichtlich der Kooperation könnten laut den befragten Experten noch nicht berichtet werden. So befänden sich die einzelnen Kooperationen hinsichtlich einer Strukturierung und Etablierung erst im Aufbau bzw. in der Anfangsphase (vgl. ebd. Z. 79-80 & vgl. Päd-3, Z. 164-166) – gleiches gelte für entsprechend nachhaltige Therapieerfolge (vgl. Päd-2, Z. 180-182). Päd-2 betont, dass bis dato wirkungsvolle und effiziente Hilfen durch die Kinder- und Jugendpsychiatrie in Anspruch genommen werden konnten – insbesondere eine fundierte Diagnostik durch ein multiprofessionelles Team sowie Empfehlungen und Weiterleitungen zu weiterführenden Hilfen, werden dabei als positiv beschrieben (vgl. ebd. Z. 133-136). Schließlich benennen die Experten des Bereichs Pädagogik strukturelle, rechtliche und politische Aspekte, welche die Kooperation bisher beeinflussten. Neben jenen Faktoren, welche bereits in Kapitel 8.1.2 die Grenzen pädagogischer Möglichkeiten definierten, nennt Päd-2 als Hindernisse die strenge Abrechnung der Psychotherapeuten über die Krankenkassen, die fehlenden Alternativen zur Finanzierung externer Therapieangebote sowie die Notwendigkeit, hinsichtlich der Zusammenarbeit mit Therapeuten noch an der Basis arbeiten zu müssen (vgl. ebd. Z. 309-326). Ein weiterer wichtiger Aspekt hinsichtlich der Schnittstelle von pädagogischer und psychotherapeutischer Arbeit sei für Päd-3 die Zusammenarbeit mit dem ambulanten psychologischen Dienst, welcher dem Träger der Einrichtung angehört. Dieser führe in regelmäßigen Abständen Einzelgespräche mit den Jugendlichen der Einrichtung durch und stelle sowohl die erste Anlaufstelle wie auch einen festen Kooperationspartner für die Betreuer dar (vgl. Päd-3, Z. 187-188). Päd-3 berichtet diesbezüglich von zwei Bezugsjugendlichen, von welchen zumindest einer als schwer traumatisiert eingestuft werde. Bei beiden sei es jedoch nicht zu einer solchen Beziehung zum psychologischen Dienst gekommen, dass ein Fortschritt bzw. die Motivation zur Aufrechterhaltung der Gespräche entstanden sei (vgl. ebd. Z. 136-138 & Z. 157), weswegen beide zu externen Psychotherapeuten weitergeleitet wurden. Für den Betreuer stelle jedoch die alltägliche und konstante psychologische Begleitung einen großen Vorteil dar. Zwar könne der psychologische Dienst nicht jedem adäquat helfen – d.h. Therapie schwerer posttraumatischer Symptome – doch sei beispielsweise die Vermittlung durch den Psychologen zu einem externen Therapeuten oder die Rückmeldung an die pädagogischen Fachkräfte über den psychischen Zustand der UMF eine wichtige Hilfe (vgl. ebd. Z.193-195). Psychologische Alltagsbegleitung kann somit die professionelle Arbeit an der Schnittstelle der zwei betrachteten Professionen bereichern, insbesondere durch diagnostische Gespräche, fachliche Rückmeldung an pädagogische Kollegen, niederschwellige Gesprächsangebote für die Jugendlichen sowie bei entsprechendem Bedarf durch Vermittlung an externe Fachleute.

Die Experten berichten von diversen Vorteilen für UMF, wenn eine kooperative Zusammenarbeit des pädagogischen und psychotherapeutischen Bereichs stattfindet. So sei es in erster Linie die übergreifende Versorgung in allen Lebensbereichen, welche den Jugendlichen Stabilität, Struktur und Sicherheit schaffe (vgl. Päd-1, Z. 232; vgl. Päd-2, Z. 246-259 & vgl. Päd-3, Z. 278). Dies sei bisher für Päd-3 die Grundlage dafür, dass sich die UMF wieder auf das Entwickeln und Verfolgen einer Zukunftsperspektive konzentrieren könnten (vgl. Päd-3, Z. 278-281). Durch eine gute Kooperation gewinne der Jugendliche zudem eine weitere Bezugsperson hinzu, bei der Vertrauen, individuelle Versorgung, intensiver Kontakt und Wertschätzung entstehen könne. Der Psychotherapeut könne ihm außerdem eine Anlaufstelle bei Problemen innerhalb der Gruppe oder mit den Betreuern sein (vgl. Päd-2, Z. 282-296). Schließlich erfahre der UMF Wertschätzung für seine Person, da er merke, dass er mit seinen Problemen nicht alleine gelassen wird, sondern dass sich seine betreuenden Bezugspersonen intensiv damit auseinandersetzen, wie ihm in seiner Situation so gut wie möglich geholfen werden kann. Auf den einzelnen Jugendlichen wirke sich ebenso aus, dass die geteilte Verantwortung zwischen den Professionen entsprechend der fachlichen Kompetenzen die Last von den Schultern der Pädagogen nehme und diese besser reagieren könnten (vgl. Päd-1, Z. 243-244).

Die Erfahrungen der befragten Pädagogen zeigen ein komplexes, sich noch in den Anfängen befindendes Bild der Zusammenarbeit. Strukturierte, verbindliche und verlässliche Kooperationen bestehen nur bedingt, vielmehr liegt es in den Händen und im Interesse der einzelnen Akteure, gemeinsam zu arbeiten. Wie bereits in der Kontextanalyse beschrieben, spiegelt sich auch in den Erfahrungsberichten der Pädagogen der Bedarf einer Verbesserung und Weiterentwicklung dieses professionellen Netzwerks wider. Es wurden dadurch einige Faktoren deutlich, welche die notwendigen Beiträge für eine kooperative Zusammenarbeit von Pädagogik und Psychotherapie in der Praxis mit UMF erkennen lassen. Welche konkreten Anknüpfungspunkte die Experten aus dem Bereich Pädagogik für eine künftige Kooperation sehen soll nun dargestellt werden.

8.1.4 Anknüpfungspunkte für eine kooperative Zusammenarbeit an der Schnittstelle

Neben den bisherigen Erfahrungen, sollten die Experten Anknüpfungspunkte und Aspekte beschreiben, welche für eine professionelle Zusammenarbeit pädagogischer und psychotherapeutischer Fachkräfte aus ihrer Perspektive notwendig sind. Folgende Erwartungen an die Kooperationspartner wie auch Beiträge, welche die Pädagogen in eine Zusammenarbeit einbringen können, sind auf Grundlage der Experten-Interviews diesbezüglich zu nennen:

Als zentrale Erwartung an eine gute Zusammenarbeit mit Psychotherapeuten nennen die Befragten den Erhalt von Tipps und Informationen. Eine fachlich fundierte Rückmeldung des psychotherapeutischen Spezialisten über Diagnose, Symptome, Verhalten oder Innenleben bei dem jeweiligen Jugendlichen, sei ein elementarer Grundstein für die pädagogische Arbeit mit traumatisierten UMF (vgl. Päd-1, Z. 59 & Z. 70-73 & vgl. Päd-3, Z. 194-196). Gleichzeitig erhofft sich Päd-1 Auskünfte darüber, wie sie die Arbeit des Therapeuten unterstützen und somit zu einer erfolgreichen Therapie beitragen kann (vgl. Päd-1, Z. 60). Ausschlaggebend für den großen Wunsch bzw. die geäußerte Notwendigkeit nach psychotherapeutischen Ratschlägen für die pädagogische Praxis sei der Methodenmangel und das fehlende Wissen der Pädagogen innerhalb der Thematik psychischer Folgeerscheinungen durch Traumata (vgl. ebd. Z. 56-59). Um diesen Erwartungen gerecht zu werden, sehen die befragten Experten zudem die Bereitschaft des Psychotherapeuten zu einer engen Zusammenarbeit durch regelmäßigen und zuverlässigen Kontakt als wichtig an. Päd-1 und Päd-2 würden einen großen Mehrwert für die psychosoziale Arbeit mit traumatisierten UMF vor allem dann sehen, wenn eine psychologische bzw. psychotherapeutische Fachkraft fester Teil des pädagogischen Settings, d.h. in Vollzeit beschäftigt, im Gruppenalltag wäre (vgl. Päd-1, Z. 162-163 & Päd-2, Z. 195-196). Doch auch externe Psychotherapeuten sollten laut den Befragten den regelmäßigen Kontakt zu den Jugendlichen wie auch zum Betreuer-Team suchen. Häufigere Therapiesitzungen, Besuche in der Wohngruppe, gemeinsame Fallbesprechungen in Teamsitzungen oder die Supervision mit dem behandelnden Therapeuten seien dabei mögliche Anknüpfungspunkte aus Sicht der pädagogischen Experten. So fordert Päd-1 von kooperierenden Psychotherapeuten auch, dass sich diese über das soziale Umfeld ihres Patienten informieren und einen persönlichen Eindruck von dessen Lebenswirklichkeit verschaffen sollten (vgl. Päd-1, Z. 189-190). Eine weitere zentrale Erwartung ist die zuverlässige, gewissenhafte und professionelle Behandlung des UMF und dessen psychischen Belastungen. So erhofft sich Päd-2, „dass der (Therapeut) einfach noch gezielter diese Probleme angeht" (Päd-2, Z. 75). Päd-1 wünscht sich insbesondere, dass die traumatisierten Jugendlichen bei stationärem Aufenthalt nicht nur solange „aufbewahrt" (Päd-1, Z. 117) würden, bis sie medikamentös ruhiggestellt und „einigermaßen unauffällig" (ebd. Z. 118) seien, sondern seitens der Psychotherapie mehr Zeit und Wertschätzung dem Einzelnen entgegengebracht würde. Bis dato stelle sich dies für die Pädagogen nicht so dar, stattdessen stehe meist der schnelle „Erfolg in Anführungszeichen weil sie konnten den als geheilt entlassen" (ebd. Z. 123-124) im Fokus. So sei ein unverzichtbarer Beitrag der Therapeuten für eine gute Kooperation die Sicherstellung der Verbesserung von Problemen und Symptomen. Für Päd-1 würde eine gute Zusammenarbeit bedeuten, dass sich die betreuenden Pädagogen „darauf verlassen können wenn der wieder [...] zurück kommt dass es auf jeden Fall weniger Probleme gibt als vorher und das Problem warum er diese Unterstützung gebraucht hat und warum wir jetzt diesen Schritt gegangen sind [...] ja indem einfach sie uns sicherstellen (.) dass wir hier wieder mit dem Jugendlichen ohne diese Probleme weiter arbeiten können" (ebd. Z. 109-114). Für Päd-3 sei dies neben der Sicherheit für die Pädagogen auch für die UMF selbst wichtig, da sie nur so in ein für sie und ihre Bedürfnisse angemessenes Umfeld zurückkehren könnten. Andernfalls müsse man sich gemeinsam für den Jugendlichen um eine andere, spezialisierte Einrichtung kümmern (vgl. Päd-3, Z. 245-250).

Die befragten Experten des Bereichs Pädagogik formulieren zudem wichtige Aspekte und Aufgaben, welche sie für das Funktionieren der Zusammenarbeit beitragen können. So würde eine fachliche Kooperation im Kontext traumatisierter UMF bei der Aneignung von Wissen über psychische Krankheitsbilder und Symptome beginnen (vgl. Päd-1, Z. 199-200), beispielsweise durch eigenständiges Organisieren und Besuchen entsprechender Fortbildungen, um alle Beteiligten auf den gleichen Wissensstand zu bringen (vgl. ebd. Z. 265-267). Kenntnisse über psychische Folgeerscheinungen seien insofern unerlässlich, da diese grundlegend für den folgenden pädagogischen Beitrag zu einer guten Zusammenarbeit seien. So liege es in der Verantwortung der Pädagogen, psychotherapeutischen Unterstützungsbedarf zu erkennen: „ich muss sehen wenn was nicht stimmt [...] und muss erkennen okay es ist jetzt einfach Unterstützungsbedarf da" (vgl. ebd. Z. 198-202). Werde ein Unterstützungsbedarf erkannt, so sei es anschließend die Aufgabe des Pädagogen, den Jugendlichen auf eine Psychotherapie vorzubereiten. Für Päd-2 beinhalte dies, ein gewisses Verständnis für Psychotherapie zu schaffen, Vorurteile gegenüber psychischer Erkrankungen abzubauen, Angst zu nehmen sowie die Bedeutung eines langfristigen Therapiearrangements zu vermitteln (vgl. Päd-2, Z. 107-121; Z. 150-151 & Z. 269-270). Im Falle des Zustandekommens einer psychotherapeutischen Versorgung sei es die Aufgabe des pädagogischen Betreuers, den UMF bei Bedarf zu den Therapiesitzungen zu begleiten und den gesamten Therapieprozess zu betreuen (vgl. Päd-1, Z. 206). Durch die Anwesenheit des Bezugsbetreuers im Therapiegespräch könne dieser seine Aufgabe als Vermittler und zusätzliche Informationsquelle erfüllen und damit den Therapeuten in dessen Arbeit unterstützen (vgl. ebd. Z. 220-223). Um auch verlässliche und wertvolle Informationen liefern zu können, sei es nach einstimmiger Meinung der befragten Experten die Aufgabe der Pädagogen, innerhalb einer solchen Kooperation, den Jugendlichen und dessen Verhalten sowie Wohlbefinden im Alltag zu beobachten (vgl. ebd. Z. 196). Päd-3 beschreibt diese wichtige pädagogische Aufgabe wie folgt: „weil es unsere Aufgabe ist die Jungs zu beobachten diese Beobachtungen zu sammeln und an die Psychologen weiter zu geben" (Päd-3, Z. 226-228). Eine fortlaufende Verantwortung der betreuenden Pädagogen sei es, auch außerhalb der jeweiligen Therapiesitzungen Informationen bezüglich der Alltagsbeobachtungen und Vorkommnisse an der Psychotherapeuten weiter zu leiten (vgl. Päd-1, Z. 69). So sei der Therapeut auf diese Informationen bzw. diesen Input aus dem Gruppenalltag angewiesen (vgl. Päd-2, Z. 270-271 & Päd-3, Z. 222), da er aufgrund der zeitlich begrenzten Treffen sowie des unterschiedlichen Kontextes einer externen Therapie, nicht unmittelbar Zugriff bzw. Einblick in diese Vorkommnisse habe (vgl. Päd-1, Z. 67-70). Schließlich nennt Päd-1 organisatorische Aufgaben als pädagogischen Beitrag zur Kooperation, unter anderem das Organisieren eines

Dolmetschers oder die generelle Aufrechterhaltung der Vernetzung, beispielsweise durch Einladung des Therapeuten in Teamsitzungen (vgl. ebd. Z. 202-203).

Die ermittelten Wünsche und Beiträge der Pädagogen für eine kooperative Zusammenarbeit zeigen erste Anknüpfungspunkte, deren Anschlussfähigkeit letztlich durch die Perspektive der psychotherapeutischen Kooperationspartner überprüft werden muss. Schließlich gilt es zu erörtern, inwiefern Erwartungen erfüllt werden können oder gar höhere und bis dato unbekannte Anforderungen an die andere Disziplin gestellt werden. Um am Ende die Forschungsfrage differenziert beantworten zu können, soll im Folgenden die Darstellung der Ergebnisse der Interviews mit den Experten aus dem Bereich Psychotherapie stattfinden.

8.2 Die Schnittstelle aus Perspektive der Experten des Bereichs Psychotherapie

Die psychotherapeutische Arbeit mit traumatisierten UMF an der Schnittstelle zur Pädagogik ist zunächst in unterschiedlichen Behandlungskontexten möglich – entsprechend wurden die befragten Experten ausgewählt, um ein vielseitiges Bild zu erhalten. Sie alle bringen demzufolge verschiedene Erfahrungen in der Arbeit mit dieser Zielgruppe mit, welche in einem ersten Schritt dargestellt werden (8.2.1). Daran anschließend werden die genannten Möglichkeiten, Hürden und Grenzen der psychotherapeutischen Arbeit mit dieser Zielgruppe (8.2.2) sowie die bisherigen Erfahrungen in der Kooperation mit der Pädagogik (8.2.3) beschrieben. Schließlich werden konkrete Anknüpfungspunkte für eine gelingende und kooperative Zusammenarbeit der beiden Professionen, wie sie in der Praxis erlebt und von den Experten gefordert werden, präsentiert (8.2.4).

8.2.1 Erfahrungen in der Arbeit mit traumatisierten UMF

Für die Psychotherapie sei durch den überraschenden und rasanten Anstieg innerhalb der letzten Jahre an Unterbringungen von UMF durch die Jugendhilfe eine wachsende Zielgruppe hinzugekommen bzw. verstärkt in das psychotherapeutische Blickfeld gerückt (vgl. Psy-1, Z. 5-10). Bedingt durch die psychischen Herausforderungen, welche diese Jugendlichen für das pädagogische Team mit sich brächten, würden Betreuer die Hilfe psychotherapeutischer Fachkräfte in Anspruch nehmen (vgl. Psy-3, Z. 36-41). Für die Psychotherapie innerhalb einer Kinder- und Jugendpsychiatrie seien dabei zwei Schwerpunkte in der Arbeit mit UMF aus der Jugendhilfe zu verorten: neben der regulären Diagnostik als Grund der Vorstellung des Jugendlichen, sei insbesondere die akute Krisenintervention aufgrund aktueller Eskalation, Gewalt oder Gefahr einer Suizidalität Hauptanlass für die Kontaktaufnahme (vgl. Psy-1, Z. 20-26). Die anschließende Behandlung erfolge dann meist stationär, jedoch würden die Jugendlichen bei entsprechender Stabilisierung des psychischen Zustandes „ganz schnell wieder in die Einrichtung entlassen" (ebd. Z. 31-34). Eine tatsächliche Psychotherapie käme dann nur in den wenigsten Fällen zustande, obwohl der Bedarf bei den entsprechenden UMF aus therapeutischer Sicht vorhanden sei (vgl. ebd. Z. 37). Gründe für die nicht stattfindende Therapie seien vielfältig. Neben motivationalen Aspekten der Jugendlichen selbst, sei auch die Struktur der Einrichtung sowie die fehlende Bereitschaft mancher Therapeuten zur Behandlung eines UMF ausschlaggebend (vgl. ebd. Z. 57-59). Nachhaltige Erfolge könnten deshalb, sowie aufgrund des kurzen Zeitraums an Behandlungen dieser Zielgruppe, noch nicht benannt werden (vgl. ebd. Z. 118-123). Ein anderes Bild zeigt sich bei den befragten Therapeuten, welche UMF durch eine Kurzzeittherapie bzw. in ihren jeweiligen Einrichtungen behandeln. Diese hätten bereits Erfolge wie Symptomreduktion, weniger Konflikte im Gruppenalltag, wiedergewonnene Alltagsfunktionalität oder Stabilisierung der Persönlichkeit verbuchen können (vgl. Psy-2, Z. 106-111).

Innerhalb der psychotherapeutischen Arbeit mit UMF spiele die Traumatisierung eine zentrale Rolle (vgl. Psy-1, Z. 10 & Psy-2, Z. 18-19), jedoch sei die Bestimmung bzw. Festlegung, was ein Trauma bei dieser Patientengruppe ist, aufgrund verschiedener Kontexte, Ressourcen und Biographien schwierig (vgl. Psy-1, Z. 198-203). Nicht jeder UMF sei automatisch traumatisiert (vgl. ebd. Z. 231) oder komme vielmehr mit einem Trauma bzw. Traumafolgestörungen nach Deutschland. Für viele der Jugendlichen sei es die belastende Situation im Aufnahmeland, welche letztendlich traumatisches Potenzial habe (vgl. Psy-2, Z. 20-22). Psy-3 beschreibt den Zustand der Psyche der UMF während der oft jahrelangen und lebensgefährlichen Flucht als „(Funktionieren auf) Notfallkurs" (Psy-3, Z. 50). Dieser Abwehrmechanismus, welcher aktuelles Erleben verhindere, würde erst im Laufe der Zeit in Deutschland zusammenbrechen, wodurch erst hier das Erfassen und Begreifen des gesamten traumatischen Ausmaßes der Lebenssituation der UMF möglich sei (vgl. ebd. Z. 58-61). So würde laut Psy-3 die Traumatisierung der Jugendlichen in der Regel erst zu einem späteren Zeitpunkt im Therapieprozess im Vordergrund stehen (vgl. ebd. Z. 47-48). Zudem sei es für viele UMF schwierig, die Belastungen ihrer Situation auf psychische Gründe und Folgen einer Traumatisierung zurückzuführen. Grund dafür sei ein häufiges Erklärungsmodell, welches Symptome vorrangig der biologisch-körperlichen Ebene zuschreibe und die Psyche bzw. den Geist ausklammere (vgl. Psy-1, Z. 48-50). Dies sei neben weiteren Faktoren – beispielsweise die äußere und innere Unsicherheit durch einen unsicheren Aufenthaltsstatus und die Gefahr der Abschiebung – bisher ausschlaggebend, dass Traumatisierungen nicht behandelt werden konnten (vgl. Psy-3, Z. 79-81).

Die Erfahrungen der befragten Experten zeigen, dass UMF eine wachsende Zielgruppe psychotherapeutischer Arbeit sind. Je nach Behandlungskontext unterscheiden sich dabei die Aufgabenschwerpunkte der Befragten in Diagnostik, Krisenintervention oder längerfristige Behandlung. Da die Psychotherapeuten unabhängig ihres Praxisfeldes Anlaufstelle für Pädagogen sind, welche therapeutischen Unterstützungsbedarf bei einem betreuten UMF sehen, sollen im Folgenden spezifische Möglichkeiten und Grenzen der Psychotherapie – aus Sicht der Experten – dargestellt werden. Diese beziehen sich insbesondere auf den Aspekt der Traumatisierung, welcher – wie eben gezeigt wurde – ein komplexes Thema an der Schnittstelle darstellt.

8.2.2 Spezifische psychotherapeutische Möglichkeiten und Grenzen

Generell kann die Behandlung von Traumata der psychotherapeutischen Fachdisziplin zugerechnet werden. So existieren entsprechende Methoden und -ansätze im Bereich der Traumatherapie, welche bereits im Rahmen der Kontextanalyse angedeutet wurden. Gleichzeitig konnte jedoch aufgezeigt werden, dass diese Methoden der Traumabearbeitung bei der Patientengruppe der UMF nicht unbedingt und universell anwendbar sind. Inwiefern sich dies in den Berichten der befragten Psychotherapeuten widerspiegelt, soll nun dargestellt werden.

Erste Aufgabe des Psychotherapeuten sei nach einstimmiger Meinung der Befragten die Stabilisierung des Jugendlichen (vgl. Psy-1, Z. 422-424; vgl. Psy-2, Z. 32 & Psy-3, Z. 86). Diese basiere laut Psy-2 in erster Linie auf ressourcenorientiertem Arbeiten und dem Suchen nach Lösungswegen (vgl. Psy-2, Z. 33). Insbesondere das Wiedererlangen von Alltagsfunktionalität, beispielsweise durch Vermittlung von Konfliktlösungsstrategien, Entspannungstechniken oder Konzentrationsförderung, sei für die Stabilität der UMF von besonderer Bedeutung (vgl. Psy-1, Z. 103 & vgl. Psy-2, Z. 36-46). Psy-3 – als analytische Psychotherapeutin – sehe hierfür in gewissen Fällen gute Möglichkeiten durch eine Verhaltenstherapie. Diese würde durch Verhaltensmodifikation dem UMF helfen, besser mit den Gefühlen im Hier und Jetzt umgehen zu können, auch wenn dieser (noch) nicht zu einer tieferen Bearbeitung des Traumas in der Lage sei (vgl. Psy-3, Z. 282-285). Über die Stabilisierung hinaus sei die Symptomreduktion und -behandlung bei traumatisierten UMF in der Regeln möglich (vgl. Psy-1, Z. 102-104 & Psy-2, Z. 35). Auch alltagspraktische Hilfen wie Sprachförderung, Vermittlung kultureller Inhalte oder die Vorbereitung auf die Anhörung im Rahmen des Asylverfahrens, um Unsicherheiten und Ängste zu reduzieren, seien laut Psy-2 Beiträge zur psychotherapeutischen Versorgung des Jugendlichen (vgl. Psy-2, Z. 40 & Z. 80-82). Generell könne der Psychotherapeut durch Unterstützung und Ermutigung dazu beitragen, dass sich der UMF den Anforderungen des Alltags gewachsen fühlt (vgl. Psy-3, Z. 92-93). Hilfreich sei bereits, wenn sich der Therapeut die Sorgen und Erlebnisse des UMF anhöre und diese wüssten, dass sie jemanden haben, der ihnen zuhört und ihnen hilft, besser mit ihren Sorgen umgehen zu können (vgl. Psy-2, Z. 36-39). Zentrale therapeutische Aufgabe sei es daher, durch das therapeutische Setting innere Sicherheit beim Patienten zu schaffen (vgl. ebd. Z. 49-50). Diese innere Sicherheit sei neben der äußeren Sicherheit notwendig, um mit der Traumaarbeit beginnen und die Fluchterfahrungen in das biografische Kontinuitätserleben integrieren zu können (vgl. Psy-3,

Z. 87-91).

Hierbei verorten die Experten jedoch bereits die erste Grenze der Psychotherapie: das Schaffen äußerer Sicherheit. So könne der Therapeut hierbei nur unterstützen, nicht aber den entsprechend sicheren äußeren Alltagsrahmen für den Patienten schaffen (vgl. Psy-1, Z. 406-414). Laut Psy-2 würden sich zudem Grenzen durch aufenthaltsrechtliche Rahmenbedingungen ergeben – insbesondere das laufende Asylverfahren, welches zur Belastung der UMF beiträgt und vom Psychotherapeuten nicht verändert werden kann, sei ein häufiges Thema (vgl. Psy-2, Z. 77-78). Die Ungewissheit über die Bleibeperspektive sei maßgeblich dafür verantwortlich, dass sich viele der Jugendlichen dem Therapeuten nicht anvertrauen könnten und infolge dessen kein therapeutischer Fortschritt erfolge (vgl. Psy-1, Z. 424-428 & vgl. Psy-3, Z. 66-81 & Z. 164-166). Neben der unsicheren Bleibeperspektive würden aus der rechtlichen Situation der UMF Probleme hinsichtlich des Anspruchs auf Psychotherapie sowie deren Finanzierung resultieren. Diese Problematik sei ein häufiger Grund, weshalb eine Therapie nicht zustande kommt, obwohl diese notwendig wäre (vgl. Psy-1, Z. 61-62 & Psy-3, Z. 174-176). In den Berichten der Experten wird besonders deutlich, dass die Psychotherapie mit UMF durch reale Belastungen begrenzt sei, welche therapeutisch nicht verändert oder gar behoben werden könnten (vgl. ebd. Z. 82-84), beispielsweise Sorgen um die Familie im Herkunftsland oder drohende Gefahren im Herkunftsland im Falle einer Abschiebung. Als eine weitere und zudem große Hürde für die Psychotherapie mit UMF nennen die Befragten die Sprachbarriere (vgl. Psy-1, Z. 92; vgl. Psy-2, Z. 64 & vgl. Psy-3, Z. 182-183). Ohne entsprechende Deutschkenntnisse könne erstens eine Traumatherapie nicht stattfinden (vgl. Psy-2, Z. 69-71). Zweitens sei es schwierig, sich begrifflich auf einer Ebene mit dem Patienten zu treffen, wobei auch ein Dolmetscher aufgrund unterschiedlicher Begrifflichkeiten nur in wenigen Fällen helfen könne (vgl. Psy-1, Z. 92-94). Die befragten Psychotherapeuten berichten des Weiteren von fehlender Therapiemotivation und -bereitschaft mancher UMF (vgl. Psy-1, Z. 47 & Psy-3, Z. 19-20 & Z. 238-240). Neben religiösen Ansichten, welche für viele UMF ein Grund gegen eine Psychotherapie seien (vgl. Psy-1, Z. 99-100), würden männliche UMF insbesondere aufgrund kulturell-geschlechtsspezifischer Aspekte einer Psychotherapie kritisch gegenüberstehen. Als Beispiel nennt Psy-1 das Patienten-Therapeutinnen-Verhältnis aus stereotyper Sicht eines männlichen UMF: „jetzt kommt der männliche Jugendliche und soll sich von einer Frau behandeln lassen" (Psy-1, Z. 97). Psy-3 sieht hingegen nicht in diesem Sinne im Patienten-Therapeutinnen-Verhältnis die Hürde, sondern dann, wenn der Aspekt der Übertragung bzw. Gegenübertragung im Jugendlichen eine zu große Angst auslösen würde, beispielsweise durch das Gefühl eines regressiven Sogs durch die Therapeutin als Mutterfigur (vgl. Psy-3. Z. 254-255). Als weitere kulturelle Erfahrung nennt Psy-3, dass „erschwerend hinzu (kommt) (..) dass die Männer noch härter sein müssen und nicht weich sein dürfen und nicht schwul sein dürfen (.) und ganz viel Angst vor Gesichtsverlust haben" (ebd. Z. 205-207). Oftmals sei die Psyche der UMF, welche bei ihr vorgestellt werden, noch nicht so stabil, als dass sie als analytische

Psychotherapeutin mit den Jugendlichen arbeiten könne. So würde in der Psychoanalyse „an der Abwehr entlang therapiert weil wir sagen die Abwehr ist ein ganz wichtiger Schutz und die Psyche kann nur das bearbeiten und verarbeiten was sie auch freigibt und wenn im Moment die Psyche nichts freigeben kann ist es auch besser den zu lassen" (ebd. Z. 266-269). Eine weitere Grenze sei laut Psy-1 in der Person des Therapeuten zu finden. So habe erstens nicht jeder Therapeut „Lust mit Flüchtlingen zu arbeiten" (Psy-1, Z. 59), zweitens würde sich nicht jeder an die Behandlung eines Traumas heran wagen (vgl. ebd. Z. 60-61). Schließlich seien in manchen Fällen Grenzen der psychotherapeutischen Arbeit durch ein mangelhaftes pädagogisches Umfeld gesetzt. Fehlende Kommunikation könne einen Therapietransfer in den pädagogischen Alltag verhindern (vgl. Psy-3, Z. 377-380), ebenso wie fehlendes Engagement von Betreuern zur Schaffung eines sicheren sozialen Umfeldes (vgl. ebd. Z. 402-406).

Die Erfahrungen der Experten des Bereichs Psychotherapie spiegeln die wesentlichen Möglichkeiten und Grenzen wider, wie sie in der Kontextanalyse beschrieben wurden. Dabei konnte gezeigt werden, dass Psychotherapeuten in ihrer Arbeit mit UMF trotz aller Hürden einen wichtigen und notwendigen Beitrag zur Versorgung der Jugendlichen leisten können. Deutlich wurde, dass das jeweilige Verfahren (analytisch, tiefenpsychologisch oder verhaltenstherapeutisch) eines Psychotherapeuten grundlegend für die letztendlichen Möglichkeiten und Grenzen ist. Inwiefern diese innerhalb einer Kooperation eingebracht bzw. kompensiert werden können, soll durch die Darstellung der bisherigen Kooperationserfahrungen mit der Pädagogik sowie der Wünsche an entsprechende Anknüpfungspunkte für die Schnittstelle dargestellt werden.

8.2.3 Bisherige Kooperationserfahrungen mit der Pädagogik

Der bisherige Erfahrungsschatz in der Kooperation von Pädagogik und Psychotherapie durch die beteiligten Akteure der Versorgung von traumatisierten UMF erweist sich auch in der Analyse der Interviews mit den psychotherapeutischen Experten als differenziert.

Für Psy-1 zeige sich bisher eine große Bandbreite an Erfahrungen mit Einrichtungen der Jugendhilfe (vgl. Psy-1, Z. 161). Zum einen sehe er sehr gutes pädagogisches Personal, welches fachlich sowie persönlich einen kompetenten Umgang mit den UMF habe und die jeweiligen Verhaltensmuster angemessen einordnen könne (vgl. ebd. Z. 161-164). Auf der anderen Seite gäbe es Pädagogen, welche aus seiner Sicht keine Strategien hätten, um mit den Herausforderungen dieser Zielgruppe umgehen zu können (vgl. ebd. Z. 178) und nicht über das entsprechende Wissen bzw. die notwendige Sensibilität hinsichtlich Traumatisierungen im Kontext Flucht verfügen würden (vgl. ebd. Z. 228). Insbesondere die emotionale Reife mancher Pädagogen wird seitens der befragten Psychotherapeuten als mangelhaft bewertet. So würden diese das unerwünschte Verhalten der Jugendlichen persönlich nehmen (vgl. Psy-3, Z. 119-121), seien gar davon gekränkt (vgl. Psy-1, Z. 170) und würden persönliche Anerkennung aus der Beziehung zu den Jugendlichen ziehen wollen (vgl. Psy-3, Z. 121-122). Ein Problem verortet Psy-3 in der ausschließlich oberflächlichen Bewertung des Verhaltens der UMF nach unangemessenen „Normalitätskriterien" (ebd. Z. 134) aufgrund fehlenden Verständnisses. Auch fremdenfeindliche Einstellungen von Betreuern in Einrichtungen mit UMF seien keine Seltenheit (vgl. Psy-1, Z. 181-184). Für Psy-3 spiele auch die Sympathie eine große Rolle (vgl. Psy-3, Z. 115). Sei diese nicht vorhanden, erschwere dies eine Zusammenarbeit massiv. Auch die Qualität der Zusammenarbeit von Pädagogen und Psychotherapeuten zeigt durch die Ausführungen von Psy-1 erhebliche Unterschiede. Zwar würde er hierbei nicht von Kooperation sprechen, doch habe er die Erfahrung gemacht, dass UMF im Falle einer Krisensituation in der Einrichtung von der Polizei abgeholt und in der Psychiatrie abgeliefert wurden, ohne dass ein Betreuer den Jugendlichen begleitet oder zumindest anderweitig Informationen zum Grund der Einlieferung gegeben habe (vgl. Psy-1, Z. 254-256). Andere pädagogische Fachkräfte würden zumindest gewisse Mindestanforderungen erfüllen, d.h. „sie gucken dass der Jugendliche halt zur Therapie kommt oder sie organisieren dass der Dolmetscher kommt" (ebd. Z. 251-252). Von einer guten Kooperation berichten die Befragten dann, wenn ein regelmäßiger und gegenseitiger Informationsaustausch über Alltagsbeobachtungen, Entwicklungen oder Vorfälle stattfindet. Die Form des Austauschs ist dabei zweitrangig, meist werde über E-Mail, regelmäßige Fallbesprechungen, telefonische Absprachen oder Bezugsbetreuerstunden kommuniziert (vgl. Psy-1, Z. 185-188; vgl. Psy-2, Z. 96-101 & Psy-3, Z. 100-110). Auch die Bereitschaft vieler Pädagogen, Tipps und Ratschläge für die pädagogische Praxis, sowie Rückmeldungen durch den Psychotherapeuten reflexiv anzunehmen, sei eine positive Erfahrung (vgl. Psy-1, Z. 191-192 & vgl. Psy-3, Z. 106). Als Folge einer guten Zusammenarbeit der Beteiligten sieht Psy-2 bereits gewisse Erfolge, beispielsweise die Symptomreduktion, weniger Konflikte in der Gruppe, wiedergewonnene Alltagsfunktionalität sowie die Stabilisierung der Persönlichkeit einiger UMF (vgl. Psy-2, Z. 108-111). Trotzdem würde auch eine funktionierende Kooperation gewisse psychotherapeutische Grenzen nicht kompensieren können. Reale Belastungen, wie die Sorge um die Familie im Herkunftsland oder die Unsicherheit während des Asylverfahrens, würden der Pädagogik ebenso wie der Psychotherapie Grenzen setzen und stünden außerhalb der fachlichen Einflussmöglichkeiten (vgl. ebd. Z. 89-99). Das Herstellen äußerer Sicherheit sei daher auch laut Psy-1 eine „wahnsinnige Herausforderung" (Psy-1, Z. 408) für die Kooperation. Als eine weitere Erfahrung der bisherigen Arbeit mit UMF, ist die Konfrontation der individuellen Ziele der verschiedenen Akteure zu nennen (vgl. ebd. Z. 134-144). Diese würden sich zwar teilweise decken, in vielen Fällen jedoch in Widerspruch zueinander stehen (vgl. ebd. Z. 144) und die gemeinsame Arbeit erschweren bzw. Unzufriedenheit und Unverständnis stiften. Als konkretes Beispiel nennt Psy-2 die Auffassung, wer das Therapieende festlegt: UMF, Pädagoge oder Psychotherapeut (vgl. Psy-2, Z. 115-116). Hierbei sei jedoch durch eine Regelung, welche für alle Beteiligten zufriedenstellend sei, ein Lösung gefunden worden (vgl. ebd. Z. 121-122).

Die bisherigen Kooperationserfahrungen mit der Pädagogik zeigen, dass auch aus Sicht der Psychotherapeuten bereits erste gute Kooperationen existieren. Gleichzeitig ist zu erkennen, dass entsprechender Weiterentwicklungsbedarf des Netzwerks, wie auch in der Kontextanalyse dargestellt wurde, vorhanden ist. Zwar kann die Zusammenarbeit nicht jeden Aspekt des Lebens von UMF positiv beeinflussen, trotzdem wurden wichtige Anknüpfungspunkte deutlich, welche im Folgenden durch die Darstellung konkreter Beiträge für die Kooperation ergänzt werden sollen.

8.2.4 Anknüpfungspunkte für eine kooperative Zusammenarbeit an der Schnittstelle

In den Erfahrungen der Befragten wurden bereits Aspekte deutlich, welche zu einer positiven Bewertung der bisherigen Zusammenarbeit von Psychotherapeuten und Pädagogen beitragen. Im Folgenden sollen über diese Erfahrungen hinaus konkrete Anknüpfungspunkte für eine professionelle Schnittstelle aus Sicht der befragten Psychotherapeuten dargestellt werden.

Zunächst wünschen sich die Experten von den Kooperationspartnern, dass diese über die entsprechende Fachexpertise für die Zielgruppe verfügen. So sei in erster Linie die Berufsausbildung, als qualifizierendes Merkmal für pädagogisches Fachpersonal, zu berücksichtigen (vgl. Psy-1, Z. 324-335 & vgl. Psy-3, Z. 335-336), da Pädagogen den wesentlichen Teil der Versorgung traumatisierter UMF abdecken würden. Nur mit einer entsprechenden Ausbildung könne ein notwendiges pädagogisches Selbstbewusstsein entstehen, welches sich in einer fundierten und professionellen Arbeit mit den Jugendlichen und somit in der Zusammenarbeit zeige (vgl. Psy-1, Z. 276-283). Vertieftes Hintergrundwissen im Bereich des traumapädagogischen und kultursensiblen Arbeitens sei von zentraler Bedeutung, bislang jedoch selten zu sehen (vgl. Psy-1, Z. 339-343 & vgl. Psy-3, Z. 338). Für eine gute Kooperation sieht Psy-1 gemeinsame Fortbildungen und Informationsveranstaltungen als geeignete Methoden, um zielgruppenspezifisches Wissen zu erweitern (vgl. Psy-1, Z. 303-306 & Z. 442-447). Um einen geeigneten psychotherapeutischen Ansprechpartner zu finden, sei es laut Psy-3 zudem wichtig, dass das pädagogische Team Kenntnisse über die verschiedenen psychotherapeutischen Verfahren hat, da nicht jedes Verfahren für jede Symptomatik bzw. Problematik geeignet wäre (vgl. Psy-3, Z. 290-298). Von der pädagogischen Arbeit im Rahmen einer Kooperation wünschen sich die Befragten, dass die Pädagogen einen guten Draht zum Jugendlichen aufbauen und die Fähigkeit zu Einzelfallverstehen besitzen (vgl. Psy-1, Z. 194 & vgl. Psy-3, Z. 143-144). Diese individuelle Beziehungsarbeit könne ein sicherheits- und orientierungsstiftendes Umfeld schaffen und somit zum Gelingen der Psychotherapie beitragen (vgl. Psy-1, Z. 195-196). Generell sei die Abstimmung des pädagogischen Konzepts auf die Zielgruppe traumatisierter UMF verstärkt zu verfolgen. „Total absurd wirkende Regeln" (ebd. Z. 338), starre und unsensible Alltagsstrukturen sowie eine stark leistungsorientierte

Anspruchshaltung der Betreuer müssten folglich überdacht und zielgruppenspezifisch angeglichen werden, um eine Psychotherapie zu unterstützen (vgl. ebd. Z. 391-397). Institutionelle bzw. organisationale Rahmenbedingungen müssten hierfür jedoch ebenso zugunsten des pädagogischen Personals erheblich verbessert werden (vgl. ebd. Z. 359-360). Schließlich erhoffen sich die befragten Therapeuten gezielte Beiträge während der Zeit einer psychotherapeutischen Behandlung. Für Psy-1 beginne eine gute Zusammenarbeit mit der Begleitung des UMF durch den Betreuer, insbesondere im Falle einer Einweisung aufgrund einer akuten Krisenintervention bei Eskalationen (vgl. ebd. Z. 260-262). Auch Psy-2 betont die Wichtigkeit des persönlichen Kontaktes zwischen Therapeut und Pädagogen zu Beginn und am Ende jeder Therapiestunde (vgl. Psy-2, Z. 130). Darüber hinaus wünschen sich auch die Experten des Bereichs Psychotherapie einen geregelten und kontinuierlichen Austausch von Informationen (vgl. Psy-1, Z. 284; Psy-2, Z. 127-129 & Z. 144-145 & vgl. Psy-3, Z. 106-107), im Idealfall mit einem festen Ansprechpartner (vgl. Psy-1, Z. 450). Hierfür würden sich schriftlicher Kontakt per E-Mail, Telefonate oder gemeinsame Fallbesprechungen eignen. Als grundlegende pädagogische Aufgabe im Rahmen einer Kooperation nennen die Experten folglich das Beobachten der Jugendlichen im Alltag (vgl. Psy-1, Z. 269-273; vgl. Psy-2, Z. 128 & vgl. Psy-3, Z. 107), da diese Alltagsbeobachtungen dem Therapeuten nicht direkt zugänglich, für den Therapieprozess jedoch wichtig seien. Die Bereitschaft, Tipps für den pädagogischen Alltag und Rückmeldungen reflexiv anzunehmen, ist schließlich neben zuverlässigen Absprachen eine zentrale Forderung für die Zusammenarbeit (vgl. Psy-1, Z. 189-193 & vgl. Psy-2, Z. 146).

Neben den Wünschen an pädagogische Fachkräfte formulieren die befragten Psychotherapeuten auch konkrete Beiträge, welche sie zur Kooperation leisten können. Zunächst sei es die Aufgabe des Therapeuten im Erstkontakt, den Jugendlichen und seinen Betreuer über die verschiedenen therapeutischen Verfahren aufzuklären, um die Möglichkeit zu wahren, einen womöglich angemesseneren Therapeuten aufzusuchen (vgl. Psy-3, Z. 299-300). Eine weitere Aufklärungsarbeit bestehe für den Therapeuten in der Vermittlung realistischer Therapieziele und eines absehbaren Therapieverlaufs. Vielen Pädagogen sei zunächst nicht bewusst, „dass die jetzt nicht froh sein müssen dass sie hier sind sondern dass die Belastung hier nicht aufhört" (ebd. Z. 314-315). Den betreuenden Pädagogen auch im weiteren Verlauf der Therapie die Psyche sowie entsprechendes Verhalten des Jugendlichen zu erklären, kann als weiterer Beitrag seitens der Psychotherapie zur Zusammenarbeit genannt werden (vgl. ebd. Z. 311-313). Die Befragten erachten hierbei als wichtig, Tipps aus psychotherapeutischer Perspektive als eine Art Hilfestellung für den Alltag und die pädagogische Praxis zu geben (vgl. Psy-1, Z. 286-287). Beobachtungen aus der Therapie, Informationen über die Diagnose sowie aktuelle Fortschritte und Themen würden den Pädagogen wichtige Handlungsimpulse geben und in gewissen Situationen im Alltag helfen (vgl. Psy-2, Z. 136-139). Da die Zielgruppe der UMF auch für viele Psychotherapeuten größtenteils neu sei, müssten laut Psy-1 auch diese die Bereitschaft zeigen, sich fachlich und zielgruppenspezifisch weiterzubilden, wie auch den persönlichen Veränderungsprozess durch Supervision zu reflektieren (vgl. Psy-1, Z. 343-344 & Z. 352-358). Um sich auf die Zielgruppe der UMF einzustellen, bräuchte es darüber hinaus ein gewisses Interesse seitens des Therapeuten für die Jugendlichen und deren kultur- und traumaspezifischen Bedürfnisse (vgl. ebd. Z. 349-350). Ein weiteres Interesse gelte der Aufrechterhaltung der Kooperation. So müsse sich auch der Therapeut engagieren, den Kontakt zu den betreuenden Pädagogen zu suchen und zu pflegen (vgl. ebd. Z. 447-448). Als wünschenswertes Instrument nennt Psy-1 die Möglichkeit des Psychotherapeuten, regelmäßig an Teamsitzungen und Fallbesprechungen in der jeweiligen Einrichtung teilzunehmen (vgl. ebd. Z. 455-456). Vereinbarte Treffen, schriftlicher und telefonischer Kontakt sowie informeller Kontakt sind dabei als zusätzliche Angebote der Psychotherapeuten für eine kooperative Zusammenarbeit herauszustellen (vgl. Psy-1, Z. 187 & vgl. Psy-2, Z. 144-146).

Konkret ginge es aus Sicht der befragten Therapeuten darum, durch all diese Beiträge innerhalb der Zusammenarbeit, den Einzelkontakt zu fördern sowie den individuellen Bedürfnissen bestmöglich gerecht zu werden (vgl. Psy-2, Z. 57). Durch eine gute Ergänzung beider Handlungsfelder könnten die zentralen Themen der Arbeit mit UMF wie Sicherheit, Stabilität, Ruhe sowie letztlich auch die psychische Genesung fokussiert und gestärkt werden (vgl. ebd. Z. 151-153). Auch würde die Kooperation eine Konzentration auf gegenwärtige Herausforderungen, wie Schule oder die kulturelle Orientierung, erleichtern (vgl. ebd. Z. 154-156). Die Kooperation fördere zudem eine gute pädagogische Begleitung, auch erhöhe sie die Wahrscheinlichkeit des Beziehungsgelingens zwischen Pädagogen und UMF (vgl. Psy-3, Z. 234-329).

Die Darstellung der konkreten Anknüpfungspunkte aus Perspektive der Psychotherapeuten für eine kooperative Zusammenarbeit zwischen den Disziplinen zeigt, dass die gegenseitigen Erwartungen und Möglichkeiten fachlicher Beiträge durchaus anschlussfähig sind. So konnten diverse Deckungen herausgearbeitet werden, welche im Sinne zukünftiger Kooperationen allgemein formuliert und festgehalten werden sollen. Gleichzeitig zeichnen sich jedoch auch konfligierende Erwartungshaltungen ab. Auch diese sollen im abschließenden Kapitel thematisiert werden und in die Beantwortung der Forschungsfrage einfließen.

9 Fazit

Möchte man das Zusammenwirken von Pädagogik und Psychotherapie in der Arbeit mit traumatisierten UMF erforschen, so ist ein umfassendes Verständnis über das komplexe Phänomen der UMF notwendig. Die Kontextanalyse in TEIL 1 dieser Arbeit sollte hierfür eine fundierte Grundlage bilden. Vor dem Hintergrund der Flucht, des Traumas sowie der psychosozialen Situation dieser Jugendlichen in Deutschland, wurden Faktoren deutlich, welche die professionelle Arbeit beider Disziplinen vor Herausforderungen neuer Qualität stellen. So wurden in TEIL 2 dieser Arbeit fachspezifische Perspektiven eröffnet, welche einen fachlichtheoretischen Zugang, zu der bis dato nur wenig erforschten Gruppe, ermöglichen sollten. Aus dem hieraus gebildeten Verständnis über die Perspektiven beider Disziplinen konnte schließlich in TEIL 3 über die Befragung von Experten aus der pädagogischen und psychotherapeutischen Praxis mit UMF gezielt die Schnittstelle erforscht werden. Auf Grundlage dieser drei Teile der Forschungsarbeit kann nun ein abschließendes Resümee zur Beantwortung der Forschungsfrage – *Wie können Pädagogik und Psychotherapie in der Arbeit mit traumatisierten UMF kooperativ zusammenwirken?* – stattfinden.

Die Grundlage für eine Kooperation entsteht bereits vor der eigentlichen Zusammenarbeit. Vertieftes Kontextwissen der pädagogischen Fachkräfte über Kultur, Flucht, Trauma oder Traumafolgen sowie das Entwickeln einer Sensibilität für die Bedürfnisse der Zielgruppe und adäquater Handlungsstrategien zur Intervention sind elementare Bausteine für die Versorgung traumatisierter UMF. Nur so können Verhaltensweisen und Gemütszustände der Jugendlichen eingeordnet und gegebenenfalls entsprechende Hilfemaßnahmen eingeleitet werden. Handelt es sich um eine akute Krise? Eskalieren Situationen in Gewalt? Besteht die Gefahr der Suizidalität? Oder ist ein sozialer Rückzug des Jugendlichen zu beobachten? Die Beantwortung solcher Fragen ist ausschlaggebend für den nächsten Schritt zur Zusammenarbeit: die Auswahl des richtigen Ansprechpartners. So findet man psychotherapeutische Hilfe in verschiedenen Handlungsfeldern, welche durch ihre jeweiligen Arbeitsschwerpunkte mehr oder weniger gut für den Grund der Inanspruchnahme geeignet sind. Erhofft sich der Pädagoge Hilfe durch eine medikamentöse Behandlung durch einen Psychiater, eine langfristige Psychotherapie durch einen Psychotherapeuten oder genügt eine psychologische Beratung? Die eigene – in den Interviews teilweise erkennbare – Orientierungslosigkeit vieler Pädagogen hinsichtlich der Qualifikation der Kooperationspartner, kann nur durch entsprechendes Wissen über diese kompensiert werden. Hierbei kommt aber auch den psychotherapeutischen Fachkräften die erste Aufgabe in der Zusammenarbeit zu. Sie verfügen über das entsprechende Wissen, den Bedarf des UMF einzuschätzen und eine angemessene Hilfeform anzubieten oder zu einer solchen weiterzuleiten.

Eine kooperative Zusammenarbeit wird in der Folge möglich, wenn die jeweiligen Ziele und Vorstellungen über den weiteren Verlauf im Vorhinein kommuniziert und vereinbart werden. Falsche Hoffnungen oder unrealistische Erwartungen an den Kooperationspartner erschweren für beide Seiten die Arbeit und lassen die Zusammenarbeit als unbefriedigend oder gar sinnlos erscheinen. Jede Profession hat ihre Möglichkeiten – genauso hat sie aber auch ihre Grenzen. Diese gilt es zu vermitteln, da sie dann im Idealfall gemeinsam zu kompensieren sind. Generell tritt ein hohes Konfliktpotenzial dort auf, wo Pädagogen und Psychotherapeuten andere Grundprämissen in der Arbeit mit traumatisierten UMF haben. Diese spiegeln sich unter anderem in der unterschiedlichen Bewertung von Alltagserfahrungen wie Aggressivität in Konflikten (destruktives Handeln vs. schützende Abwehrreaktion), in Interventionsstrategien (sanktionieren und werten vs. aushalten und verstehen), in der Einschätzung der

Therapiemöglichkeiten (Therapiebedarf vs. Therapieunfähigkeit) sowie der Festlegung der Entlassung aus einer stationären Hilfemaßnahme (kein Verständnis für frühzeitige Entlassung eines kritischen Jugendlichen vs. Stabilität wurde hergestellt) von Pädagogen und Psychotherapeuten wider. Ein gutes Zusammenwirken ist folglich nur dann möglich, wenn diese unterschiedlichen Prämissen, Bewertungen, Strategien etc. offengelegt, besprochen und miteinander vereinbart werden, anstatt über diese zu urteilen oder gar eine fachliche Überheblichkeit gegenüber der anderen Disziplin zu entwickeln.

Die tatsächliche Zusammenarbeit kann durch diverse Faktoren positiv beeinflusst und gefördert werden. Zunächst sind diese für beide Disziplinen in der eigenen professionellen Arbeit mit den Jugendlichen zu verorten. Seitens der Pädagogik handelt es sich dabei insbesondere um das Schaffen eines sicheren sozialen Umfeldes mit stabilen Beziehungsangeboten, eine aktive Ausgestaltung des Alltags mit dem Jugendlichen, die Unterstützung bei gegenwärtigen Herausforderungen schulischer oder bürokratischer Art sowie die Anwesenheit und das Beobachten des UMF im Gruppenalltag. Auch Psychotherapeuten können durch die klassischen Aufgaben einer Psychotherapie – beispielsweise Stabilisieren, Reduktion von Symptomen, Traumakonfrontation oder Wiederherstellung von Alltagsfunktionalität – ihren Beitrag leisten. Je nach Spezialisierung des Therapeuten werden die Möglichkeiten bzw. Schwerpunkte stets unterschiedlich ausfallen, weshalb auch hier wieder der Therapeut nach den individuellen Bedürfnissen des UMF ausgewählt werden muss.

Da beide Disziplinen mit dieser Zielgruppe jedoch bisher nur wenig Erfahrung vorweisen, dürfen etablierte Verfahrensweisen, Einstellungen und Denkschemata nicht unreflektiert fortgeführt werden. Gerade die Kooperation stellt hierbei eine Chance für beide Disziplinen dar, die eigene Fachperspektive durch Berücksichtigung der Perspektive der kooperierenden Fachkräfte zu erweitern. Die Forderung nach Perspektivenerweiterung wurde schließlich auf beiden Seiten deutlich. Im Zentrum dieser Forderung steht erstens der Wunsch, Verständnis für die eigene professionelle Arbeit beim Gegenüber zu schaffen und darüber hinaus zweitens die Wahrnehmung, dass die kooperierende Disziplin bezüglich des Wissens über UMF streckenweise Nachholbedarf habe.

Um nun auf Augenhöhe kooperieren zu können, sind konkrete Anknüpfungspunkte festzustellen. Zunächst kann als wesentliche Komponente einer Kooperation der geregelte, kontinuierliche und zuverlässige Austausch von Informationen genannt werden. Beide Seiten sind auf den Erhalt von Informationen angewiesen, um im Rahmen der fachlichen und strukturellen Möglichkeiten eine optimale Versorgung des UMF zu gewährleisten. Kommunikationswege und -rhythmen des Informationsflusses müssen dabei individuell und fallspezifisch festgelegt werden. Je enger der Kontakt zwischen den Beteiligten ist, desto flexibler und besser können wichtige und aktuelle Vorfälle berichtet werden. Mittelpunkt einer Kooperation ist stets der Jugendliche. Seine Bedürfnisse sind grundlegend für die Festlegung von Vorgehensweisen und Maßnahmen, weshalb Fallbesprechungen – auch mit dem

Jugendlichen gemeinsam – einen wichtigen Aspekt darstellen.

Die Therapiebegleitung durch den Bezugsbetreuer sollte in mehrfacher Hinsicht konsequent verfolgt werden. Sie ermöglicht erstens einen ständigen Informationsaustausch zwischen Pädagogen und Therapeuten. Als Vertrauensperson kann der Pädagoge durch die Begleitung zudem in der Therapie als Vermittler fungieren und in Momenten der Sprachlosigkeit des UMF seine Beobachtungen zu thematisierten Vorkommnissen schildern. So ist der Pädagoge Ansprechpartner sowohl für den Therapeuten wie auch den Jugendlichen.

Ein sicheres Umfeld ist die Grundvoraussetzung, um in einer Psychotherapie traumatische Sequenzen bearbeiten zu können. Aufgrund diverser vorgestellter Faktoren ist die Herstellung einer solchen Sicherheit, speziell bei der Gruppe der UMF, für viele Einrichtungen der Jugendhilfe eine enorme Herausforderung. Kenntnisse des Therapeuten über die Lebenssituation des UMF durch Besuche im Gruppenalltag ermöglichen eine zusätzliche Expertenperspektive zur Anpassung des pädagogischen Settings – auch kann gegebenenfalls gemeinsam nach einer geeigneteren Einrichtung gesucht werden.

Pädagogik und Psychotherapie werden in der Arbeit mit traumatisierten UMF mit Grenzen konfrontiert, welche auch durch eine „ideale" Kooperation beider Disziplinen nicht verändert oder behoben werden können. Die Unsicherheit, welche durch das Asylverfahren aufrechterhalten und gefördert wird, Diskriminierung auf allen gesellschaftlichen Ebenen und letztlich die realen Belastungen, welche die jungen Menschen zur Flucht gezwungen haben und die Sorge um die Angehörigen nicht enden lassen – all diese Aspekte sind allgegenwärtig, existent und unvorstellbar grausam für die Seele eines jungen Menschen. Es stellt sich also tatsächlich die Frage: *Können diese Jugendlichen wieder heimisch werden in dieser Welt?* Diese Frage ist letztendlich an dieser Stelle nicht abschließend zu beantworten. Jedoch kann eines festgehalten werden: Im Auftrag, sich dieser besonders schutz- und hilfebedürftigen jungen Menschen anzunehmen, können Pädagogik und Psychotherapie viele Probleme, Belastungen und Herausforderungen aufgreifen und mithilfe professioneller Möglichkeiten die Lebenssituation verbessern und schließlich das Errichten einer Zukunftsperspektive unterstützen. Je besser beide Disziplinen hierbei ineinandergreifen und sich gegenseitig verstärken, desto größer ist die Chance, dieser gemeinsamen Zielgruppe nachhaltig zu helfen.

Abbildungsverzeichnis

Abb. 1: Phasen, Ereignisse und Erfahrungen im Laufe einer Flucht im Sinne J. Berrys............19

Abb. 2: Traumatische Sequenzen im Kontext von Zwangsmigration und Flucht......................42

Abb. 3: Eckpunkte des interkulturell-ressourcenorientierten Handlungskonzepts nach Weber & Gögercin...72

Literaturverzeichnis

Abdallah-Steinkopff, Barbara & Soyer, Jürgen (2013): Traumatisierte Flüchtlinge. Kultursensible Psychotherapie im politischen Spannungsfeld. In: Feldmann, Robert E. Jr. & Seidler, Günter H. (Hrsg.): Traum(a) Migration. Aktuelle Konzepte zur Therapie traumatisierter Flüchtlinge und Folteropfer. Psychosozial-Verlag: Gießen. S. 137-166

American Psychiatric Association (2014): Diagnostisches und Statistisches Manual Psychischer Störungen – DSM-V. Deutsche Ausgabe herausgegeben von Peter Falkal und Hans-Ulrich Wittchen. Hogrefe Verlag: Göttingen.

Angenendt, Steffen (2000): Kinder auf der Flucht. Minderjährige Flüchtlinge in Deutschland. Im Auftrag des Deutschen Komitees für UNICEF. Leske + Budrich: Opladen.

Aroche, Jorge & Coello, Mariano (2016): Das komplexe Wechselspiel zwischen Bindung, Kultur und Flüchtlingstrauma – eine Herausforderung für die klinische Praxis. In: Brisch, Karl Heinz (Hrsg.): Bindung und Migration. Klett-Cotta: Stuttgart. S. 129-158

Auernheimer, Georg (2007): Einführung in die Interkulturelle Pädagogik. 5. Auflage. WBG: Darmstadt.

Bausum, Jacob (2013): Über die Bedeutung von Gruppe in der traumapädagogischen Arbeit in der stationären Jugendhilfe. In: Lang, Birgit et al. (Hrsg.): Traumapädagogische Standards in der stationären Kinder- und Jugendhilfe. Eine Praxis- und Orientierungshilfe der BAG Traumapädagogik. Beltz Juventa: Weinheim und Basel. S. 175-186

Becker, David (2006): Die Erfindung des Traumas – verflochtene Geschichten. Edition Freitag: Berlin.

Becker, David & Weyermann, Barbara (2006): Toolkit: Gender, Conflict Transformation and the Psychosocial Approach. Swiss Development Co-operation: Bern.

Berry, John W. (1991): Refugee Adaption in Settlement Conutries: An Overview with an Emphasis on Primary Prevention. In: Ahearn, F. L. & Athey, J. L. (Hrsg.): Refugee children: Theory, research, and services. The Johns Hopkins series in contemporary medicine and public health. Johns Hopkins University Press: Baltimore. S. 20-38

Biberacher, Marlene (2013): Traumapädagogik. In: Beckrath-Wilking, Ulrike et al. (Hrsg.): Traumafachberatung, Traumatherapie & Traumapädagogik. Ein Handbuch für Psychotraumatologie im beratenden, therapeutischen und pädagogischen Kontext. Junfermann: Paderborn. S. 283-307

Bierwirth, Jutta (2011): Psychotherapie mit traumatisierten Flüchtlingen. In: Keuk, Eva van et al. (Hrsg.): Diversity. Transkulturelle Kompetenz in klinischen und sozialen Arbeitsfeldern. Kohlhammer: Stuttgart. S. 281-287

Bogner, Alexander & Menz, Wolfgang (2005): Das theoriegenerierende Experteninterview. In:

Bogner, Alexander; Littig, Beate & Menz, Wolfgang (Hrsg.): Das Experteninterview. Theorie, Methode, Anwendung. VS Verlag für Sozialwissenschaft: Wiesbaden. S. 33-70

Böhnisch, Lothar (2008): Sozialpädagogik der Lebensalter. Eine Einführung. 5., überarbeitete Auflage. Juventa: Weinheim und München.

Böhnisch, Lothar (2002): Lebensbewältigung. Ein sozialpolitisch inspiriertes Paradigma für die Soziale Arbeit. In: Thole, Werner (Hrsg.): Grundriss Soziale Arbeit. Ein einführendes Handbuch. VS Verlag für Sozialwissenschaften: Opladen. S. 199-2013

Brandmaier, Maximiliane (2013): Ich hatte nie festen Boden unter den Füßen. Traumatisierte Flüchtlinge im Exil. In: Feldmann, Robert E. Jr. & Seidler, Günter H. (Hrsg.): Traum(a) Migration. Aktuelle Konzepte zur Therapie traumatisierter Flüchtlinge und Folteropfer. Psychosozial-Verlag: Gießen. S. 15-33

Brandmaier, Maximiliane (2011): Wie gestaltet sich die Bewältigung traumatischer Erlebnisse im Exil? Möglichkeiten der psychosozialen Unterstützung traumatisierter Flüchtlinge in Deutschlland. LIT: Münster.

Brisch, Karl Heinz (Hrsg.) (2016): Bindung und Migration. Klett-Cotta: Stuttgart.

Brumlik, Micha (1999): Ethik und Moral. In: Woge e.V. Institut für soziale Arbeit. S. 516-526

Conrad, F. et al. (2009): Welche Therapeuten arbeiten mit Kindern mit unsicherem Aufenthaltsstatus? Vortrag Jahrestagung BKJPP. Hannover 5.-7. November 2009. Abstactband: Hannover. S. 29

Cremer, Hendrik (2006): Der Anspruch des unbegleiteten Kindes auf Betreuung und Unterbringung nach Art. 20 des Übereinkommens über die Rechte des Kindes. Seine Geltung und Anwendbarkeit in der Rechtsordnung der Bundesrepublik Deutschland. Nomos: Baden-Baden.

Cyrus, Norbert & Treichler, Andreas (2004): Soziale Arbeit in der Einwanderungsgesellschaft. Von der Ausländerarbeit zur einwanderungs-gesellschaftlichen Institution. In: Handbuch Soziale Arbeit in der Einwanderungsgesellschaft. Grundlinien – Konzepte – Handlungsfelder – Methoden. Brandes & Apsel: Frankfurt a.M. S. 11-32

Dadder, Rita (1987): Interkulturelle Orientierung. Analyse ausgewählter interkultureller Trainingsprogramme. Breitenbach: Saarbrücken.

Diekmann, Andreas (2011): Empirische Sozialforschung. Grundlagen, Methoden, Anwendung. 5. Auflage. Rowohlt: Hamburg.

Efler, Anna (2014): Unbegleitete minderjährige Flüchtlinge. Kinder- und Jugendhilfe im Spannungsfeld zwischen dem SGB VIII und dem deutschen Ausländerrecht. Disserta Verlag: Hamburg.

Fischer, Heidi & Renner, Michael (2015): Heilpädagogik. Heilpädagogische Handlungskonzepte in der Praxis. 2., aktualisierte Auflage. Lambertus: Freiburg.

Fischer, Gottfried & Riedesser, Peter (2009): Lehrbuch der Psychotraumatologie. 4., aktualisierte und erweiterte Auflage. Ernst Reinhardt: München und Basel.

Freise, Josef (2007): Interkulturelle Soziale Arbeit. Theoretische Grundlagen – Handlungsansätze – Übungen zum Erwerb interkultureller Kompetenz. 2. durchgelesene Auflage. Wochenschau Verlag: Schwalbach.

Gahleitner, Silke Brigitta (2013): Traumapädagogische Konzepte in der Kinder- und Jugendhilfe: Weshalb? - Wie? - Wozu? In: Lang, Birgit et al. (Hrsg.): Traumapädagogische Standards in der stationären Kinder- und Jugendhilfe. Eine Praxis- und Orientierungshilfe der BAG Traumapädagogik. Beltz Juventa: Weinheim und Basel. S. 45-55

Geier, Katharina et al. (2012): Kultursensible Hilfen für traumatisierte Flüchtlinge. In: Schmid, Marc; Tetzer, Michael; Rensch, Katharina & Schlüter-Müller, Susanne (Hrsg.): Handbuch Psychiatriebezogene Sozialpädagogik. Vandenhoeck & Ruprecht: Göttingen. S. 259-277

Gerlach, Christian & Pietrowsky, Reinhard (2012): Trauma und Aufenthaltsstatus. Einfluss eines unsicheren Aufenthaltsstatus auf die Traumasymptomatik bei Flüchtlingen. In: Verhaltenstherapie und Verhaltensmedizin. 33. Jahrgang. Heft 1-2012. Pabst Science Publishers: Lengerich. S. 5-19

Giesecke, Hermann (2010): Pädagogik als Beruf. Grundformen pädagogischen Handelns. 10. Auflage. Juventa: Weinheim und München.

Graubner, Bernd (2013): ICD-10-GM 2014. Systematisches Verzeichnis. Internationale statistische Klassifikation der Krankheiten und verwandter Gesundheitsprobleme. 11. Revision. German Modification Version 2014. Deutscher Ärzteverlag: Köln.

Greving, Heinrich & Ondracek, Petr (2010): Handbuch Heilpädagogik. 2. Auflage. Bildungsverlag EINS: Troisdorf.

Haeberlin, Urs (2005): Grundlagen der Heilpädagogik. Einführung in eine wertgeleitete erziehungswissenschaftliche Disziplin. UTB: Stuttgart.

Haenel, Ferdinand (2013): Zur teilstationären Behandlung von Folter- und Bürgerkriegsüberlebenden aus anderen Kulturkreisen. Die Tagesklinik des Berliner Behandlungszentrums für Folteropfer (bzfo/CCM). In: Feldmann, Robert E. Jr. & Seidler, Günter H. (Hrsg.): Traum(a) Migration. Aktuelle Konzepte zur Therapie traumatisierter Flüchtlinge und Folteropfer. Psychosozial-Verlag: Gießen. S. 83-102

Hamburger, Franz (2002): Migration und Jugendhilfe. In: Sozialpädagogisches Institut im SOS-Kinderdorf (Hrsg.): Migrantenkinder in der Jugendhilfe. München. S. 6-46

Hanselmann, Heinrich (1966): Einführung in die Heilpädagogik. 7., durchges. Auflage. Rotapfel-Verlag: Zürich.

Hargasser, Brigitte (2014): Unbegleitete Minderjährige Flüchtlinge. Sequentielle Traumatisierungsprozesse und die Aufgaben der Jugendhilfe. Brandes & Apsel: Frankfurt a.M.

Haversiek-Vogelsang, Sabine & Laue, Yvonne (2010): Ehemalige Kindersoldaten in Deutschland – Spezifische Problematik und Implikationen für die Betreuung. In:

Dieckhoff, Petra (Hrsg.): Kinderflüchtlinge. Theoretische Grundlagen und berufliches Handeln. VS Verlag für Sozialwissenschaften: Wiesbaden. S. 141-148

Hensel, Thomas (2013): Ambulante Psychotherapie. In: Lang, Birgit et al. (Hrsg.): Traumapädagogische Standards in der stationären Kinder- und Jugendhilfe. Eine Praxis- und Orientierungshilfe der BAG Traumapädagogik. Beltz Juventa: Weinheim und Basel. S. 273-276

Herman, Judith (2006): Die Narben der Gewalt. Traumatische Erfahrungen verstehen und überwinden. 2. Auflage. Junfermann: Paderborn.

Jauch, Peter & Weiß, Hans (2011): Randständigkeit im kommunalen Raum. Migration und Armut. In: Beck, Iris & Greving, Heinrich (Hrsg.): Gemeindeorientierte Dienstleistungen. Kohlhammer: Stuttgart. S. 241-246

Kahraman, Birsen (2008): Die kultursensible Therapiebeziehung. Störungen und Lösungsansätze am Beispiel türkischer Klienten. Psychosozial-Verlag: Gießen.

Keilson, Hans (2005): Sequentielle Traumatisierung bei Kindern. Untersuchung zum Schicksal jüdischer Kriegswaisen. Originalausgabe 1979 Amsterdam. Psychosozial-Verlag: Gießen.

Keilson, Hans (2002): Sequentielle Traumatisierung bei Kindern durch man-made disaster. In: Endres, M. &Biermann, B. (Hrsg.): Traumatisierung in Kindheit und Jugend. 2. Auflage. Ernst-Reinhardt: o.O. S. 44-58

Kizilhan, Jan Ilhan et al. (2013): Transkulturelle Aspekte bei der Behandlung der Posttraumatischen Belastungsstörung. In: Feldmann, Robert E. Jr. & Seidler, Günter H. (Hrsg.): Traum(a) Migration. Aktuelle Konzepte zur Therapie traumatisierter Flüchtlinge und Folteropfer. Psychosozial-Verlag: Gießen. S. 261-279

Kruse, Claudia (2002): Sozialarbeit und Sozialtherapie mit traumatisierten Flüchtlingen. In: Brick, Angelika et al. (Hrsg.): Das Unsagbare. Die Arbeit mit Traumatisierten im behandlungszentrum für Folteropfer Berlin. Springer: Berlin und Heidelberg. S. 79-94

Krüger-Potratz, Marianne (2010): Interkulturelle Pädagogik. Fachgebiet, Konzepte und Maßnahmen. In: Dieckhoff, Petra (Hrsg.): Kinderflüchtlinge. Theoretische Grundlagen und berufliches Handeln. VS Verlag für Sozialwissenschaften: Wiesbaden. S. 151-158

Künzler, Alfred et al. (2010): Körperzentrierte Psychotherapie im Dialog. Grundlagen, Anwendung, Integration. Springer: Heildelberg.

Lackner, Regina (2004): Wie Pippa wieder lachen lernte. Fachliche Hilfe für traumatisierte Kinder. Springer: Wien.

Leuzinger-Bohleber, Marianne et al. (2008): Psychoanalyse – Neurobiologie – Trauma. Schattauer: Stuttgart.

Liebold, Renate & Trinczek, Rainer (2009): Experteninterview. In: Kühl, S.; Strodtholz, P. & Taffertshofer, A. (Hrsg.): Handbuch Methoden der Organisationsforschung. Qualitative und quantitative Methoden. Wiesbaden: VS Verlag für Sozialwissenschaften. S. 32-56

Löble, Markus (2013): Kinder- und Jugendpsychiatrie, Psychosomatik und Psychotherapie (KJPP). In: Lang, Birgit et al. (Hrsg.): Traumapädagogische Standards in der stationären Kinder- und Jugendhilfe. Eine Praxis- und Orientierungshilfe der BAG Traumapädagogik. Beltz Juventa: Weinheim und Basel. S. 277-278

Löhlein, Harald (2010): Fluchtziel Deutschland. In: Dieckhoff, Petra (Hrsg.): Kinderflüchtlinge. Theoretische Grundlagen und berufliches Handeln. VS Verlag für Sozialwissenschaften: Wiesbaden. S. 27-33

Maier, Thomas & Schnyder, Ulrich (Hrsg.) (2007): Psychotherapie mit Folter- und Kriegsopfern. Ein praktisches Handbuch.Verlag Hans Huber: Bern.

Mayring, Philipp (2016): Einführung in die qualitative Sozialforschung. 6., neu ausgestattete und überarbeitete Auflage. Beltz: Weinheim.

Mayring, Philipp (2015): Qualitative Inhaltsanalyse. Grundlagen und Techniken. 12., vollständig überarbeitete und aktualisierte Auflage. Beltz: Weinheim.

Mehari, Dawit & Schenk, Michael (2004): Flüchtlinge und Kinderflüchtlinge. In: Jehle, Bernhard; Kammerer, Bernd & Unbehaun, Horst (Hrsg.): Migration – Integration – Interkulturelle Arbeit. Chancen und Perspektiven der pädagogischen Arbeit mit Kindern und Jugendlichen. emwe-Verlag: Nürnberg. S. 163-169

Meuser, Michael & Nagel, Ulrike (2009): Das Experteninterview – konzeptionelle Grundlagen und methodische Anlage. In: Pickel, S.; Pickel, G.; Lauth, H.-J. & Jahn, D. (Hrsg.): Methoden der vergleichenden Politik- und Sozialwissenschaft. Neue Entwicklungen und Anwendungen. VS verlag für Sozialwissenschaften: Wiesbaden. S. 465-479

Meuser, Michael & Nagel, Ulrike (2005): Experteninterviews – vielfach erprobt, wenig bedacht. In: Bogner, Alexander; Littig, Beate & Menz, Wolfgang (Hrsg.): Das Experteninterview. Theorie, Methode, Anwendung. VS Verlag für Sozialwissenschaften: Wiesbaden. S. 71-93

Mogk, Carolin (2016): Allein in Deutschland – Psychotherapie und psychosoziale Arbeit mit minderjährigen, unbegleiteten Flüchtlingen. In: Brisch, Karl Heinz (Hrsg.): Bindung und Migration. Klett-Cotta: Stuttgart. S. 44-82

Möhlen, Heike (2005): Ein psychosoziales Interventionsprogramm für traumatisierte Flüchtlingskinder. Studienergebnisse und Behandlungsmanual. Psychosozial-Verlag: Gießen.

Moor, Paul (1965): Heilpädagogik. Ein pädagogisches Lehrbuch. Huber: Bern u.a.

Neuner, Frank et al. (2004): A comparison of narrative exposure therapy, supportive counselling, and psychoeducation for treating posttraumatic stress disorder in an African refugee settlement. In: Journal Consulting and Clinical Psychology. 72(4). S. 579-587

Özkan, Ibrahim & Belz, Maria (2013): Traumazentrierte Psychotherapie im Rahmen des Göttinger Behandlungskonzepts für Menschen mit Migrationshintergrund. In: Feldmann, Robert E. Jr. & Seidler, Günter H. (Hrsg.): Traum(a) Migration. Aktuelle Konzepte zur

Therapie traumatisierter Flüchtlinge und Folteropfer. Psychosozial-Verlag: Gießen. S. 103-114

Parusel, B. (2009): Unbegleitete minderjährige Migranten in Deutschland. Aufnahme, Rückkehr und Integration. Studie II/2008 im Rahmen des Europäischen Migrationsnetzwerks (EMN) (Working Paper der Forschungsgruppe des Bundesamtes). Nürnberg.

Richters, Klemens (2014): Traumapädagogik. In: Macsenaere, Michael; Klaus, Esser; Knab, Eckhart & Hiller, Stephan (Hrsg.): Handbuch der Hilfen zur Erziehung. Lambertus: Freiburg. S. 349-355

Rieger, Uta (2010): Kinder auf der Flucht. In: Dieckhoff, Petra (Hrsg.): Kinderflüchtlinge. Theoretische Grundlagen und berufliches Handeln. VS Verlag für Sozialwissenschaften: Wiesbaden. S. 21-26

Rücker, Stefan et al. (2014): Kinderpsychotherapie im Kontext der teilstationären Erziehungshilfe. In: Macsenaere, Michael; Klaus, Esser; Knab, Eckhart & Hiller, Stephan (Hrsg.): Handbuch der Hilfen zur Erziehung. Lambertus: Freiburg. S. 466-470

Sachsse, Ulrich (2004): Traumazentrierte Psychotherapie. Theorie, Klinik und Praxis. Schattauer: Stuttgart.

Sam, D. L. & Berry, John W. (2006): The Cambridge handbook of acculturation psychology. Cambridge University Press: Cambridge.

Schlüter-Müller, Susanne & Uka-Goci, Aferdita (2003): The influence of mythology and superstition in the psychiatric treatment of children and adolescents in Kosovo. International Congress of the European Society for Child and Adolescent Psychiatry. Paris. 28.09.-01.10.2003. Abstractband. S. 194-195

Schmid, Marc (2013): Warum braucht es eine Traumapädagogik und traumapädagogische Standards? In: Lang, Birgit et al. (Hrsg.): Traumapädagogische Standards in der stationären Kinder- und Jugendhilfe. Eine Praxis- und Orientierungshilfe der BAG Traumapädagogik. Beltz Juventa: Weinheim und Basel. S. 56-82

Schmid, Marc & Lang, Birgit (2012): Was ist das Innovative und Neue an einer Traumapädagogik? In: Schmid, Marc; Tetzer, Michael; Rensch, Katharina & Schlüter-Müller, Susanne (Hrsg.): Handbuch Psychiatriebezogene Sozialpädagogik. Vandenhoeck & Ruprecht: Göttingen. S. 337-351

Schmidt, Martin H. (2014): Zum Verhältnis von Jugendhilfe und Kinder- und Jugendpsychiatrie. In: Macsenaere, Michael; Klaus, Esser; Knab, Eckhart & Hiller, Stephan (Hrsg.): Handbuch der Hilfen zur Erziehung. Lambertus: Freiburg. S. 455-465

Schouler-Ocak, Meryam (2013): Interkulturelle traumazentrierte Psychotherapie unter Anwendung der EMDR-Methode. In: Feldmann, Robert E. Jr. & Seidler, Günter H. (Hrsg.): Traum(a) Migration. Aktuelle Konzepte zur Therapie traumatisierter Flüchtlinge und Folteropfer. Psychosozial-Verlag: Gießen. S. 221-239

Schroeder, Joachim (2011): Randständigkeit im kommunalen Raum: Flucht und Asyl. In: Beck,

Iris & Greving, Heinrich (Hrsg.): Gemeindeorientierte Dienstleistungen. Kohlhammer: Stuttgart. S. 246-250

Speck, Otto (2008): System Heilpädagogik. Eine ökologisch reflexive Grundlegung. 6., überarb. Auflage. Reinhardt: München.

Stauf, Eva (2012): Unbegleitete minderjährige Flüchtlinge in der Jugendhilfe. Bestandsaufnahme und Entwicklungsperspektiven in Rheinland-Pfalz. Institut für Sozialpädagogische Forschung Mainz. e.V.: Mainz.

Teckentrupp, Gabriele (2010): Wenn der Körper die Seele entlastet. Somatische Symptome als Reaktionen auf extreme Traumatisierungen. In: Dieckhoff, Petra (Hrsg.): Kinderflüchtlinge. Theoretische Grundlagen und berufliches Handeln. VS Verlag für Sozialwissenschaften: Wiesbaden. S. 97-111

Theilmann, Susanne (2005): Lernen, Lehren, Macht. Zu Möglichkeitsräumen in der pädagogischen Arbeit mit unbegleiteten minderjährigen Flüchtlingen. BIS: Oldenburg.

Thiersch, Hans (2006): Die Erfahrung der Wirklichkeit. 2. Auflage. Beltz Juventa: Weinheim.

Tumani, Visal (2016): Spielt Kultur bei der Bindungstraumatisierung eine Rolle? In: Brisch, Karl Heinz (Hrsg.): Bindung und Migration. Klett-Cotta: Stuttgart. S. 32-43

UNHCR (Hrsg.) (2009): Richtlinien zum internationalen Schutz. Asylanträge von Kindern. o.V.

Weeber, Vera Maria & Gögercin, Süleyman (2014): Traumatisierte minderjährige Flüchtlinge in der Jugendhilfe. Ein interkulturell- und ressourcenorientiertes Handlungsmodell. Centaurus: Herbolzheim.

Weinberg, Dorothea (2014): Psychotherapie mit komplex traumatisierten Kindern. Behandlung von Bindungs- und Gewalttraumata in der frühen Kindheit. 3. Auflage. Klett-Cotta: Stuttgart.

Weiß, Wilma (2013): Traumapädagogik – Geschichte, Entstehung und Bezüge. In: Lang, Birgit et al. (Hrsg.): Traumapädagogische Standards in der stationären Kinder- und Jugendhilfe. Eine Praxis- und Orientierungshilfe der BAG Traumapädagogik. Beltz Juventa: Weinheim und Basel. S. 32-44

Weiß, Wilma (2008): Philipp sucht sein Ich: Zum pädagogischen Umgang mit Traumata in den Erziehungshilfen. 4., überarb. Auflage. Juventa: Weinheim und München.

Weiss, Karin et al. (2001): Junge Flüchtlinge in multikultureller Gesellschaft. Leske + Budrich: Opladen.

Winkler, Michael (1988): Eine Theorie der Sozialpädagogik: über Erziehung als Rekonstruktion der Subjektivität. Klett-Cotta: Stuttgart

Zimmermann, David (2015): Migration und Trauma. Pädagogisches Verstehen und Handeln in der Arbeit mit jungen Flüchtlingen. 3. Auflage. Psychosozial-Verlag: Gießen.

Zito, Dima (2010): Traumatherapie mit jungen Flüchtlingen. In: Dieckhoff, Petra (Hrsg.): Kinderflüchtlinge. Theoretische Grundlagen und berufliches Handeln. VS Verlag für Sozialwissenschaften: Wiesbaden. S. 125-140

Internetquellen

American Psychiatric Association (APA) (Hrsg.) (2013): Posttraumatic Stress Disorder. unter: http://www.dsm5.org/Documents/PTSD%20Fact%20Sheet.pdf (letzter Stand: 13.12.2016)

Bundesamt für Migration und Flüchtlinge (BAMF) (Hrsg.) (2016a): Aktuelle Zahlen zu Asyl. unter: http://www.bamf.de/SharedDocs/Anlagen/DE/Downloads/Infothek/Statistik/Asyl/ aktuelle-zahlen-zu-asyl-mai-2016.pdf?__blob=publicationFile (letzter Stand: 13.12.2016)

Bundesamt für Migration und Flüchtlinge (BAMF) (Hrsg.) (2016b): Kontingentflüchtlinge. unter: www.bamf.de/DE/Service/Left/Glossary/_function/glossar.html?lv3=1504448&lv2= 1364182 (letzter Stand: 13.12.2016)

Bundesamt für Migration und Flüchtlinge (BAMF) (Hrsg.) (2015a): Unbegleitete Minderjährige. unter: www.bamf.de/DE/Migration/AsylFluechtlinge/Unbegleitete %Minderjährige/unbegleitete-minderjährige-node.html (letzter Stand: 13.12.2016)

Bundesamt für Migration und Flüchtlinge (BAMF) (Hrsg.) (2015b): Unbegleitete Minderjährige (UM). Entwicklung des Zugangs. unter: www.bamf.de/SharedDocs/Anlagen/DE/Downloads/Infothek/Asyl/um-zahlen-entwicklung.html (letzter Stand: 13.12.2016)

Bundesfachverband unbegleitete minderjährige Flüchtlinge (BumF) (Hrsg.) (2016a): Zahlen zu unbegleiteten minderjährigen Flüchtlingen. Bestand, Verteilung, Quotenerfüllung und Elternnachzug. Pressemitteilung vom 29.01.2016. unter: http://www.b-umf.de/images/150129_PM_AktuelleZahlenUMF.pdf (letzter Stand: 13.12.2016)

Bundesfachverband unbegleitete minderjährige Flüchtlinge (BumF) (Hrsg.) (2016b): Factfinding zur Situation von Kindern und Jugendlichen in Erstaufnahmeeinrichtungen und Notunterkünften. Zusammenfassender Bericht. November 2015 – Januar 2016. unter: www.fluechtlingsrat-bw.de/files/Dateien/Dokumente/INFOS%20-%20 Unterbringung/2016-03%20UNICEF_BUMF_FactFinding_Fluechtlingskinder.pdf (letzter Stand: 13.12.2016)

Human Rights Watch (HRW) (Hrsg.) (2016): Eritrea. unter: https://www.hrw.org/africa/eritrea (letzter Stand: 13.12.2016)

Monsutti, A. (2006): Afghan Transnational Networks: Looking Beyond Repatriation. unter: www.dspace.cigilibrary.org/jspui/bitstream/123456789/9554/1/Afghan%20Transnational %20Networks%20Looking%20Beyond%20Repatriation%202006.pdf?1 (letzter Stand: 13.12.2016)

Technische Universität München (TUM) (2015): Studie in Erstaufnahmeeinrichtung: viele Kinder mit Belastungsstörung – Mehrzahl der syrischen Flüchtlingskinder ist krank.

Technische Universität München. unter: www.tum.de/die-tum /aktuelles/ pressemitteilungen/kurz/article/32590 (letzter Stand: 13.12.2016)

UNHCR (Hrsg.) (2016): Genfer Flüchtlingskonvention. unter: www.unhcr.de/mandat/genfer-fluechtlingskonvention.html (letzter Stand: 13.12.2016).

Gesetzestexte und internationale Abkommen

Abkommen über die Rechtsstellungen der Flüchtlinge – Genfer Flüchtlingskonvention (GFK) unter: http://www.unhcr.de/fileadmin/user_upload/dokumente/03_profil_begriffe/ genfer_fluechtlingskonvention/Genfer_Fluechtlingskonvention_und_New_Yorker_ Protokoll.pdf (letzter Stand: 13.12.2016)

Asylgesetz (AsylG) unter: https://www.gesetze-im-internet.de/asylvfg_1992/ (letzter Stand: 13.12.2016)

Gesetz über den Aufenthalt, die Erwerbstätigkeit und die Integration von Ausländern im Bundesgebiet – Aufenthaltsgesetz (AufenthG) unter: https://www.gesetze-im-internet.de/ aufenthg_2004/ (letzter Stand: 13.12.2016)

Grundgesetz für die Bundesrepublik Deutschland (GG) unter: https://www.gesetze-im-internet.de/bundesrecht/gg/gesamt.pdf (letzter Stand: 13.12.2016)

Sozialgesetzbuch (SGB) – Achtes Buch (VIII) Kinder- und Jugendhilfe (SGB VIII) unter: https://www.gesetze-im-internet.de/sgb_8/ (letzter Stand: 13.12.2016)

Übereinkommen über die Rechte des Kindes – UN-Kinderrechtskonvention (KRK) unter: http://www.savethechildren.de/fileadmin/Dokumente_Download/uebereinkommen-ueber-die-rechte-des-kindes.pdf (letzter Stand: 13.12.2016)

Übereinkommen über die Zuständigkeit, das anzuwendende Recht, die Anerkennung, Vollstreckung, und Zusammenarbeit auf dem Gebiet der elterlichen Verantwortung und der Maßnahmen zum Schutz von Kindern – Haager Übereinkommen über den Schutz von Kindern (KSÜ) unter: https://www.bundesjustizamt.de/DE/SharedDocs/ Publikationen/HKUE/haager_uebereinkommen19Okt1996.pdf?__blob=publicationFile &v=3 (letzter Stand: 13.12.2016)

Weitere Publikationen von Jochen Aurbacher finden Sie unter:

www.jochen-aurbacher.jimdo.de

Die Kinder- und Jugendhilfe steht seit einigen Jahren vor der Herausforderung, eine größere Zahl an unbegleiteten minderjährigen Flüchtlingen bedarfsgerecht unterzubringen als jemals zuvor. Neben der Gründung neuer Einrichtungen, konzentrieren sich zunehmend viele vorhandene Einrichtungen der KJH auf die Arbeit mit UMF. Doch eine reine Konzentration auf die neue Zielgruppe genügt nicht. Die Jugendlichen bringen eine Vielfalt an Voraussetzungen und Bedürfnissen mit sich, welcher die konventionellen Handlungskonzepte und Methoden der KJH nicht gerecht werden (können). Insbesondere der große Anteil an Jugendlichen, welche durch die Bedingungen im Herkunftsland und auf der Flucht traumatisiert nach Deutschland kommen, erfordert eine Neuorientierung der pädagogischen Arbeit. Pädagogische Konzepte müssen durch psychotherapeutische Maßnahmen und Angebote ergänzt und bereichert werden.

Das vorliegende Buch befasst sich dahingehend mit der Frage, welche Beiträge sowohl die Pädagogik wie auch die Psychotherapie für eine effektive Zusammenarbeit in der stationären Kinder- und Jugendhilfe mit der Zielgruppe der traumatisierten UMF leisten können.

ISBN 9781545383735

9 781545 383735

90000 >